职业教育高速铁路客运服务专业系列教材

Gaosu Tielu Lüke Yunshu Fuwu

高速铁路旅客运输服务

王　越　冶海英　主　编
万　龙　副主编
于文福　主　审

人民交通出版社股份有限公司
北　京

内 容 提 要

本书为职业教育高速铁路客运服务专业系列教材。全书共分6章,分别为高速铁路旅客运输服务概述、高速铁路客运服务心理、高速铁路车站服务工作、动车组列车服务工作、高速铁路客户服务工作和高速铁路旅客运输应急服务。本书从职业教育教学改革的实际出发,主要针对高速铁路旅客运输服务的工作需要,将高速铁路旅客运输服务基本知识与服务工作有机地结合起来,强调理论与实践一体化,通过知识和技能的建构这一过程培养学生的能力。

本书为职业院校高速铁路客运服务专业及铁道运输类相关专业教材,可供铁路行业培训使用,亦可供从事铁道运输类工作人员参考。

＊本书配有教学课件,读者可通过加入职教铁路教学研讨群(教师专用QQ群:211163250)免费获取。

图书在版编目(CIP)数据

高速铁路旅客运输服务 / 王越,冶海英主编. —北京 : 人民交通出版社股份有限公司, 2019.12

ISBN 978-7-114-15801-8

Ⅰ. ①高… Ⅱ. ①王…②冶… Ⅲ. ①高速铁路—铁路运输—旅客运输—高等职业教育—教材 Ⅳ. ①U293

中国版本图书馆CIP数据核字(2019)第223043号

职业教育高速铁路客运服务专业系列教材

书　　名: 高速铁路旅客运输服务
著 作 者: 王　越　冶海英
责任编辑: 袁　方
责任校对: 赵媛媛
责任印制: 刘高彤
出版发行: 人民交通出版社股份有限公司
地　　址: (100011)北京市朝阳区安定门外外馆斜街3号
网　　址: http://www.ccpcl.com.cn
销售电话: (010)59757973
总 经 销: 人民交通出版社股份有限公司发行部
经　　销: 各地新华书店
印　　刷: 北京印匠彩色印刷有限公司
开　　本: 787×1092　1/16
印　　张: 13.25
字　　数: 310千
版　　次: 2019年12月　第1版
印　　次: 2024年6月　第6次印刷
书　　号: ISBN 978-7-114-15801-8
定　　价: 38.00元

前　　言

近年来，我国高速铁路的发展迅速，为适应铁路现代化发展对高技能人才的需要，我们编写了《高速铁路旅客运输服务》教材。

高速铁路旅客运输服务的实质是铁路企业最大限度地满足旅客的需求并为其创造价值。旅客运输服务是旅客从消费者角度来体验旅客运输服务时的满足程度，侧重于服务的“过程性”和旅客的“满足感”。

本书从职业教育教学改革的实际出发，主要针对高速铁路旅客运输服务的工作需要，将高速铁路旅客运输服务基本知识与服务工作有机地结合起来，强调理论与实践一体化，通过知识和技能的建构这一过程培养学生的能力。

本书由辽宁铁道职业技术学院王越、冶海英担任主编，辽宁铁道职业技术学院万龙担任副主编，辽宁铁道职业技术学院李美楠、中国铁路沈阳局集团有限公司客运部王涛担任参编，中国铁路沈阳局集团有限公司客运部高级工程师于文福担任主审。具体编写分工为：李美楠负责编写第一章，冶海英负责编写第二章，王越负责编写第三章、第四章，万龙负责编写第五章，王涛负责编写第六章。

本书在编写过程中得到了中国铁路沈阳局集团有限公司客运部、锦州客运段的大力支持和帮助，在此深表感谢！本书在编写过程中参考引用了许多专家、学者的相关文献，在此谨向有关专家表示衷心的感谢。

编　者

2019 年 7 月

目　　录

绪　论

在我国由于人口众多,经济发展迅速,人民的生活水平也在不断提高,促进了高速铁路的旅客运输需求。发展高速铁路既是适应世界交通发展的必然战略选择,也是我国优化交通运输结构,构建高效的现代综合运输体系的客观要求。但众所周知,我国是一个人口大国,高速铁路旅客运输需求是不断上升的, 因此在旅客运输需求与供给方面仍然存在着较大的矛盾,能否解决旅客运输问题,已成为现阶段我国铁路部门的首要问题。

一、我国高速铁路的发展历程

从 2008 年中国第一条高速铁路京津城际高铁正式开通运营至今,短短十几年时间,高铁在我国已经较为普及。

2010 年 12 月 3 日,在京沪高铁枣庄至蚌埠试验段,CRH380AL 高速动车组创造了时速 486.1km 的世界铁路运营第一速度。

2012 年 12 月 1 日,我国首条也是世界第一条新建高寒地区高速铁路哈尔滨至大连段高速铁路投入运营。

2012 年 12 月 26 日,全球运营里程最长的高速铁路——京广高铁全线开通运营。全长 2298km 的京广高铁,北起北京,南至广州,全线设计速度 350km/h。

2014 年 12 月 26 日,兰新高铁全线贯通。全长 1776km,是世界上一次性建成通车里程最长的高铁。除此之外,它还是首条穿越沙漠大风区的高铁,拥有横穿海拔最低的吐鲁番盆地和海拔最高的祁连山高铁隧道,被誉为“世界高铁第一高隧”。

截至 2016 年,我国高铁总里程已经占到全世界的 65%,全世界拥有高铁的国家一共有 16 个,我国高铁里程数位居第一。

2018 年 12 月 22 日,中国铁路科技创新成就展在北京国家铁道试验中心开幕,一大批中国自主研发的先进铁路技术装备集中展出,时速 350km 17 辆长编组、时速 250km 8 辆编组、时速 160km 动力集中等多款复兴号新型动车组首次公开亮相,技术性能达到世界先进水平。17 辆编组超长版复兴号动车组全长 439.9m,载客定员 1283 人,载客能力较 16 辆编组提升了 7.5%。

自 2018 年 12 月 25 日开始,10 条铁路新线在一周内密集开通,新增高铁里程约 2500km。随着新线开通,阜新、朝阳、承德、通辽、牡丹江、日照、连云港、盐城、雅安、丽江等城市迈入“动车时代”,高铁运输能力进一步提升。

截至 2019 年底,我国高铁营业里程达到 3.5 万 km,超过世界高铁总里程的 2/3,是世界上高铁里程最长、运输密度最高、成网运营场景最复杂的国家。

按照《中长期铁路网规划》,到 2025 年,我国铁路网规模将达到 17.5 万 km,其中高铁 3.8 万 km。届时我国将建成以“八纵八横”主通道为骨架、区域连接线衔接、城际铁路补充的现代高速铁路网,形成相邻大、中城市间 1 ~ 4h 交通圈、城市群内 0.5 ~ 2h 交通圈。北京到全国绝大部分省会城市将形成 8h 以内交通圈。高速铁路将连接所有省会城市和 50 万人口以上的城市，覆盖全国90%以上人口，“人便其行、货畅其流”的目标将成为现实。

二、高速铁路的优势

在传统的交通工具的基础之上，高速铁路是广泛运用现代高新技术发展起来的产物，其技术充分发挥了既先进又实用的特点，虽源于传统铁路，但借助于多项高新技术，已形成一种能与既有路网兼容的新型交通系统，是当代科学技术进步与经济发展的象征。

高速铁路与公路、航空等运输方式相比，具有输送能力大，安全可靠，在一定距离内可节省旅行时间，旅行舒适度高，受气候变化的影响小，节约能源与占地面积，绿色环保等优势，是解决大量旅客快速输送问题的最有效途径，已成为世界铁路的普遍发展趋势。高速铁路的优势，主要表现在以下几个方面。

1.速度快

速度是高速铁路技术水平的最主要标志，各国都在不断地提高列车的速度。在国外，“中国速度”已成为我国高铁的代名词。预计将在2020年开通运营的郑合高铁、鲁南高铁、连徐高铁、武杭高铁，其设计运营速度均为350km/h。除最高运营速度之外，旅客更关心的是旅行速度，因为旅行速度直接决定了旅客全程的旅行时间，高速列车可以大大缩短全程旅行时间。运营速度为250～300km/h的高速铁路，与公路（100km/h）、航空（700km/h）的旅行时间相比，分别在运距250～600km和200～800km的范围内具有显著优势。如果考虑高速列车的安全、方便、舒适及票价等优点，其“优势运距”还可延伸。

2.安全性好

高速铁路必须保证行车的高度安全，否则，一旦发生事故都将是毁灭性的。各国高速铁路除了采用一系列的现代化的先进技术设备构成的安全监控系统之外，在运输组织中对涉及行车安全的各个环节还须有一套十分严密的管理制度，相关运输设备与设施必须科学地进行养护与维修，与行车有关的操作人员都必须事先进行岗位培训，持证上岗。先进的技术设备及其安全保障系统只能起到防止事故的作用，而严密的管理才能减少和消灭事故。

由于高铁在全封闭环境中自动化运行，又有一系列完善的安全保障系统，所以其安全程度是其他交通工具都无法比拟的。

3.运行准点率高

只有高铁始发、运行和终到正点，旅客才能有效地安排自己的时间，而旅客十分看重正点率。各国都十分重视高铁的正点率问题，并以此作为与其他交通运输方式竞争的重要手段。西班牙国家规定，高铁晚点超过5min要退还旅客的全额车票费；日本规定，到发超过1min就算晚点，晚点超过2h就要退还旅客的加快费。在高铁正点方面对旅客有所承诺，不但在市场竞争中能赢得了旅客，同时也能强化了自身的管理工作。

4.输送能力大

高铁间的间隔越小，运行密度越大，为旅客提供的服务频率就越高，旅客等待乘车的时间就越短，以便吸引更多的客流。

5.能耗低

能耗高低是评价交通运输方式优劣的重要经济技术指标之一，而高铁使用的是二次能源，随着水能、电能、太阳能、风能和核电等新型能源的发展，高铁在能源消耗方面的优势还将更加突出，这也是在当今世界各国选择发展高铁的重要原因之一。

6. 环境污染小

现今，环境保护是关系人类生存的全球性紧迫问题，交通运输与生态环境密切相关。在现代交通运输中，航空和汽车运输造成的环境污染越来越严重，而长期生活在噪声环境中，会使人的听觉器官受到损害，甚至耳聋。因此，法国、日本等国家都在高速铁路两侧修建隔音墙来降低噪声。人们越来越认识到，为防止地球上臭氧层被破坏而造成的气候异常现象，应大力发展清洁能源的交通工具，减少飞机和汽车排放的废气，加大城市轨道交通和高速铁路发展的力度。

7. 服务质量高

高质量服务必须要有完善的客运服务系统作保证。客运服务系统是指直接面向旅客，为其在旅途中提供方便和周到的服务而设置的设施及系统。高速旅客列车不仅设施先进、运行平稳而且有飞机和汽车无法比拟的个人活动空间，甚至可以提供会议、娱乐、观光等条件，能给旅客带来较好的旅行体验。

8. 受气候变化影响小

高速铁路全部采用自动化控制，可以全天候运营，除非发生地震等灾害。即使在大风情况下，高速列车也只需减速行驶，而飞机场和高速公路在浓雾、暴雨和冰雪等恶劣天气情况下，则必须关闭停运。

9. 舒适方便

乘坐高铁的旅客基本上可以做到随到随走，不需要候车。为方便旅客乘车，高速列车运行规律化、站台按车次固定化等特点是其他交通工具无法比拟的。高铁车内布置比较豪华，工作、生活设施齐全，座席宽敞舒适，走行性能好，运行非常平稳。

三、高速铁路旅客运输服务研究的主要内容

"建立高效、便捷、安全、舒适的铁路运输服务体系，使服务质量能够满足国民经济和社会发展的需要"，是高速铁路发展的战略目标之一，高速铁路旅客运输服务工作的主要内容必须围绕这个目标研究以下问题。

1. 服务的内涵

要提高客运服务水准，首先必须明确客运产品服务的内涵。由于铁路客运企业的产品（旅客的位移）与一般的产品有较大的区别，其内涵也不同于一般产品。根据旅客运输的特点，在旅客旅途的全过程中，为旅客提供安全、舒适和便捷的服务，最大限度地满足旅客的旅途需求，是客运服务的重要内涵。旅客运输服务就是在售票、候车、乘降、旅途中为旅客提供服务的过程。

2. 服务工作的内容

保证旅客运输服务的质量是服务管理工作的主要内容。由于服务产品的生产过程也是产品的消费过程，其产品的质量很难像其他产品那样既可对最终产品进行检验控制，也可对生产过程加以控制。因此，必须在旅客运输过程中的各个环节提供必需的、周到的服务，确保服务产品的质量。

(1) 建立完善客票预订发售系统、车站服务工作系统、动车组列车服务工作系统、餐车服

务工作系统以及铁路客户服务系统等旅客服务系统。

(2)制定服务作业标准,中国国家铁路集团有限公司制定了《铁路旅客运输服务质量规范》,明确了服务工作的内容和质量要求。

(3)宣传、贯彻和执行标准化作业,确保服务工作的质量。

3. 旅客服务心理

提高铁路旅客运输服务工作水准的核心是满足旅客的需要。要使旅客满意,铁路必须了解和把握旅客的心理,按旅客的服务需求开展有针对性的服务;同时,客运服务人员的心理素质直接影响了服务质量。因此,通过对旅客和客运服务人员的心理分析,了解旅客,了解自己,从而更好地开展服务工作。

4. 服务工作的技能技巧

吸引和满足顾客是一切服务赖以生存和发展的基础。要想提高客运服务质量,客运服务人员服务的熟练程度、技艺、能力是首要条件。铁路客运企业必须培养和增强客运服务人员的技能技巧,充分发挥服务技巧在提高服务工作质量方面的作用。

高速铁路旅客运输与普速铁路相比,不仅在安全、快速、方便等方面有巨大的飞跃,同时先进的硬件设施,给旅客创造了更加舒适、人性化的旅行环境。客运服务人员只有不断提高自身文化修养,掌握丰富的专业知识和服务技巧,努力学习和掌握不同旅客的不同服务需求及心理特点,才能为旅客提供优质的服务。

四、高速铁路旅客运输服务研究的意义及要求

对于广大铁路客运服务人员来说,须不断提升自己的服务水平和质量。首先,要加强爱岗敬业和职业道德教育,树立正确的人生观和价值观,营造讲奉献、比进取的良好氛围;其次,要注重提高自己的服务意识,关注细节服务,掌握整个服务过程中旅客的需求;最后,要从服务礼仪、服务用语、服务质量规范、服务技能技巧等基础的技能培训着手,认识到服务意识是前提,服务技能是基础,不断改进服务工作、提升客运服务水平,树立铁路客运服务的良好窗口形象。

1. 学习客运服务的意义

为创建铁路客运优质服务、提高铁路客运服务人员的综合素质,学习客运服务有着十分重要的意义。

(1)铁路客运服务工作的特点是直接为旅客提供服务,良好的服务可以弥补某些客运设施条件的不足,会产生积极的社会效果,满足旅客的心理需求。

(2)铁路客运服务体现高铁的管理水平和服务水平。客运服务是铁路企业精神文明的窗口,员工的客运服务质量不仅是个人形象问题,也反映了铁路企业的形象,同时还反映出国民的道德水准、文明程度和精神面貌。

(3)学习铁路客运服务可以塑造铁路职工爱岗敬业的完美自我形象。每位站、车服务人员在工作中良好的服务和内在美,既是自尊自爱的表现,也是事业心、责任感、自豪感的具体反映。

2. 客运服务的具体要求

(1)树立"以旅客为中心"的思想理念

走进铁路车站、列车的人,都是铁路的客人、朋友,是我们服务的对象。尊重旅客,树立

“以旅客为中心”的观念，是提供优质服务的基础。“以旅客为中心”，就是在考虑问题时、提供服务时、安排工作时，都要想旅客之所想、急旅客之所急。在接待旅客的过程中，不仅要满足旅客在物质方面的需求，还应该通过客运服务人员的优质服务，使旅客心情愉快，得到精神上的满足，留下美好难忘的印象。具体说来，应做到如下几个方面：

①主动服务，即在旅客开口之前提供服务，意味着客运服务人员有很强的感情投入，细心观察旅客的需求，为旅客提供个性化服务。

②热情服务，即客运服务人员发自内心的满腔热情地向旅客提供良好服务，要求客运服务人员做到精神饱满、动作迅速、满面春风。

③周到服务，即在服务内容和项目上能细致入微，处处方便旅客，千方百计地为旅客排忧解难。

(2)时时处处见礼貌

每一位客运服务人员都是礼仪大使，在服务工作中都应承担服务大使的责任，以主人翁的精神，通过语言、动作、姿态、表情、仪表等体现对旅客的友好和敬意。同时，客运服务人员也应注意各国各民族一些独特的礼节风俗习惯，灵活地运用在服务接待中，使旅客感受到服务的热情和真诚，进而赢得旅客的尊重。

在服务过程中，客运服务人员还应注意旅客运输服务的完整性。一个环节、一个时刻出现差错，就会损害铁路的整体形象，就难以使旅客获得愉快的感受，正是“100 - 1 = 0”这个礼仪服务公式所表达的含义。所以，讲究礼仪应自始至终，体现在服务过程的每一个细微之处。

(3)旅客永远值得尊重

坚持“以人为本、宾客至上”的原则，已经成为服务行业的共识。旅客在列车上希望能够享受服务、得到尊重，如果感到客运服务人员的怠慢无礼，就会觉得是花钱买罪受。客运服务人员应树立强烈的服务意识，遵循“旅客永远值得尊重”原则，妥善处理各类服务事项，即便遇到一些不讲理的旅客，也应该把“对”让给旅客，得理也应让人，这样，旅客能感受到尊重，从而“化干戈为玉帛”。

作为客运服务人员，首先，要为旅客着想，不能从主观愿望去设想或者要求旅客怎样，这样容易出现挑剔旅客、排斥旅客、冷落旅客、怠慢旅客等情形，无论旅客是什么身份，都要积极地、主动地、热情地接近对方，淡化彼此之间的冷漠和戒备，为服务打开方便之门；其次，要学习和掌握服务技巧，处理问题时，语言表述应语气委婉、巧妙得体，尽可能地顾全旅客的颜面，既解决问题，又尊重旅客，这样才可以使旅客感受到铁路旅客运输的服务水平，展现铁路客运服务人员的精神风貌。

复习思考题

1. 高速铁路的优势有哪些？
2. 高速铁路旅客运输服务研究的主要内容有哪些？
3. 简述高速铁路旅客运输服务研究的意义及要求。

第一章　高速铁路旅客运输服务概述

本章描述

现阶段高速铁路在旅客运输方面还不能满足我国经济社会快速发展的需要，必须以高质量的服务为手段，为旅客提供更加方便、快捷、优质和安全的服务产品。本章主要从学习高速铁路旅客运输服务的意义、高速铁路旅客运输产品和质量特性、高速铁路旅客运输服务内容和质量控制，通过学习让学生树立服务的意识，运用适当的服务产品具备应有的服务能力，提高服务质量，最大限度地满足旅客在旅途中的需求。

教学目标

1. 能力目标

(1)能展现高速铁路旅客运输服务人员的职业道德和基本素养。

(2)能自觉地以自身的行为和语言传播企业文化，发扬铁路精神，全心全意地为旅客服务。

2. 知识目标

(1)了解高速铁路旅客运输服务的意义及要求。

(2)掌握高速铁路旅客运输服务的产品及产品的质量特性。

(3)掌握高速铁路旅客运输服务的内容和质量控制。

3. 素质目标

(1)提升高速铁路客运服务人员的自我修养。

(2)具有符合高速铁路旅客运输需求的思想和行为。

(3)具备客运服务能力，提高旅客的满意度。

相关案例

【案例 1-1】　微笑耐心，难事不难

20××年7月22日，G2628次列车刚从新乡东站开出，列车员小高像往常一样巡视车厢、整理行李架。当他回到1号车厢时，见到观光区商务座上有两位旅客，便过去核对车票。旅客甲："我们是一起的。"旅客乙："我是3号车厢的，我们可以坐一起吗？""现在没人可以，3号车厢是大商务，票价是一样的，要是有人来，您就要让了。"小高微笑着答道。"可以"旅客乙答应得很爽快。到了郑州东，一位戴眼镜的旅客找到小高，说他的座位上有人乘坐。小高看了他车票，心里已经明白，问道："里面两位旅客是同行的，想坐在一起。3号车厢是大商务，您愿意吗？"戴眼镜旅客不愿意。小高连忙过去对旅客乙说："先生，对不起，这个座位的旅客已经来了，请您回到自己的座位上好吗？"旅客乙突然发起火来："我买了这么贵的车票，让你做这样一件小事都做不好，不去！”小高很委屈，可脸上仍是保持微笑，说道：“先生，3号车厢还有十几个空座，过了杭州商务座一般不会有旅客上来，再说今天客流也不大。要不这样，你们一起到3号车厢？”旅客乙想了想，有些为难：“我们东西太多……。”小高：“没关系，我来帮你们拿。”最终，两位旅客有些不好意思了，连忙起身。

【案例1-2】　标准化管理，人性化服务

20××年7月18日，G126次列车停靠徐州东站，上下车旅客很多，没多久该次列车驶离徐州东站。列车员小浦发现商务舱里原本空着的三个座位坐上了旅客，连忙轻步上前，微笑问好，核对车票，登记去向。她接过车票一看，不由暗暗一惊，不好，他们乘错车了！原来这三名旅客来自香港，此次结伴到内地旅游，现从徐州东去上海，但忙中出乱乘错了方向。此时，列车已经从车站开出，速度越来越快，下车已不可能。小浦连忙送上茶水和小食品，一边用娴熟的粤语与旅客交谈，安抚其情绪，一边通过对讲机向列车长汇报了此事。列车长小刘迅速赶到现场了解情况，同时查询了列车时刻表并与济南西站取得联系，告知旅客可从济南西站下车换乘去上海的列车，然后仔细交代了返程车次和换乘注意事项，请他们放心。三位旅客喜形于色，连连道谢。其中，一位蔡女士说道：“不论我们走到哪里，即使远离家乡，举目无亲，我们都可以凭着熟悉的乡音找到帮助，你们细心、周到、热情的服务让我们倍感温暖。高铁列车员靓，服务更靓，不愧为世界一流的服务品质！”不知不觉中，列车到达济南西站。小浦送三位旅客下车，而站上值班员已经在站台上等候。小刘与值班员办理了交接。

第一节　高速铁路旅客运输服务内容及特点

本节说明

本节主要学习高速铁路旅客运输服务的分类、旅客运输服务的特点。

教学建议

本节建议以教师讲解为主，学生分组讨论分析为辅，大量采用案例教学，通过案例分析和经验总结，让学生认识到服务的最终目标就是最大限度地满足旅客在旅途中的需求。

任务实施

通过学习本节知识，教师可将学生进行适当分组，布置案例分析任务，各小组派学生代表进行汇报，小组点评，教师最后总结点评。

相关理论知识

高铁车站和动车组列车上客运服务人员的工作是直接与旅客打交道的工作，提高旅客运输服务质量是客运服务人员的首要任务，这就要求旅客运输服务人员对旅客运输岗位工作的重要性有一个更深刻的认识，并在服务中把握旅客的旅途需求，提高服务质量。

一、服务的内涵

目前，世界上对服务常用的解释：服务是一种可供销售活动中，以等价交换的形式，为满足企业、公共团体以及其他社会公共需求而提供的劳务活动，其包含两个要点：

（1）服务的目的是交易和满足顾客需要。离开交易，就不会发生服务业的服务。例如，子女赡养自己的父母就不能叫作“服务”，而保姆照顾他人的老人叫作“服务”，因为这里有“交易”。同时，服务交易的目的又是满足顾客需要。

（2）服务的本质是无形和不发生实物所有权的转移。一切服务本质上都是无形的，像教师、律师、旅客运输等是无形的，而像零售、通信、金融、旅游等虽都是有形（实体）成分的，但其服务本质上也是无形的。例如，零售业的商品、店堂环境和营业人员是有形的，但这些实体部分不是零售服务的本质，零售服务的本质是一种商品买卖服务，后者是抽象的、无形的，与此同时，一切服务的交易都不发生实物所有权的转移。百货商店的零售服务在形式上发生了实物（商品）所有权的转移，但实质上百货商店进行的是买进卖出的零售服务，在零售服务中，实质上转移的只是他人的实物所有权。

二、高速铁路旅客运输服务的内涵

1.服务是一种态度

（1）服务首先是一种态度，良好的服务是一种良好的态度。旅客需求是多样化的，我们服务态度的范畴是广泛的，认识并熟悉旅客，让旅客感受温馨，既是体现旅客满意的关键因素，也是体现对旅客的尊重。专注的倾听让旅客感受尊重，亲切的问候让旅客感受舒适，耐心的服务让旅客感受温馨，这些都是服务的因素，既是一种服务态度的体现，也是一种对岗位和自身价值的体现。

（2）服务的真谛是不断地创新，它需要服务者针对需求变化，创造性地去服务对方，它能使人与人之间相互信赖、彼此信任、和谐相对、无限接近。

2.服务是一种素质

（1）服务体现文明，服务是人类的美德，服务是给予、是收获。

（2）当好一名优秀的客运服务人员并非容易的事情。服务他人不仅需要高尚操行，而且服务本身也是一门学无止境的学问。我们除了要有专业知识、服务技能、工作标准、制度要求之外，更重要的是，我们要时刻提醒自己要有强烈的服务意识和人生追求，要认识到自己是一名职业的服务者，一名优秀服务的提供者。

（3）当我们在为旅客提供服务的时候，这为我们展现自身社会价值提供了人生舞台，作为客运服务人员要追求和旅客之间更大的和谐与平等，这种和谐在岗位上要做到耐心细致、尽心尽力，对职业、对岗位体现“人人为我，我为人人”的一种更大的社会核心价值观。客运服务人员是高尚的职业，我们为此要付出我们的情感，投入我们的热情，展现我们绚丽多彩的人生。

（4）方便他人是一种境界，服务他人是一种美德，它需要我们服务人员一种无私的给予。但在给予的同时，我们收获的是认可、欣慰、感谢、成就，是一种崇高的、精神上的愉悦。

（5）服务是缔造阳光的使者，高品质的服务如同清晨的一缕阳光，照亮并温暖每一个被服务者的心灵，使他们沐浴在关爱、和谐的阳光之中。

3. 服务是一种快乐

(1)快乐服务是一种人生的境界。

①对每一位旅客要倾注一点一滴的关怀。

②要时时刻刻为旅客、社会奉献一点一滴的真诚服务。

③服务的成败取决于细节，忽视细节就意味着失败。

④服务注重细节，细节决定服务的品质。

⑤从点滴做起，把微不足道的事情做得更完美。

(2)对你所从事的工作，只有感兴趣才能全身心地投入，投入其中才能享受快乐。如果我们在工作中能够感受快乐，把工作当作是一种创造，看作是一种满足，全身心地投入，坚持不懈，任何人都能从中找到快乐，实现人生的目标。很多人在工作中得不到快乐，根源就出于他们只求结果，不重过程。真正的服务者，能够在岗位和职业中体会一种快乐，一种服务社会的快乐，一种实现自我价值的快乐。

(3)看不到细节或者不注重细节的人，对工作缺乏认真的态度，对事情只能是敷衍了事。这种人无法把工作当作一种乐趣，而是当作一种不得不受的苦役，因而在工作中缺乏工作热情。他们只能永远做别人分配给他们做的工作，甚至即便这样，也不能把事情做好，而考虑到细节、注重细节的人，不仅能认真对待工作，将小事做细，而且注重在做事的细节中找到机会，从而使自己走上成功之路。

(4)零度干扰，亦称为"零干扰"，是服务的一种重要的支柱理论。它的基本主张：在向服务对象提供具体服务的一系列过程之中，必须主动采取一切行之有效的措施，将对方所受到的一切有形或无形的干扰，积极减少到所能达到的极限，即力争达到干扰为零的程度。其宗旨是要求在服务过程中，为服务对象创造一个安全、舒畅、自由和温馨的环境。

三、高速铁路旅客运输服务的概念

高速铁路旅客运输服务是指为满足旅客的需求，铁路运输企业在客运站和列车上开展的经营活动的总称。

高速铁路客运服务的实质是铁路企业最大化地满足旅客的需求并为其创造价值。可见，客运服务是从消费者的角度强调旅客在消费客运服务时的一种实际体验的满足度，侧重于服务的"过程性"和旅客的"满足感"。具体表现在以下几方面：买票便捷，旅行时间少，安全、正点率高，乘坐环境舒适，周到服务、态度好，票价合理，等等。因此，要求铁路客运供给方防止一切旅客责任伤亡事故，列车正点到发；车厢内有现代化设备；并配备高素质的客运服务人员提供优质服务；办理旅行手续简捷；收费规范；对团体客票给予优惠；为方便旅客购票，实行网络订票、电话订票；增设自动售票机、取票机；优化列车开行方案，提倡列车高密度、多等级，开行精品列车；全面提高动车组列车的旅行速度。

四、高速铁路旅客运输服务的分类

高速铁路旅客运输服务按照出行过程可以分为出行前服务、进站服务、乘车服务、换乘与出站服务和旅程结束服务；按照服务方式可以分为电话服务、网络服务、柜面服务和投诉服务。

1. 出行前服务

出行前服务是指旅客为旅程做计划时，能够为其提供24h不间断服务，并提供多种形式的查询方式，使查询服务的潜能得到充分发挥。提供查询的主要内容包括：

(1)查询旅程区间乘坐车次信息。

(2)查询开车时间、停靠站台和到站时间。

(3)查询客票信息，包括席位、票价和里程等。

(4)查询市内售票点及其他售票渠道信息。

(5)查询站内环境与服务设施。

(6)查询市内交通、天气情况和旅游等信息。

(7)服务预订。例如，租车、酒店预订、市内交通购票和旅游服务预订等。

2. 进站服务

进站服务是为旅客提供最直接、关键的服务，也是最能表现其服务质量与服务水平。在进站期间，主要以乘车引导和站内服务为主。引导服务是指通过动态导向设备及静态导向设备为旅客实时、准确地发布各次列车动态信息和公共信息，引导旅客顺利完成候车、乘车、检票及接站，为旅客提供高效、优质的服务。其主要服务内容包括：

(1)站内布局引导。

(2)站内服务设施引导。

(3)站内购票引导。

(4)站内候车、检票、上车引导。

(5)站内信息咨询。

(6)站内服务信息发布。

(7)站内公共信息服务，包括网络服务、通信服务等。

(8)站内应急、求助。

(9)站内投诉。

(10)寄存服务，接送站服务。

3. 乘车服务

乘车服务是指旅客在旅途中所享受的服务。其主要服务内容包括：

(1)列车车厢与席位分布的发布。

(2)列车广播服务提供。

(3)列车娱乐服务提供，包括音乐频道、电影频道和视频频道等。

(4)列车运行信息发布，包括运行速度、区间、下一站站名、到站时间、停留时间等。

(5)列车查询服务，包括到站预计时间、沿途换乘列车信息等。

(6)在途预订服务，包括酒店预订、车票预订等。

4. 换乘与出站服务

换乘与出站服务是指引导、信息查询、接站的服务。其主要服务内容包括：

(1)换乘与出站引导。

(2)换乘车次信息查询。

(3)出站口服务设施引导。

(4)本地服务信息查询,包括本地交通、天气、旅游和住宿等。

(5)列车到站信息发布,包括到站车次、时间和正晚点信息等。

(6)接站服务信息提供,包括提供接站广播和接站信息显示等。

(7)到站预订服务的落地,包括接车和租车等。

5. 旅程结束服务

旅程结束服务主要是以投诉受理、意见建议收集及反馈、统计分析为主的服务。其主要服务内容包括:

(1)旅客投诉受理。在旅客服务中心和车站都设置投诉处理平台(中心),旅客可在现场投诉,同时,还可通过 Internet、Call Center(电话)、电子邮件、信函等方式进行投诉和建议。

(2)意见建议的收集及反馈。投诉中心对投诉信箱进行收集、分类、归档、存储,按照预置的处理流程,对于不同类型的投诉或建议,按不同的方式进行答复和处理。

(3)统计分析。对投诉和建议信息进行统计分析,形成报表,按照业务需求设置,定期生成投诉和建议旅客回访名单。

复习思考题

简述高速铁路旅客运输服务的分类。

第二节　高速铁路旅客运输服务产品与质量特性

本节说明

本节主要学习高速铁路旅客运输服务产品及其特点和质量特性。

教学建议

本节教学建议以教师讲解为主,可结合案例教学及多媒体理论联系实际讲授,学生讨论分析为辅。

任务实施

通过学习本节知识,教师可组织学生进行分组,布置案例分析任务,各小组派学生代表进行汇报,小组点评,教师最后总结汇报。

相关理论知识

高速铁路在我国的快速发展,必然导致客运市场竞争的加剧,这要求从旅客出行全过程的角度,结合高速铁路运输企业的实际,以及旅客服务内容、服务水平的要求和发展趋势,捕捉和辨识符合高速铁路服务特性的旅客服务需求,设计高效的服务产品和服务系统来满足各种旅客需求。高速铁路旅客运输产品的设计和调整,应具有一定的前瞻性,以利于保持产品的稳定,促进高速铁路客运市场的培育和开发。铁路客运服务系统应以高速铁路建设为契机,消化吸收先进服务理念、服务模式和集成技术,结合国情和路情,积极创新实践,为全面提高铁路服务质量提供有力支撑。

一、高速铁路旅客运输产品

随着市场从卖方市场向买方市场的转变,高速铁路旅客运输产品的概念应该是一个整体的概念,它包括核心产品、形式产品和附加产品三个层次。

(1)核心产品。就核心产品层次而言,高速铁路旅客运输产品是指在高速铁路旅客运输过程中实现的旅客在空间上的位移,其计量单位是“人·千米”,在整个生产加工的过程中旅客本身没有发生任何改变。办理旅客运输业务的一些基层单位只参与了旅客运输的部分过程,见表1-1。各基层单位的产品更加明确了高速铁路旅客运输生产的目的性。

基层单位产品 表1-1

输入原料	加工	输出产品	计算单位
旅客{发送 　　　到达	{售票(中转签字) 　进站候车 　上车(出发) {下车 　出站	发送(出)旅客 到达(出站)旅客	人

(2)形式产品。就形式产品层次而言,高速铁路旅客运输产品就是可供旅客选择乘坐的不同档次的列车或同一档次列车的不同席别、铺位。它是核心层产品在形式上的表现,高速铁路旅客运输产品只有通过形式产品才能得以实现。

(3)附加产品。就附加产品层次而言,高速铁路旅客运输企业提供给旅客的是购票、候车、列车上的旅行服务及信息咨询等服务。

二、高速铁路旅客运输产品的特点和质量特性

1. 旅客运输产品的特点

1)无形性

高速铁路旅客运输生产的产品是无形的产品,其核心产品就是旅客在空间上的位移。

2)差异性

高速铁路旅客运输是以服务旅客为中心的社会性服务行业。但由于旅客的个性差异,使高速铁路旅客运输服务的效果有所不同。例如,服务人员由于自身的原因,服务人员会受到心理状态、身体状况等因素影响,不同的服务人员在同一岗位上会有不同的表现,从而产生不同的服务效果,即使是同一服务人员也可能会因时间或服务对象的不同而表现出不同的服务水平。另外,由于旅客直接参与服务过程,旅客自身的因素或旅客之间相互的影响也会影响旅客在旅途中的感受和心情,进而影响服务质量。

3)易逝性

旅客位移的生产和消费过程同时进行,服务过程一结束,服务就消失,旅客即使不

满意也无法更换或退回服务。所以它不像有形的产品可以通过更换来满足旅客、挽回影响。

2. 旅客运输产品的质量特性

高速铁路旅客运输产品虽不具有实物形态，是无形的，但也有它的质量特性。旅客也是根据这些质量特性能否满足需要或满足的程度来判断旅客运输产品的质量好坏。旅客运输产品的质量特性包括安全、迅速、准确、经济、便利、舒适和文明服务等方面。

1）安全性

安全是旅客选择高速铁路作为出行交通工具的重要标准之一。《中华人民共和国合同法》规定：承运人必须将旅客及时、准确、安全、迅速地送达目的地。旅行过程中的安全包括人身安全和财产安全。承运人应保证旅客携带的携带品和托运的行李、包裹在旅途的过程中完好无损。

2）快速性

速度成为现今旅客评价高速铁路旅客运输服务质量的主要影响因素之一。速度越快，旅客在旅途中所耗费的时间就越少，减少旅客的在途时间就可以提高高速铁路旅客运输的服务质量。

3）准确性

动车组旅客列车应按列车时刻表规定的时间准时发车，正点将旅客送达至目的地，不应随便晚点。因此，铁路企业必须采取一切措施，正点运行，准时到达，以满足旅客对准确性的要求。

4）经济性

票价是高速铁路旅客运输产品的货币表现形式。对于旅客来说，票价直接影响旅客的出行成本。所以，高速铁路在制定票价时应考虑广大人民群众的生活水平，尽可能降低成本，为旅客提供更经济的旅行方式。

5）方便性

高速铁路应该在旅客购票、上车、下车等方面提供便利，手续要力求简便，一切从方便旅客出发。例如，在春运期间，适当增加售票地点和窗口、提倡互联网订票和电话订票、车站内增设自动取票机等，这些有效的措施可以减少很多不必要的手续和中间环节，为旅客提供便利条件。

6）舒适性

随着人民物质文化生活水平的提高，人们对旅行舒适度的要求不断提高。因此，铁路运输企业就必须改善客车车辆的技术性能和车厢内部设备，以及车站的服务设施等，最大限度地满足旅客对旅行舒适度的要求。

复习思考题

1. 高速铁路旅客运输的产品有哪些？

2. 高速铁路旅客运输产品的特点是什么？

3. 简述高速铁路旅客运输产品的质量特性。

第三节　高速铁路旅客运输服务质量控制

本节说明

本节主要学习高速铁路旅客运输服务的标准化服务和过程质量控制的相关知识。

教学建议

本节建议以教师讲解为主,学生分组讨论和实践为辅。可采用理论联系实践的方法,培养学生标准化服务的意识。

任务实施

通过学习本节知识,教师可将学生按照服务作业过程进行适当分组,布置案例分析任务,各小组进行分析讨论和演练,并进行汇报,教师最后总结点评。

相关理论知识

服务与产品最本质的区别是服务具有过程性,高速铁路旅客运输服务具有过程性,与过程性相伴而生的还有服务的无形性、生产和消费的同步性、服务的易逝性、服务质量的差异性以及服务的不可储存性等特性。

高速铁路旅客运输服务是铁路企业向社会提供的一种运输服务,这种服务既是满足社会需求的载体,也是运输企业生产经营的载体。

为了安全、准确、迅速、便利、优质地运送旅客,树立良好的铁路运输企业形象,在站、车的旅客运输服务工作中有必要为大量重复的工作内容、程序、方法、服务活动等制定统一的作业标准,实行标准化作业程序,以保证旅客运输服务质量和提高作业效率。

一、高速铁路旅客运输服务质量标准

1. 推行服务标准化的重要性

1)为提高服务质量提供充分的依据和明确的目标

在客运服务工作中,任何一个作业环节,如果没有统一的标准来要求,每个客运服务人员完成的效果都不同。以客运服务工作中常见的"清扫"为例来说明这个问题。清扫在旅客运输服务工作中是随时随地在进行的,表面上看很简单,其实并非如此。扫到什么程度?达到怎样的质量要求?应当怎样规范操作?把这几个问题回答清楚,这就是"标准化作业"要解决的事情。例如,在对客运服务人员制定的礼貌标准中规定:"清扫时移动旅客物品要先行招呼;清扫工具不触及旅客衣服;麻烦旅客时道谢,失礼时道歉。"客运服务人员在卫生整容作业时,能认真地按照标准要求去做,就必然会实现卫生整容的质量标准,为旅客创造一个良好的环境,使广大旅客满意。

2)为考核服务质量提供最佳的尺度和检验手段

服务质量需要定时的、不定时的和经常性的考核。但是,客运部门的服务产品,不能用检测手段去检验。考核质量仅依靠旅客反映和评价也不合理,必须制定服务标准,以“标准”为依据,去衡量、考核和检查服务质量,这样既可以互检,也可以自检。

3)标准化是提高服务质量科学管理的方法和手段

标准化活动本身属于现代化管理企业的手段,因此在铁路客运部门推行标准化活动,实质上是具体地采用科学管理方法和手段。

4)标准化能适应客运服务工作不断发展的需要

服务标准本身具有先进性、科学性。各级领导机关制定和发布的服务标准,必须是代表了所管辖范围内的先进水平,否则就失去了“标准”的意义。服务工作是动态的、无形的,也是无止境的。一方面,客运服务人员在各站、车实际的服务工作中,认真按服务标准去做,就会把自身的原有服务本平提高到一个新的水平;另一方面,这些站、车在服务实践中又会不断涌现新的、先进的服务方法和经验,经过提炼和精选,再充实到现行的服务标准中去,使服务标准始终保持先进性。

2. 服务标准的概念和分类

1)概念

(1)标准是对那些需要协调统一的重复性事物和概念所作的统一规定,它以科学技术和实践经验的综合成果为基础,经有关方面协调一致,由主管机构批准,以特定形式发布,作为共同遵守的准则和依据。

(2)标准化是在经济、技术、科学及管理等实践中,对重复性事物和概念通过制定、发布和实施标准,达到统一,以获得最佳秩序和社会效益的全部活动过程。

(3)服务标准是指针对客运服务工作中大量重复的作业、程序和方法,以现行规章为依据,利用科学原理,在深入调查研究、认真总结先进经验的基础上,遵循有关规定,为保证旅客安全运输和提高客运服务质量,而作出的统一规定和技术文件。

(4)服务标准化是客运服务部门推行标准化活动的总称,是客运部门制定、发布服务标准,贯彻、落实、实施标准,不断完善服务标准的全过程。

2)分类

(1)标准的分类

按照标准的级别可以划分如下:

①国家标准,即由国务院标准化行政部门制定,由国家技术监督局审查批准颁布的,必须在全国统一执行的标准。

②行业标准,即由国务院有关主管部门制定,由中央各有关部门或专业化标准组织批准颁布的,在该行业内执行的标准。

③地方标准,即由省、自治区、直辖市人民政府标准化行政部门制定并批准执行的标准。

④企业标准,即企业自己制定的标准。企业标准又可以分为三类,即技术标准、管理标准、工作标准。

(2)服务标准的分类

高速铁路客运部门推行标准化活动,是以管理和组织工作为主,其工作重点应放在服务组织、作业和管理上。因此,客运部门的服务标准基本上可以分为三类,即工作标准、作业标准和管理标准。这三个标准之间是互相联系、互相作用的。由于客运部门具有服务性强的特点，服务工作标准就是服务质量标准，工作标准是作业标准和管理标准制定、实施的主要依据和基础。客运部门通过贯彻、实施作业标准和管理制度来保证工作标准的实现，通过实现工作标准来提高服务质量，达到推行服务标准化的目的。

3. 制定服务质量标准的原则

高速铁路客运服务标准的制定需要满足下列原则：

(1)明确性。它指服务标准必须明确，如果规定“高铁开车后，列车广播发放配餐”就不够明确。明确的标准应为：开车20min后列车广播发放配餐。

(2)可衡量性。它指服务标准定量化，主要是针对铁路运输企业内部的。例如，铁路客运服务工作人员在接受问询时，应答、回复、处理率应达到100%，这就是一个“明确可衡量性的标准”。

(3)可实现性。它指服务标准要合适，使客运服务人员感到他们有信心能实现这些标准。否则的话，他们是不会去努力尝试的。

(4)满足旅客的需求。它指高速铁路客运服务质量标准的“尺度”和范围应该以旅客需求为中心，这是高速铁路客运服务质量标准中最重要的特点。例如，列车上的服务应该遵循旅客旅行的规律，在长途列车上提供休闲娱乐服务以消散旅客长途旅行的烦闷，在夕发朝至列车上提供安静、舒适的休息环境。

(5)及时性。它指对旅客服务要求的反应速度。优质服务不仅包括能为旅客提供服务，它还包括客运服务人员能及时地向旅客提供服务。旅客希望向客运服务人员提出服务请求后，其问题马上就可以解决，但是如果旅客的服务请求反馈时间太长，那么旅客对客运服务质量的印象就会大打折扣。所以，铁路运输企业在制定服务标准时，不仅要有目标，并且要有明确的时间限制。

二、高速铁路旅客运输服务质量控制

高速铁路旅客运输服务质量控制实质是指对提供客运服务过程的服务质量进行控制，即高速铁路客运服务提供过程管理。服务提供过程是旅客参与服务的过程。其有两大基本特征，即服务提供者与旅客之间的关系十分密切，服务生产过程和消费过程是同时的。

高速铁路旅客运输服务质量控制的目的是按照标准向旅客提供服务，使服务在旅客容忍度内。具体可以通过对服务前台、后台，服务关键时刻的管理和服务补救等来实现对客运服务提供过程的控制。

1. 前台、后台服务

根据高速铁路客运服务提供过程模型，如图1-1所示。高速铁路客运服务的提供过程被视野分界线划分为两个部分：一部分是旅客可见的或接触到的前台服务，即站、车客运服务；另一部分是旅客看不见的，但是服务提供过程不可或缺的后台服务，即站、车旅客运输作业过程，以及车、机、工、电、辆等作业。

2. 服务关键时刻管理

由图1-1可知，旅客对服务的感知来源于服务接触，所以在服务提供过程的管理中，服务接触部分的管理至关重要，而“关键时刻”管理就是对旅客接触中质量进行管理的有效手段。

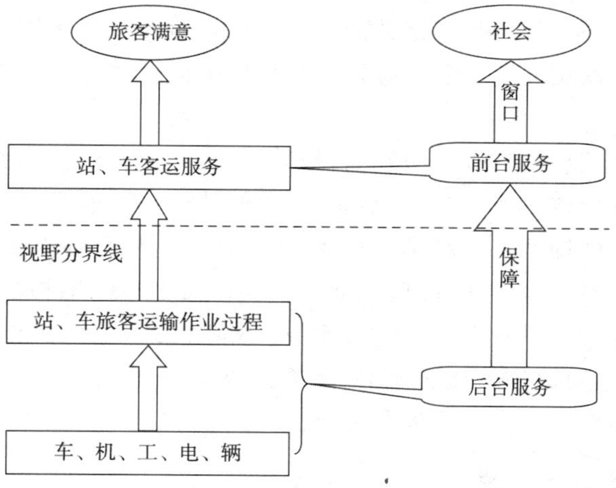

图 1-1 高速铁路客运服务提供过程模型

"关键时刻"是指旅客与铁路企业各种资源相互接触的时刻,每个"关键时刻"都是铁路企业将自己的服务质量展示给旅客的机会。高速铁路客运服务是由一系列的"关键时刻"组成的,高速铁路客运服务圈对旅客位移过程中"关键时刻"的描述,如图 1-2 所示。

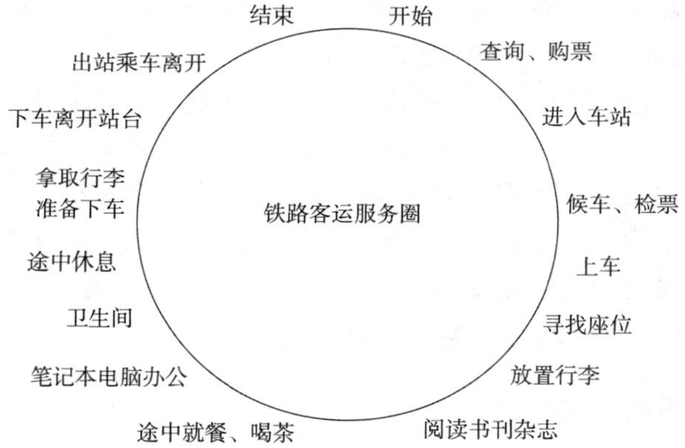

图 1-2 高速铁路客运服务圈

旅客在客运系统从购票、进站、检票上车、乘车旅行、到站下车离站的整个活动过中会经历多个"关键时刻",对每个"关键时刻"按照前面制定的标准对其进行检查、考核,实现控制目的。例如,旅客问询服务,企业在客运服务人员的着装、态度、效率等方面作出规定,并建立奖惩机制,铁路企业可以通过检查、考核以及旅客的留言等措施对这个"关键时刻"进行管理控制,以保证服务质量。

此外,由于旅客的态度、价值观、需求、兴趣爱好等的不同,有极少部分的"关键时刻"对旅客是特别重要的,应针对不同的服务群体,加强对其重要的"关键时刻"的管理控制。例如,动车组列车上的商务旅客需要使用笔记本电脑办公,这一"关键时刻"对其是非常重要的。

3. 服务补救

尽管铁路企业会不断加强对高速铁路客运服务提供过程的控制,但是由于客运服务人员、旅客的一些个性特征，不可避免地存在旅客感知服务质量低于可接受服务的情况，即发生服务失效，此时，有些旅客会抱怨，这就需要铁路运输企业及时采取措施进行服务补救，即使对没有抱怨的旅客，铁路运输企业也应该在发现服务质量存在问题时，主动提出服务补救措施。

服务补救是铁路企业对服务质量控制的最后屏障，如果补救及时到位，旅客感知服务质量会提高，很有可能增加旅客的信任，挽回旅客。在服务旅客过程中，由于各种原因可能导致旅客投诉，对投诉的处理就是一种典型的服务补救。当然铁路企业不应该寄所有希望于服务补救，因为补救不一定能成功，即使成功也需要铁路企业付出相当的代价。从铁路企业的长远发展看，应该致力于一次性提供优质服务，不需要服务补救是铁路企业应该努力的方向。当然铁路企业也不应该拒绝旅客抱怨，旅客抱怨既是铁路企业寻找自身存在问题的良好途径，也是防止此类事件再次发生的重要方法。

【案例 1-3】 视车票为请柬，待旅客如亲人

20××年 7 月 22 日，D26 次列车刚从长春西站开出，列车长小王巡视车厢，在走到 4 号车时，看到车门口站着一位头发花白的老奶奶正吃力地拿着行李在寻找什么。小王见状立即主动上前询问，由于老奶奶操着地方口音，语言很难沟通，小王仔细倾听，耐心复述，终于清楚了事情的始末。原来老人不识字，独自一人出远门，结果坐错了车，又没有手机，无法与家人取得联系，为此她非常着急。弄清楚情况后，小王安慰老人道："老奶奶，您别着急，告诉我您家人的联系方式，我来与他们联系确认接站的相关事项。您放宽心，既然上了我们这趟列车，您就是我们的客人，我们一定会想方设法把您平安送到家人那里的"。老奶奶听了直点头。小王随即与老奶奶的家人取得联系，并详细交代了接车事宜。然后，小王帮老奶奶安排好座位，放好行李，途中加强巡视，嘘寒问暖。列车很快到达铁岭西车站，小王一手拎着行李，一手扶着老奶奶，亲自把老奶奶送到了其家人那里，也让焦虑等待的老奶奶家人终于露出了笑容，逢人便说："现在铁路的服务真是好！"

【案例 1-4】 以情感人，调换座位

乘务途中，列车员帮旅客调换座位的事情几乎每天发生。

20××年 12 月 19 日，G261 次列车疾驶如飞，3 号车厢有一位乘坐轮椅的旅客，这是一位二十出头的姑娘，她的母亲一直陪在她的旁边。母女俩买的是一等座车票，到合肥站下车。列车员小严看到姑娘的母亲正吃力地扶着女儿入座，连忙走上前，询问道："阿姨，需要我帮助吗?"姑娘的母亲："我女儿腿脚不方便，到合肥要四个多小时，用厕所可能不太方便，轮椅也不知道放哪儿合适。""我来替你们想办法，您不用着急。"小严安慰道。小严说完走到 4 号车厢，看到残疾人座位上有一位持票男旅客，也是在合肥站下车，便和他说明了情况并请求配合。男旅客很乐意配合，主动提出调换座位。当得知还有一位母亲同行时，一旁的一位女士也同意调换座位，这使小严很感动。很快，小严安排好了母女俩的座位。残疾人座位有捆绑带，可以将轮椅妥帖地摆放在旁边，离残疾人厕所也很近，姑娘的母亲对小严的安排十分满意，连连表示感谢。途中，小严常过去询问母女两人的需求，及时提供帮助。列车到达合肥站，小严推轮椅一直将姑娘送到站台上。

【案例 1-5】　以情动人，以理服人

G1272 次列车从沈阳南站始发，列车长小林在车门外立岗，迎接旅客上车。一位旅客拿着车票，醉醺醺的要上车。小林赶紧上前扶住他："先生，您是要去哪儿？请把您的票给我看一下好吗？"这位旅客口中喷着酒气，不耐烦地说："怎么老是检票，还有完没完了啊。"小林耐心跟他解释："先生，不好意思，核对车次是我们的工作，怕您乘错了车。"这位旅客板着脸不耐烦地把票拿给小林看，是到山海关站的二等座车票。小林告诉了他车厢号和座位号，又觉得不放心，便把他搀扶过去。把他扶到座位上后，他倒在椅子上便呼呼大睡。小林看着他喝醉的样子，无奈地摇摇头。车开出后，小林给他送了一瓶矿泉水，他连声说谢谢，说他正需要，仰起头猛喝了几大口后，仰倒继续睡。每次巡视车厢的时候，小林总会走过去看看他的状态，并及时提供帮助。列车很快就要到山海关站了，到站广播提示响起来了，这位旅客完全不知情，还在呼呼大睡。小林轻轻推醒他："先生，山海关站马上就要到了，您起来收拾下行李准备下车吧。"这位旅客起身后边收拾行李边说："谢谢你，之前我态度不好请你原谅。我到这里有很重要的事情，非常感谢你提醒我，要不然我坐过站了那可就耽误事情了"。细微之处见真情，真诚的帮助和礼貌的态度最终能打动旅客，温暖旅客。

【案例 1-6】　创先争优见行动，服务不分你我他

20××年 1 月 16 日，D102 次列车从哈尔滨西站始发。列车员小杨巡视车厢时，发现 5 号车厢有一位中年男士趴在前面座椅靠背上，双腿伸直，低着头，一副很痛苦的模样。小杨觉得不太对劲，便主动上前询问。原来该男子患有腰椎间盘突出症，压迫腿部神经，疼痛难忍，这次回北京是做手术的。小杨了解情况后，帮这位旅客将座椅调节到比较舒适的位置，为其倒了一杯热水，同时关照这位旅客不要着急，有事可以找列车员，到站前她会过来帮忙一起下车。小杨关照好这位旅客后，立即向列车长小黄汇报。小黄和小杨一路上嘘寒问暖，对这位旅客细心照顾。午餐时间到了，他们帮助该旅客买来午餐，细心的小杨拿来几本杂志垫在旅客腰部，帮助其将座椅调整到便于吃饭的舒服位置。列车到达北京站前，小黄和小杨一起来到 5 号车厢帮旅客拎行李，扶旅客到车门口等候下车。到站后小杨扶着这位旅客下车，列车长与车站客运值班员办理交接，并将旅客行李一并交给客运值班员。临别时，这位中年男士眼中充满感激，不停地向小黄和小杨挥手……

【案例 1-7】　列车天使，盲人福音

20××年 5 月 3 日，大雨瓢泼，D101 次列车停靠在秦皇岛站。列车长小潘接到客运值班员移交来的一位双目失明的男旅客，她当即搀扶至离自己最近的 9 号车厢，安顿好座位。在嘘寒问暖中，小潘得知该旅客名叫陈超，独自乘车回德惠老家探亲。由于秦皇岛是下雨天气，气温较低，陈超身上的衣服已经被雨水淋湿了。小潘寻思着要尽快帮助旅客驱逐寒气，便向随车乘警借来一件外套给他披上，又安排列车员送来热茶。一路上，列车员无微不至地关心照顾陈超，每隔一段时间为其续水，午餐时帮助买饭……。"我是盲人，可我心里很亮堂，你们动车服务质量好，虽然我早有耳闻，但是通过今天亲身体验，感觉你们的服务比我想象得还要好，谢谢你们让我感到如此温暖！"陈超感慨地说道。列车快到德惠站时，天色暗了下来,看样子要下雨了。小潘连忙用手机帮助联系陈超的亲人,告知站台号、车厢位置并提醒带好雨具。到站后,小潘亲自将陈超领至其亲人处。与陈超作别时,天边突响几声惊雷,站台上的遮雨棚“啪啪”起声,雨点子骤急起来。

【案例 1-8】 热情待旅客,不负有心人

20××年 3 月 19 日,G8068 次列车沈阳北站始发立岗时,一名中年男旅客气喘吁吁地找到列车员小唐,说自己有一个装有胰岛素的箱子和钱包遗忘在售票大厅自动售票机旁,钱包内有银行卡、身份证及大量现金。这时候,小唐刚好看见站台不远处有车站客运值班员,于是立即带着这位旅客找到客运值班员,说明了事情原委。由于列车马上就要开车了,这位旅客又因特殊原因必须乘坐本趟列车赶至辽阳站,只能委托车站客运值班员帮忙寻找。小唐与客运值班员互留了联系方式。开车后,小唐立即向列车长小金汇报了此事。沈阳北站到辽阳站不过二十多分钟的路程中,小唐又多次联系客运值班员,由于动车信号原因,电话多次中断,快到辽阳站时终于传来了好消息,旅客遗失物品找到了。小唐在征得旅客意见后,旅客遗失物品暂时由车站代为保管,当天晚上旅客乘坐 G8023 次列车返回沈阳北站时领取。当一切安排妥当后,辽阳站也到了,旅客下车后在站台上不停地朝小唐挥手,久久不肯离去……

复习思考题

简述制定服务质量标准的原则是什么?

第二章　高速铁路旅客运输服务心理

本章描述

心理因素是影响人们社会生产活动的重要因素。要把高速铁路客运任务完成好，就需要把握人们在各种活动中产生的心理思想的根源。只有充分了解旅客心理、员工心理，才能有针对性地采用各种解决问题的服务技巧，使问题得到妥善的解决，才能使旅客出行有一个愉快的心境，也才能使员工提升自己的服务水平。本章主要从把握高速铁路旅客运输中旅客心理和员工心理方面得到锻炼。

教学目标

1. 能力目标

(1)能根据高速铁路旅客的行为方式、面部表情、语言特点判断旅客的心理状态；能依据旅客心理状态开展有针对性的良好服务。

(2)客运员工能根据自身心理状况控制自己的情绪，减少服务投诉的能力。

2. 知识目标

(1)熟悉旅客共性心理、个体心理、群体心理、客运员工的服务情感和意志品质。

(2)掌握客运员工心理健康知识，掌握旅客出行心理活动因素及满足旅客出行心理服务措施。

3. 素质目标

(1)提高员工的自我修养，具有符合高速铁路旅客运输需求的思想和行为。

(2)具备客运服务能力。

(3)善于控制情绪，提高旅客的满意度。

相关案例

【案例 2-1】　旅客急病

20××年 11 月 16 日，G5455 次列车安全平稳地行驶着，突然一阵孩童的啼哭声打破了车厢的平静。列车员小金闻声赶来，发现很多人围在 7 号车厢 4D 座位旅客旁，上前询问，原来是王女士两岁女儿突发昏迷，周围的旅客你一言我一语的出主意。紧急之中，列车员叫来了列车长。“大家不要急！请大家回到自己座位上吧，这样围着不利于空气流通，再说，小朋友也可能害怕，我们会想办法的，请大家放心！”列车长先稳定住车厢内旅客的情绪，同时，迅速通过广播寻找医生，并抓紧向王女士了解情况，为下一步工作做好准备。前后赶到的两位医生经过紧急会诊，一致确诊为急腹症，需马上入院手术。可列车运行到下一个停车站还需要近2h，到时恐怕就来不及了，王女士一听急得哭了起来。情况紧急，需特殊处理。列车长立即向列车运行所在局客运调度汇报，请求批准本次列车在前方某个市级站临时停车。在得到客运调度批准并得知调度已通知当地医院的准确消息后，王女士的脸上露出了笑容。列车长还没来得及松口气，发现王女士低着头又哭了起来，经询问，得知王女士只带了1000元，怕到医院不够。旅客的困难就是我们的困难，列车长掏出了100元，紧接着乘警、列车员也各掏出了100元，两位医生每人也捐出了100元，其他旅客也纷纷解囊。拿着厚厚的一沓人民币，王女士的脸上又露出了笑容，她感谢列车长、乘警、列车员，感谢在场的医生和旅客，也感谢高铁上那些未曾见面而帮助她的好人们。

当列车停稳在站台旁时，人们见到了迎候的救护车。深夜中，救护车顶上那闪烁的蓝色灯光是那样的灿烂、温馨。

【案例分析】

(1)列车员、列车长能在发现旅客患病、稳定旅客情绪、应急处置、向上级汇报、后续援助等环节中，各施其责，及时果断地采取相应措施，有条不紊地控制事态向着良性方面发展，既成功地救助了旅客，也为高铁赢得了良好的社会反馈。

(2)事件发展过程中，列车长能凭借自己的良好的心理素质和过硬的业务能力，临危不乱，准确把握患病旅客亲属及周围旅客的心理，既用适当的言语及时稳定大家的情绪，为救助工作创造了条件，又通过合理的应急处理流程落实各项工作，从始至终，很好地掌控着事态的发展，为最后的成功救助奠定了良好的基础。

(3)尤其值得褒扬的是，列车长在旅客遇到困难时，能把旅客当亲人，急旅客之所急，正是列车乘务员的高度的责任心和对旅客的爱心，感动了旅客，真正完成了一次服务，化解了一次危机，更收获了一片荣誉。

【案例2-2】 列车空调故障

2019年7月，某次列车1号车厢前半部空调发生故障，致使车内温度一度达到29.5℃。该车厢乘坐的为某市十余所重点中小学赴外地参加桥牌比赛的学生选手及带队老师，共55人。由于车内温度较高，带队老师对列车工作人员关于空调故障的解释以及在随后的列车给旅客发放矿泉水的过程中漏发了一些旅客的情况表示不满，情绪激动、言辞激烈，要求给予补偿、给出说法，并声称到站后不下车。

列车长接到乘务员报告后，与机械师立即赶到现场，一方面积极地做好解释和安抚，另一方面对空调故障全力进行抢修，同时集中列车上所有矿泉水，使用一次性纸杯，逐人送到每位旅客手中。后经客运调度协调，又分别于列车运行前方站补充了20箱冰冻矿泉水，向每位旅客发放，同时始终做好致歉、解释，使旅客情绪得到一定稳定。

在整个过程中，列车长随时将车内状况及旅客情况向段派班室、车队汇报，并按客运调度要求拍发空调故障电报。当段里接到带队老师强烈表示到站不下车的信息后，相关段领导于列车到达某中间站时上车，与带队老师直接沟通，表明诚意，准确说明高铁相关规定，使旅客感受到我们的诚意，增强了对我们的信任。经多方反复努力，列车到达旅客的目的站时，55名旅客全部顺利下车。

【案例分析】

(1)在开始环节引起旅客不满的原因中，直接原因是气温较高、列车空调设备的故障，属于客观原因；间接原因是列车乘务人员给予旅客的空调故障简单解释及在发放矿泉水工作中的疏忽，属于主观原因。客观原因反映出乘务工作准备不足，并且对已发现的设备故障问题重视不够，主观原因显示出列车乘务人员尊重旅客的意识不强和对工作责任心不足，而这两种原因相结合，造成了旅客的抱怨和不满。

(2)随着列车长和机械师的迅速赶到，他们进一步的解释和安抚，以及对空调进行全力抢修，旅客感到他们反映的问题有实质性进展，心理稍微宽慰，同时，旅客也感到自己受到了更多的重视和尊重，心理的怨气也就减弱了许多，这样也就为列车乘务员更好地解决问题赢得了时间和条件。接下来列车乘务员的两个细节服务措施值得肯定：一是集中列车所有矿泉水，使用一次性纸杯，逐人送到每位旅客手中，这样把给旅客发放整瓶矿泉水换成为每一位旅客倒上一杯水，既体现了乘务员对旅客的诚意，又不会再次漏掉哪一位旅客而引起旅客的误会，而且方便列车乘务员能单独带给每一位旅客一句真诚的道歉，这样就会让旅客心里的怨气进一步得到缓和。二是积极与客运调度联系，从前方站紧急补充冰冻矿泉水，再次向旅客发放更加显示出高铁乘务人员的诚意和歉意。人非草木，孰能无情，通过列车乘务员一系列的工作，旅客的心理势必已发生很大的变化，也就为最后的解决问题打下了良好的基础。

(3)最后，相关段领导及时、主动上车，与带队老师进行直接接触，进一步表明了诚意，沟通了感情，因此当列车到达旅客的目的站时，55名旅客全部顺利下车也就顺理成章了。至此，本次旅客的投诉终于得到了完满解决。

(4)从本案例的发生、发展、解决的整个过程中，我们看到在处理旅客投诉时，乘务员的基本素质积淀以及对旅客心理的把控能力、对突发情况的应急反应水平、对本职工作的敬业精神等都在起着至关重要的作用。因此，加强职业培训力度，不断提高列车乘务员的综合素质，始终是高铁旅客运输服务工作中的一项需要长期坚持而又非常重要的工作。

第一节　旅客服务心理

本节说明

本节主要学习旅客乘车的共性心理与服务、旅客乘车的个性心理与服务、旅客群体心理与服务、旅客的服务期望、旅客对服务满意的感知、高铁运输特殊旅客心理特点及服务技巧，是高铁客运岗位职工及管理人员必须要掌握的知识。

教学建议

本节建议以教师讲解为主，可大量采用案例教学，运用案例分析旅客心理进行客运服务的相关知识，学生分组讨论分析为辅。

任务实施

通过学习本节知识，教师可组织学生进行适当分组，布置案例分析任务，各小组派学生代表进行汇报，小组点评，教师最后总结点评。

相关理论知识

随着社会经济的发展和人民文化生活水平的不断提高，人们乘车的需要也不断增长。不同的乘车目的伴随不同的心理活动。旅客乘车能否顺利实现，很大程度上取决于运输工具所提供的服务水平对旅客需要的满足程度。为了满足旅客对运输服务的安全、迅速、方便、舒适等方面的要求，高铁运输部门需要在运输工具及旅客运输服务质量等方面入手，树立运输企业的形象，提供全方位的优质服务。

高铁车站客运服务人员的工作是直接与旅客打交道的工作，提高旅客运输服务质量是客运服务人员的首要任务，这就要求客运服务人员对客运岗位工作的重要性有一个客观的认识，并在服务中把握旅客的各种心理，灵活妥善地处理好各种矛盾。

一、旅客乘车的共性心理与服务

旅客乘车的心理活动，贯穿了从其产生乘车的需要开始，到其到达目的地结束旅行为止的整个过程。旅客乘车的共性心理是指所有旅客在乘车的过程中从开始买票到乘车结束，经过各个环节，遇到各种情况，所具有的相同的心理活动。一般来讲，人们出门乘车首先要考虑选择乘坐何种交通工具，其共性的心理主要表现为要对交通工具的安全、经济、迅速、方便等方面进行比较，然后再对舒适程度、服务质量等方面进行比较，分析哪种交通工具出行条件优越，最后选定交通工具。旅客在乘车中的共性心理，是相当复杂的。下面对旅客共性心理活动进行一般性的分析。

1. 旅客乘车的共性心理需要

1）安全心理

旅客乘车最根本的需要就是安全的需要，它包括人身安全和物品安全两个方面。为保证旅客乘车安全，旅客通常会综合考察自然环境状况、社会治安情况和运输工具的安全性等内容，再作出是否旅行的决定。

安全就是不发生任何危及人身安全和财物安全的意外事故，也就是不会发生人身碰挤伤、摔伤等伤害情况，乘车中所携带的财物、文件资料保持完整，不会发生任何丢失或损坏的事情。

在旅客运输服务过程中，努力实现旅客旅行安全心理要求，这是所有客运服务人员的首要工作。要求高铁运输部门加强社会、车站和列车的治安管理，从技术装备上提高运输载体的安全性，从安全管理上提高客运服务人员对不安全因素的预测和及时处理等方面的努力。

2）顺畅心理

旅客到车站购票，能够顺利地买到自己需要的车票；上车时，人虽然多，但是能够顺利地找到座位；列车在运行途中，因某些原因，如意外运行事故等而耽搁，在这种情况下，能否保证列车正点到达终点站；准备换车时，有充裕的时间赶上接续换乘的交通工具等，这些都是旅客出门旅行的顺畅心理要求。

要满足每位旅客的顺畅心理要求,做到时时顺畅、事事顺畅是不现实的。但是,从旅客运输服务管理角度,应尽最大的努力满足旅客的需要。在为满足旅客需要而做工作的同时,还要做好宣传工作。对旅客要有良好的服务态度,遇到不能满足旅客要求的事情,要进行耐心解释,使旅客明白为什么需求没有得到满足。在旅客乘车的过程中,由于运输部门的原因而发生的延误,影响到旅客旅行的顺利进行,旅客有权了解发生的原因,客运服务人员必须把事情的真相通告给旅客,让旅客心中有数,使其能够对自己下一步的行为预先进行计划。

3)快捷心理

随着社会的发展,人们的时间观念发生了重大的变化,快捷成为旅客一个主要要求。缩短乘车时间,迅速到达目的地,可以节约时间,同时减少旅行疲劳。

4)方便心理

方便的需要表现在购票、进出站、上下车以及中转乘车等方面的便捷性。“方便”要求减少乘车中的各种中间环节,达到“快捷”的目的。

旅客出门旅行,希望处处能够方便,这是一种很普遍的共性心理。为了适应旅客的方便心理,需要采取一些措施,如售票处多开售票窗口,旅客进站妥善安排检票口和检票人员,站内通道设置引导牌,及时通告到站站名,等等。从质量上,旅客希望运输服务部门提高办事效率,简化手续,改善服务态度等。满足旅客的方便心理要求,其要点是使旅客感到处处、事事、时时方便,节省时间,能够使事情顺利办成。

5)经济心理

经济心理表现在旅客需要的满足程度与所付出的费用和时间相比较,希望在一定的需要满足程度之下,所付出的费用和时间最少。但旅客在乘车旅行中对经济性的考虑,一般是将两个因素结合在一起:一是花钱的多少;二是由谁出钱,是自己还是他人。

6)舒适心理

随着经济的发展,人们生活水平的提高,旅客对乘车的舒适性要求提到重要日程,对乘车环境的要求相应提高。这种需要的强度和水平受多种因素影响,特别是旅行时间的长短往往是起决定作用的因素。

7)安静心理

旅客出门乘车,离开家或工作场所,来到站、车,与其他旅客一起,共同乘车,一直处于动荡状态中。在嘈杂的环境中,尽量保持安宁,减少喧哗,动中求静,这是人之常情,是大多数旅客的共同心理要求,尤其是在人较多的候车室和车厢内,要求更为迫切。

要保持旅客旅行中的安静环境,一方面旅客本身要约束自己,不要大声说话,来回走动等;另一方面客运服务人员有责任加强对乘车环境的管理,积极地组织引导和制止不利于安静的事件,避免旅客大声喧哗、吵闹,更要避免与旅客发生口角、争吵,影响旅客休息。心情安静与否,在一定程度上取决于人对环境的感受。一个井然有序的环境,可以使人心平气和,心情平静。因此,要求加强对环境有序性的管理,这种有序性包括两个方面:一方面是物的有序性,另一方面是人的有序性。另外,保持站、车公共场所的清洁卫生也是有序性的一种表现。清洁、卫生的环境使人心里愉快,心情平静;脏、乱、异味弥漫空间的旅行环境,会使人心里烦躁,心情郁闷,而不能平静。

2. 旅客乘车心理需要的规律性表现

旅客乘车心理需要都呈现一定的规律性,概括如下。

1)需要的档次性

随需要的满足,需要的档次在提高。对于旅客来讲,在把乘车的需要转变为行动前,总是先把需要水平定在一定的程度基础上。这样,在其行动时,就会出现以下两种情况:

(1)需要水平定得太高,乘车条件不允许,需要不能得到实现。如果出现这种情况,旅客的乘车受到挫折,旅客可能会产生两种反映:一是中止乘车,二是将需要水平降低,然后再看乘车条件是否允许。

(2)乘车条件能够满足需要水平的实现,这样旅客乘车的行为能够进行下去。但乘车能够进行下去的同时,旅客的下一步需要水平也会相应地提高。因此,需要的满足,经历了由简单到复杂、低级到高级、物质到精神的发展过程,相互联系又呈现阶梯式上升。

例如,旅客在对乘车条件分析的基础上,将乘车需要水平定为顺利地买到所需的车票,如果到售票处很容易地买到了车票,这时他就可能想最好到车上能够人少有座位;如果车上人多没有座位,而他又必须乘车,这时就会想到没有座位也行了。

2)需要的强度性

乘车需要的强度受多种因素影响和制约,尤其是在乘车的目的、距离、时间以及客运服务人员的服务态度和质量等方面。

3)需要的主次性

在旅客乘车的过程中,心理活动反映出的需要不是单一的,而是有许多种,各种需要之间不是并列的、不分主次的关系。在乘车的每一个阶段总有一种或两种需要处于主导地位,其他需要处于从属地位。例如,乘车前,购票需要是第一位的,车票买不到,其他乘车的所有需要都不能成为现实;买到车票后,有关乘车安全、生理等方面的需要则成为主导地位。

所以,要掌握旅客心理活动规律性变化,为深入细致地做好服务工作创造条件。

3. 满足旅客乘车共性心理需要的心理服务措施

为满足旅客乘车共性心理需要,提出全方位的心理服务思想。全方位服务思想是指将旅客乘车整个过程中产生的所有心理活动综合在一起考虑,使旅客乘车的需要得到满足的一种服务思想。实施全方位的心理服务可从以下几方面入手:

(1)加强旅客运输服务信息的宣传与信息的咨询,根据旅客乘车的需要预先或随时提供旅客所需要的各种信息,沟通旅客和高铁运输部门之间的相互了解。

(2)做好与其他交通运输工具的协调配合,满足旅客集结、疏散、中转乘车的需要,加强旅客列车发生异常运行情况时对旅客的组织。

(3)加强客运服务人员的职业培训与管理,提高客运服务人员的管理水平、业务能力和职业道德水平,提供周到、热情、使旅客满意的服务,保证对旅客的进出站、上下车的有效组织。

(4)改进高铁车站的设计,如改进车站的进出口,使其有利于旅客的进出。

(5)采用先进的技术设备,如自动售票系统、旅客自动引导显示系统、列车到发通告系统、旅客信息咨询系统、广播系统等,满足旅客对乘车信息、购票、上下车等方面的要求。

(6)从旅客列车车体的设计和运用方面考虑,提高车体座位的舒适性,加强车厢内的通风、温度调节，增加车厢内的娱乐、广播电视设施；提高旅客列车运行速度，缩短旅客乘车时间。

对旅客乘车共性心理需要的研究是高铁运输部门加强旅客运输管理，采取各种服务措施的基础。在高铁交通运输市场竞争不断趋于激烈的情况之下，提高客运服务质量，努力树立高铁运输企业的形象，是提高高铁运输企业竞争力的重要措施。客运服务质量提高的标准，就是从根本上满足旅客的需要，为旅客提供全方位的服务，需要对旅客心理活动进行系统的分析，了解旅客的需要，采取措施，这样会更为有效地解决高铁运输中存在的问题。

二、旅客乘车的个性心理与服务

人们在乘车过程中的共性心理，是大多数旅客在乘车时普遍的、通常的心理要求。但对于每个旅客来说，由于自身条件、乘车条件、个人性格、爱好、观念等的不同，又必然会有不同的心理要求，这就是旅客乘车的个性心理需要。例如，学生的乘车心理，有的学生是好动不好静，而有的学生则是好静不好动。可见在旅客的共性心理需要中包含着个性心理需要，普遍规律中蕴藏着其特殊性。旅客在乘车过程中，当乘车条件发生变化时，心理要求也会随之变化。乘车者的心理活动除受自身条件制约以外，还受客观事物多变的影响。所以，旅客的个性心理与共性心理相比较，是十分复杂的。

客运服务人员在服务工作中，既要掌握旅客旅行的共性心理，又要探索和理解旅客的个性心理，才能避免服务工作的片面性和盲目性，才能做到更加主动、更有针对性地实现文明服务、礼貌待客。

由于广大旅客的个性心理复杂多变，客运服务人员要全部了解、掌握是极困难的，而且也没有这种必要。但我们应该注意综合一些具有较普遍、较典型、有代表性的个性心理，以便在日常服务中能够了解旅客的心理，提供有针对性的服务。

社会上的每一个人，都有可能成为铁路运输企业的服务对象，从乘车的角度，适当地将市场细分，从研究每一类旅客的心理需要来了解这一类旅客乘车的个性心理需要，是有效地解决问题的出发点。

由于旅客的年龄、性别、职业身份、兴趣爱好、旅行的动机等各不相同，不同旅客的个性心理差异很大，因而对服务形成了不同的需求，广大客运人员经多年研究，把旅客心理特征和行为表现归纳为四种类型。

1. 急躁型旅客

急躁型相当于胆汁质型。急躁型旅客待人热情、感情外露、说话直率而快、言谈中表现自信，这种类型的旅客容易激动，通常喜欢与人争论问题，而且力求争赢。他们对服务的评价易走极端，在乘车中常常显得粗心。在服务工作中，对于急躁型旅客，言谈时应注意谦让，不要激怒他们，不要计较他们有时不顾后果的冲动言语，一旦出现矛盾，应当尽量回避；随时提醒他们别乱扔、乱放或丢失东西。

2. 活泼型旅客

活泼型相当于多血质型。活泼型旅客表现活泼好动，他们反应快，理解力强，显得聪明伶俐，动作敏捷、灵活、多变。乘车中，这种类型的旅客对人热情大方，喜欢与人交往和聊天，喜欢打听各种新闻。他们情感外露，并且变化多端，经常处于愉快的心境之中。在服务工作中，对于活泼型旅客，同他们交往时，应尽量满足他们爱交往、爱讲话的特点。在与他们交谈过程中,不要过多重复,以免产生不耐烦。乘车中,客运服务人员应主动向他们介绍车站设施及娱乐场所,以满足他们喜欢活动的心理。

3. 稳重型旅客

稳重型相当于黏液质型。稳重型旅客平时表现安静,喜欢清静的环境。他们很少主动与他人交往,交谈起来很少滔滔不绝和大声说笑,情感很少外露,使人猜不透他们想什么或需要什么。但稳重型旅客的自制能力很强,做事总是不慌不忙,力求稳妥,生活有固定的规律,很少打扰别人。他们反应慢,希望别人讲话慢些或重复几次,自己讲话也慢条斯理,显得深思熟虑。他们的注意力比较稳定,对新环境不易适应,但一旦适应了又对乘坐过的列车或打过交道的客运服务人员产生留恋之感。在服务工作中,对稳重型旅客介绍或交代事情时,应当注意讲话的速度,适当重复一下重点。一般情况不要过多地与他们交谈。若有交谈,应尽量简单明了,不要滔滔不绝,以免他们反感。

4. 忧郁型旅客

忧郁型相当于抑郁质型。忧郁型旅客感情很少向外流露,心里有事一般不愿对他人讲述,宁愿自己想。乘车中这类旅客表现性情孤僻、不合群、沉默寡言,不喜欢在公共场合与人交往和聊天,他们对事情体验深刻,自尊心强,很敏感,好猜疑,想象丰富。他们在遇到困难或挫折时,会表现得非常痛苦,如丢失东西,身体有病或与人发生纠纷后会长时间不能平静。他们讲话慢,有时又显得话很多,怕别人听不清楚产生误会,他们行动迟缓、反应慢。在服务工作中,客运服务人员应对忧郁型旅客应当十分尊重,对他们讲话要清楚明了,和蔼可亲。尽量少在他们面前谈话,绝对不要与他们开玩笑,以免产生误会和猜疑。当他们遗失物品、生病时,应当特别关心和给予帮助,想办法安慰他们, 使之感到温暖。

三、旅客群体心理与服务

1. 旅客群体的特点

旅客在高铁运输服务部门内停留的时间比较短,旅客流动性比较大,人与人之间很少有思想交流,即使人与人之间有一些交流,也只是一般的聊天,不涉及思想深处的感受。因此,旅客群体有其独特的特点。

1)松散大群体

旅客群体是松散大群体,没有形成统一的规范制约人的行为。在这一群体中,人们受社会舆论、道德和观念的制约,起作用的是公平感、正义感,当遇到涉及部分或全体旅客利益的事情时,才会形成一致的统一性行为。例如,当客运服务人员与某一旅客发生摩擦时,如果客运服务人员一直保持和蔼、礼貌的态度,对于周围不知产生摩擦原因的其他旅客,他们的行为有的可能站在该旅客的一方,有的可能站在客运服务人员一方,有的可能保持沉默不表态;但如果客运服务人员的态度比较强硬,不礼貌,则会造成周围的大多数旅客站在该旅客一方,联合起来对该客运服务人员进行批评、指责。因为,这时他们把该旅客所处的位置与自己进行了调换,即如果自己是那位旅客,遇到客运服务人员这样的态度,这是自己所不希望的,同情心及正义感使其他旅客联合在了一起。

2)紧密小群体

在旅客大群体中存在一些相识或结伴同行的几个旅客所组成的小群体,尤其是一些旅行团体在一起旅行。由于相识,在乘车中他们之间的感情要比与不相识的旅客之间的感情深得多。因此,在乘车中,他们成为行为一致的群体,尤其是当他们其中的某位与其他旅客或与客运服务人员发生摩擦时,他们更加表现出态度与行为的一致性。

2. 对旅客群体心理的服务

1)加强对紧密小群体的管理

由于相同的乘车目的,紧密小群体内的各成员具有相同的言行,因此,尽量使小群体成员无论站、车内都能在一起;避免与小群体内部人员发生争执,当其中有人提出不合理的要求时,尽可能和蔼、礼貌地给予解释和说明;在遇到严重问题又必须解决时,应在公正而讲道理的基础上,给予严肃处理。如果在车站内发生问题,尽量把他们与其他旅客分离开,一方面可以避免对其他旅客产生坏的影响,另一方面可以削减他们的气势,使问题得以有效处理。

2)用亲切、和蔼、礼貌的态度为大群体服务

由于大群体的一致行为往往是在旅客与旅客之间或旅客与客运服务人员之间发生冲突时产生。因此,亲切、和蔼、礼貌的态度可以为旅客造成一个轻松、愉快的乘车旅行环境氛围,可以避免一些冲突的发生。客运服务人员一定要加强自身的修养,避免与旅客发生冲突。对旅客大群体的服务,要从旅客共性心理需要和旅客个性心理需要这两方面提供相应的服务。

在解决旅客中的问题时,最好的办法是利用旅客群体内部的相互制约关系。例如,某位旅客吸烟,客运服务人员去制止。在语言的运用上,不是我如何让你做什么,而是你的行为会影响其他旅客的健康。这样就能将旅客和客运服务人员之间的关系转变为旅客之间的关系,会起到约束作用,也有利于问题的解决。

四、旅客的服务期望

1. 旅客的服务期望

按照满意度理论,旅客对服务的满意度取决于实际服务提供与旅客期望值的差距,如果实际服务提供高于旅客期望值,则旅客满意,反之则不满意。对于高速铁路来说,要提升旅客运输服务水平,就必须重视研究旅客心理状态与服务需求,要能够明确旅客的服务期望,有针对性地改进旅客服务工作,更新服务理念与服务管理,全面提升旅客的出行舒适度与旅客满意度。不同的旅客对高铁旅客运输服务持有不同类型的服务期望状态:一是理想服务,二是适当服务,三是预测服务。理想服务,反映旅客希望得到的服务;适当服务,反映旅客愿意接受的服务,是可接受的最低期望,它处在服务合理区的底线之上,是旅客承认并愿意接受服务差异的范围;预测服务,反映旅客认为其可能得到的服务。例如,一位旅客,根据以往节假日期间乘车的经验,认为乘车人会很多,相应服务也很差,因此只期望能顺利乘车即可。但由于今年在节假日增开了列车,他不但乘车有了座位,而且服务与平时相比也没有下降,使他很顺利地到达目的地,那么他对高铁的满意度就相当高。在这个例子中,旅客的理想服务期望就是能像平时一样顺利乘车;适当服务期望就是能上车就可以,哪怕整个旅途服务质量有所下降也能接受;预测服务就是旅客对节假日期间自己乘车状况的一种可能性的考虑。

服务水平的高低直接影响旅客心理感受。高于理想服务水平,旅客非常高兴并感到吃惊,其服务以积极的方式引起旅客的注意;低于适当服务水平,旅客感到受挫折并对公司的满意度降低,其服务以消极的方式引起旅客的注意。

2. 影响服务期望的因素

影响服务期望的因素很多，一般可分为影响理想服务期望的因素、影响适当服务期望的因素和影响预测服务的因素。

1）影响理想服务期望的因素

影响理想服务的因素包括忍耐服务的强化和个人因素两类。忍耐服务的强化，一方面受到派生服务期望的影响，另一方面受到个人服务理念的影响。派生服务期望是指某旅客的期望受到另一群人期望的驱动，如某一趟旅客列车出现故障，造成旅客长时间在车上滞留而高铁部门又没有解释原因，到了车站如果多数旅客倾向于高铁部门做出经济补偿的话，那么原先没有这种想法的旅客一般也会选择这种做法。个人服务理念是指旅客对于服务的意义和旅客服务正确行为的根本态度。个人因素是指每个旅客由于自身心理条件的不同，因此各自的理想服务期望也是不一样的。

2）影响适当服务期望的因素

影响适当服务水平的因素包括五个方面，即暂时服务强化因素、可感知的服务替代物、自我感知的服务角色、环境因素和预测服务。

（1）暂时服务强化因素，通常是短期的、个人的因素，这些因素使旅客更加认识到服务的需要。当旅客在个人迫切需要服务的紧急情况时会提高适当服务期望水平，尤其是认为所需要的为高铁运输部门可以提供的反应水平时。当初始服务失败时，对补救服务的适当服务期望将会提高。

（2）可感知的服务替代物，指旅客可以获得服务的其他提供商。例如，高铁在遇到列车运行阻碍晚点超过40min，高铁部门相关人员就应公开向旅客道歉。所以旅客在遇到旅客列车因突发事件造成旅客在列车上长时间滞留，旅客就会对高铁运输部门的晚点提出相应要求。旅客可感知的服务替代物的存在提高了适当服务的水平，缩小了容忍区域。

（3）自我感知的服务角色，指旅客对所接受的服务水平施加影响的感知程度。明确说明所期望的服务水平的旅客，可能对高铁没能提供达到该水平的服务更为不满。旅客在服务中积极参与也影响该因素。旅客感觉到他们没有履行自己的角色时，其容忍区域会扩大。如果旅客在服务传递中对服务施加了影响，对适当服务的期望就会提高。

（4）环境因素，指旅客认为在服务交付时不由服务提供商所控制的条件。一般而言，环境因素暂时降低了适当服务的水平，扩大了容忍区域，如节假日期间的旅客对于服务质量的下降会表现出相当的宽容。

（5）预测服务，指旅客相信他们有可能得到的服务水平，这种服务期望可以看作是旅客对即将进行的交易或交换中可能发生事件的预测。

3）影响预测服务的因素

影响预测服务的因素包括明确的服务承诺、含蓄的服务承诺、口头交流及过去的经历。

（1）明确的服务承诺，是指高速铁路传递给旅客的关于正式和非正式的说明。明确的服务承诺既影响理想服务水平，又影响预测服务水平。

（2）含蓄的服务承诺，是指与服务有关的暗示。含蓄的服务承诺往往被与服务有关的价格和有形性控制。一般而言，价格越高，有形性印象越深，旅客的服务期望也越高。

（3）口头交流，由当事人而不是高铁发表的个人及非个人的言论，专家、朋友和家庭也是可以影响理想和预测服务水平的口头交流的来源。由于口头交流被认为没有偏见，所以是很重要的信息来源，特别对于高铁运输这种在购买和直接体验之前难以评价的服务中，口头交流非常重要。

(4)过去的经历，是指旅客在将经历与其最理想的服务进行比较。影响旅客服务期望的因素包括可控因素和不可控因素。明确的服务承诺和含蓄的服务承诺是影响旅客服务期望的可控因素。个人需要、暂时服务强化因素、可感知的服务替代物、自我感知的服务角色、口头交流、过去的经历、环境因素、预测服务等是影响旅客期望的不可控因素。

五、旅客对服务满意的感知

旅客满意是广义上的感知方式，是旅客的实践反映。它是判断一件产品或服务的特性，或其本身的尺度，或者说它提供了一个与旅客相关实践的愉快水平。在服务过程中，旅客会从对服务的整体感觉上来对服务满意进行评估和追踪。影响旅客满意的因素主要有产品和服务的特性、消费者情感、服务成功或失败的归因、对平等或公正的感知。服务质量是旅客对产品服务成分的感知，也是旅客满意的决定性因素。从心理学角度来看，服务质量主要由以下五个方面构成。

1. 可靠性

可靠性是指准确可靠地执行所承诺服务的能力。例如，车站服务台的工作人员，由于旅客问询工作量大，工作单调重复，常常会出现不耐烦的情绪，工作变得消极。如果我们在选择人员时，考虑到黏液质的职工心理比较耐心细致，表达能力强，安排他们在这个岗位就会获得比较好的效果。

2. 响应性

响应性是指帮助旅客及时提供便捷服务的自发性。高速铁路客运服务人员无论处在客运工作的任何工种上，都应该把旅客放在第一位，主动、及时地解决旅客的困难，不能互相推诿、工作拖拉，给旅客造成不好的印象。

3. 安全性

安全性是指客运服务人员的知识和谦恭态度以及表达自信与可信的能力。一个具有良好心理素质的高速铁路客运服务人员，往往会在工作中表现的自信成熟，让旅客值得信赖，也有利于高铁旅客运输服务工作的组织。

4. 移情性

移情性是指设身处地为旅客着想和对旅客给予特别的关注。客运服务人员在提供旅客服务时，应该设身处地地为旅客着想，把自己放在旅客的角度来处理旅客的要求和困难，特别是对于特殊旅客，应该给予特别帮助。

5. 有形性

有形性是指有形的工具、设备、人员和书面材料的外表。高铁客运运输设备的更新以及服务礼仪水平的提高都对旅客产生积极的作用，帮助他们改善对旅客的认识和态度，增强对高铁的满意度和忠诚度。

服务是通过服务接触完成的，服务接触是一个“真实瞬间”的概念，如同为旅客满意和服务质量建立框架。每一次服务接触都是建立质量和满意感知的机会，旅客会对服务接触的满意与不满意进行描述和体会。

六、特殊旅客的心理特点及服务技巧

1. 不同职业心理特点及服务技巧

人们在社会生活中，因职业不同，造成所处社会阶层和生活方式的不同，从而形成不同的心理特点和乘车需要。这种不同的心理特点，反映在乘车过程中，便会对高速铁路旅客运输服务工作产生不同的要求。因此，可以根据职业对旅客进行分类，分析不同的职业各自所具有的心理特征，从而了解不同职业旅客的心理活动，有针对性地做好服务工作。根据职业的划分，不同职业的旅客乘车中的心理表现也不同。

1）工人

工人的组织性、纪律性较强，在乘车时对乘车条件一般要求不高，比较重视乘车费用的发生。工人旅客在乘车中一般都能自觉地遵守高速铁路运输的有关规定，维护站、车秩序，并能积极协助和支持客运服务人员的工作。

2）农民

随着经济的发展，农村改革与农民生活水平的提高以及思想观念的变化，农民乘车的次数和人数在增多。农民出门乘车比较突出的特点主要表现在出门携带物品较多；多数农民旅客因不常出门，缺乏乘车常识，在乘车中又很少提出要求；强调乘车的经济性，尽量减少乘车费用。根据其乘车的特点，突出的个性心理活动是个“怕”字，即怕事、怕别人询问、怕买不到车票、怕上不去车、怕坐过站。想问，但犹豫不决又不敢问。有些农民旅客乘车中听不懂站、车广播、听不清广播术语、不明白提示的内容。所以，客运服务人员应多掌握和体贴农民旅客的个性心理，主动、热情地为他们服务。

3）军人

一般来讲，现役军人具有较强的纪律性、自觉性和组织性，能够主动维护站、车秩序，支持客运服务人员的工作。军人旅客在旅行乘车中顺畅心理表现得很明显，一旦发生问题，不希望在大庭广众之下处理。携带枪支文件的军人、干部，希望在站、车上不发生意外。

4）干部

干部大多数都具有一定的乘车知识，他们突出地表现为方便和顺畅的心理需要，喜欢有一个整洁、卫生的乘车旅行环境等。他们很注重客运服务人员的服务态度、服务作风和服务水平，十分关心高铁运输工作，常常愿意提出意见和建议。

5）学生

学生旅客主要是指大、中专学生。学生处于青少年时期，精力充沛，思想活跃。在乘车中，乘车心切，急于想到目的地，总是尽量减少在车站等待乘车的时间。乘车中的心理行为表现在喜欢聚集成群，好奇、好动，喜欢说笑、娱乐、热闹。客运服务人员对他们的行为应礼貌地多给予提示，以免影响到他人，或给自己增添麻烦。

6）除上述职业以外的旅客

除上述按职业进行划分而谈到的旅客类型外，还有其他类型的旅客，如港澳台旅客、侨胞、外宾、家属、城市居民、无职业者等各阶层人士，每一类旅客在乘车旅行中都有一些共同的个性心理需要。通过分析这些共同的需要，可以有针对性地为他们提供服务，从而提高服务水平,创造好的经济效益和社会效益。

2. 不同年龄心理特点及服务技巧

旅客的自身条件是指旅客的年龄、性别、体质、籍贯等。

1)不同年龄的旅客

(1)老年旅客。老年旅客都有安静心理,因行动不灵活,体力差,喜静不喜动。乘车要求不高,不爱给客运服务人员添麻烦;在乘车旅途中遇到困难,比较沉着。老年旅客是客运服务人员的重点服务对象,在服务中要多为他们提供方便,多给予照顾。

(2)中年旅客。中年旅客占旅客流量的较大比重。城市的中年旅客一般具有丰富的乘车知识,农村的中年旅客较差一些。中年旅客比老年旅客行动灵活,比青年旅客稳重。客运服务人员在满足中年旅客需要的同时,应虚心向他们请教,接受他们对客运服务工作提出的意见和建议,据此改进服务方式,提高服务质量。

(3)青年旅客。青年旅客是指青少年、儿童旅客。他们乘车的好奇心强,喜动不喜静,非常活跃。

2)不同籍贯的旅客

根据籍贯不同,可将旅客划分为当地旅客和外地旅客两类。

(1)当地旅客。对乘车环境和当地情况比较熟悉,心理上没有顾虑,旅行的问题少。

(2)外地旅客。对乘车环境和地域情况不熟悉,心理上顾虑较多,甚至听不懂地方口音,怕出差错。这类旅客是客运服务人员重点服务的对象,服务要热情、主动。

3. 乘车中遇特殊情况旅客的心理特点及服务技巧

1)上错车、坐过站、下错车等旅客

旅客在乘车中发生这些失误,旅客本身有一定的责任,但从另一方面,也反映高铁旅客运输服务中出现的一些问题,服务做得不周到、不细致。在发生此类情况后,旅客心情焦急、慌乱,希望客运服务人员帮助妥善安排。客运服务人员应一方面安慰,稳定情绪;另一方面积极想办法帮助解决,防止发生其他意外。

2)超负荷列车中的旅客

在列车超负荷情况下,会带来许多问题。例如,车厢内拥挤、旅客无座席、空气不流通、闷热、有异味等,在这种情况下,旅客难免心中有怨气、心情烦躁,乘车时间越长表现得就越严重。此时,客运服务人员应注意站车内的环境,尤其是保持适当的通风和适宜的温度,做好对旅客的组织工作,使站车内有序。

3)携带违禁物品进站上车的旅客

携带违禁物品进站上车,有两种情形:

(1)不知自己所携带物品为违禁物品,误带进站,看到、听到严禁旅客携带违禁物品进站上车的宣传后,犹豫不决,不知道该如何处理。

(2)旅客有意的将违禁物品携带上车,他们担心被查出,对客运服务人员有害怕心理。

客运服务人员对那些在乘车时表现犹豫、徘徊,坐立不安的旅客,应主动观察和询问,既可以查出违禁物品,防止意外事件发生,又可以了解到其他情况,提供适当的服务。

4)丢失物品的旅客

旅客丢失物品之后,表现出着急、焦虑、埋怨、后悔等情绪以及心情沉重、不知所措等心理活动和行为，对此，客运服务人员要对丢失物品的旅客适时进行安慰，注意旅客的动态，防止发生意外，同时积极配合公安人员寻找、破案。

5）对乘车条件不满意、不如意的旅客

在旅客乘车过程中，总会出现一些旅客对乘车条件不满意的事情，在这种情况下，常表现出埋怨、气愤、不满等情绪，对此，客运服务人员一方面检查自己工作中存在的问题，采取适当的方法改进；另一方面应耐心解释，争取旅客的谅解。

6）遇到意外事件的旅客

遇到意外事件可能由两方面的原因造成：一是旅客原因造成的意外事件；二是高铁运输服务部门的原因造成的意外事件。对由高铁旅客运输服务部门造成的意外事件，如发生列车事故、遇到自然灾害等意外情况，会影响旅客正常乘车，甚至威胁乘车安全。这时，旅客焦虑不安，心情烦躁，希望运输部门尽快排除险情，恢复列车运行。客运服务人员应沉着、冷静，稳定旅客情绪，积极妥善处理。

7）在严寒、酷暑的气温下来车的旅客

在适宜的温度条件下乘车，会减少旅行疲劳，使乘车轻松、愉快。严寒或酷暑都会增加旅客的生理和心理负担。在严寒环境下，旅客希望供暖系统良好，使站、车温度高一些。在酷暑环境下，希望空气调节系统良好，降低站、车温度，能够买到饮料以及其他防暑降温物品。

【案例 2-3】 发现问题，及时补救

G1296 次列车自秦皇岛开出后不久，5 号车厢 7C 号座位的一位女士叫住了列车员小徐。“这上面怎么会滴水？”女士气愤地指责道。小徐停下脚步，顺着女士所指的方向望去，发现是行李架与车壁的连接缝隙处有溢水，水显然是在行李架上部的位置，但行李架上怎么会滴水呢？小徐感到很奇怪，她让旅客先离开座位，在上面铺了一张报纸，脱了鞋子踩在椅子上查看行李架的情况。“这是什么车啊，头上会滴水，价格和飞机票的价格差不多，还一等车厢呢，这样的座位怎么坐？”女士在一旁嘟囔着，不停地埋怨。“对不起，真是抱歉，等我找出原因后再给您解释可以吗？”小徐始终面带微笑。小徐把行李架上的行李一件件挪开，发现原来是一位旅客把冰冻的食品放到了行李架上，车上温度高，冰块遇热化成水，顺着行李架慢慢滴了下来，滴在旅客的身上。原因找到后，小徐松了口气，在征得旅客同意后，拿来塑料袋，将冰冻食品重新包裹严实，放到温度较低的车门处。“是我们的工作做得还不够细致，影响了您的旅途心情，希望得到您的谅解。”小徐给女士端来一杯水，微笑着说。小徐麻利地清理好行李架，请女士入座。女士望着小徐，脸上露出满意的笑容。

【案例 2-4】 真情解难，感动旅客

20××年 4 月 7 日，D28 次列车正点运行。由于 D24 次列车故障，车上有部分旅客是从 D24 次列车改签过来的，造成 D28 次列车二等座车和餐车已座无虚席。一位青年旅客怒气冲冲地找到列车长毛某质问道：“你们服务有问题，同样是改签的无座车票，为什么给很多人都安排了座位却没给我安排呢？”毛某说：“对不起，今天是周末，我们这趟列车客流比较大，空余座位不多，由于故障列车改签过来的旅客较多，我们先满足老、幼、病、残、孕等重点旅客，造成您目前没有座位,我代表铁路向您表示歉意。”这位青年旅客不依不饶:“我现在也不舒服,不管怎么样,你们得给我安排座位!”这时一位抱着小孩的妇女看到这一情景,愿意让座,但这位青年火气很大,根本不领情,非要毛某安排座位。列车长毛某让列车员小顾先给这位青年旅客倒了一杯热茶,安抚其情绪,自己查看站车无线交互系统,发现有一位旅客刚好下一站下车,还有十几分钟就到站了,于是安排这位青年旅客在其旁等候。列车在轰隆隆地前进……终点站快到前,该青年旅客主动找到毛某致歉:“看到你们忙忙碌碌地安排座位,给老人泡面、送水,我很感动,刚才是我态度不好,错怪你们了。这是我老家产的猕猴桃,你们尝尝鲜……”。

【案例 2-5】　察言观色巧服务,真诚沟通解矛盾

20××年 2 月 12 日,南京南站开往北京南站的 G204 次列车上。沧州站开车后不久,列车员小李正按照作业标准为刚上车的旅客发放毛巾、饮料和小吃,这时听见车厢内一位先生大吼了一声:“服务员,拿个毛毯给我。”听讲话声,小李感觉这位先生性格比较暴躁。于是放下手中工作,迅速拿了一条毛毯帮他盖在了身上。“先生,请问还有什么需要帮忙的吗?”小李躬身含笑问道。“不需要。”那位先生生硬地回答。几分钟后,车厢内一位顽皮的小男孩拿着妈妈的手机在车厢内来回跑着,边跑边对着各个方位拍照片。“这是哪家的孩子啊,还有没有人管,刚要睡着就被吵醒了,我花高价买商务座可不想换来这种嘈杂的环境!”那位先生生气地大声喊道。看情形不对劲,小李赶紧上前把孩子带回他妈妈的身边。小李刚要向那位先生道歉,那位女士表情也变了:“是我的孩子,怎么了?孩子小又比较调皮,何况这节车厢又不是你包下来的。”小李赶紧安抚两位旅客的情绪,对那位先生讲道:“先生,实在抱歉,打扰您休息了,我看前面观光区的商务座也是空的,要不我帮您把行李拎到里面,那里面应该不会再有旅客上车了,你可以在里面安静的休息。顽皮是小孩子的天性,您不会跟小孩子计较的,是吧!”

车厢其他旅客也都在看着他,这位先生也意识到了他的声音同时也影响到其他的旅客,于是说道:“好吧好吧,没事了。”小李倒了一杯热茶递到了他的面前再次表示歉意,然后小李又端着一杯热茶来到那位女士面前,并微笑着提醒她道:“小孩子喜欢乱跑是天性,所以一定要看管好,万一车子晃动小孩子摔倒了或伤着了可不好!”那位女士也对小李笑笑说道:“谢谢你,刚才还替我表示歉意。”小李连忙说:“不用谢,这是我的职责。”

【案例 2-6】　外籍友人“盲”赶路,来龙去脉笔帮忙

20××年 7 月 28 日 16:06,D5484 次列车到苏州站前。列车员小王在巡视 3 号车厢时,一名身穿黑色西装的男子走过来,向小王深深鞠了一躬。列车员小王发现他手持南京南—上海虹桥站的车票,看上去很着急的样子。于是,走上前用英语和他沟通。原来,他是一位日本籍旅客。这次是要到上海浦东机场赶乘晚上 20:05 的航班,不知道线路,希望得到帮助,但由于语言不通,刚才在车厢内询问其他旅客时未能得到想要的信息,正焦急万分。了解情况后,小王考虑到若乘坐本趟列车到上海虹桥站后,再赶往浦东机场,很可能会耽误他的航班,建议他从苏州站下车后换乘高铁到上海站,再从上海站直接坐地铁去浦东机场则比较省时省力。在征得旅客的同意后,小王在纸条上详细写明苏州站换乘高铁车次、时间以及上海站去浦东机场的地铁线路和有关注意事项,交到日本籍旅客手中。这名日本籍旅客口中还不停地说着：ありがとうございます！（谢谢！谢谢！）”。这时，苏州站到站前的广播预告响起，小王还是不放心，立即向列车长张某汇报了这一情况，张某赶过来让旅客和她一起下车。列车停靠苏州站，张某和车站值班员办理交接，要求车站值班员帮助这名旅客换乘列车。列车再次启动了，只见这名旅客还不停地向列车方向挥手……

复习思考题

1. 旅客乘车的共性心理需要表现有哪些？
2. 旅客乘车的个性心理类型有哪几种？其特点是什么？
3. 如何对旅客进行群体心理及服务？
4. 影响服务期望的因素有哪些？

第二节　客运服务人员服务心理

本节说明

本节主要学习客运服务人员的职业动机、客运服务人员应具备的心理品质、客运服务人员心理健康、客运服务人员的问题行为分析，这些是高铁客运岗位职工及管理人员必须要掌握的知识。

教学建议

本节教学建议教师理论部分采用课件，结合多媒体辅助教学，宜大量采用案例教学，学生分组讨论分析为辅。

任务实施

通过学习本节知识，教师可组织学生进行适当分组，布置案例分析任务，各小组派学生代表进行汇报，小组点评，教师最后总结点评。

相关理论知识

在高铁旅客运输服务中，服务的好坏不仅需要了解旅客的心理，更要把握客运服务人员的心理状态。如果客运服务人员的心理问题不解决，则其会把个人的情绪带到工作上，使本不应该发生的不良服务发生。因而，把握客运服务人员的心理问题是高铁旅客运输工作所必不可少的一项重要工作。本任务是为客运服务人员排解心理困扰、解决心理问题，提高心理健康水平，增加主观幸福感，从而提高其工作绩效。

高铁旅客运输服务工作是一项综合的系统工程。旅客运输服务工作完成得好与坏，旅客运输服务质量的高与低，一方面受站车设备的现代化水平、高铁运输管理方式和工作组织、社会状况和自然条件等因素的影响和制约；另一方面又受高铁旅客运输服务部门客运服务人员的心理品质的影响和制约，并且这一因素是所有因素中最为突出和最为活跃的因素，无论是设备的使用还是管理方法的制定，都需要客运服务人员去操作和实施，客运服务人员缺乏必要的修养，再先进的设备、再严密的计划、再科学的组织，也难以发挥其令人满意的效果。

一、客运服务人员的职业动机

动机代表着一个人的内在心理面貌，它在很大程度上决定着一个人的行动和性质。动机支配人的行为，通过行为实现目标。由于社会生活的多样性和复杂性，以及人的需要的差异性和多变性，使得人们在从事某种活动时，往往有好几个动机同时发生作用。在同时发生作用的动机中，有主导动机和次要动机、明显动机和隐蔽动机、暂时动机和长期动机等。在高铁旅客运输服务中，客运服务人员只有具备正确的职业动机，才能激发和保持工作积极性，提高旅客运输服务工作质量。

1. 职业动机的类型

具体到每一个客运服务人员，具体职业动机的表现很复杂。从实际情况来看，除了人们不同程度地具有为他人服务的动机外，还有一些从属的动机。

(1) 为自身和家庭的生存、发展和享受，必须通过工作而获得收入。

(2) 为谋求稳定的工作环境而选择了旅客运输服务职业。

(3) 对旅客运输服务工作具有浓厚的兴趣。

(4) 为了获得他人的表扬和尊重。

(5) 为了争取提升、晋级或表扬，也包括免受批评和处罚。

这些动机的具体差异，是由于客运服务人员的觉悟程度、人生理想、价值观念、实践经验和文化修养等差异造成的。在具体工作中，有时几个动机，甚至相互矛盾的动机，在特定的场合会同时发挥作用。例如，有的客运服务人员，努力改进工作方法，提高工作质量，既有为旅客服务这个高尚的动机，也有“露一手”以引起领导重视的动机，甚至还可能掺杂着与其他同事竞争的动机。这种情况说明，动机的产生是一个很复杂的心理现象。同时，动机又是发展变化的，一个动机消失了，另一个动机产生，低层次的需求满足后，随之产生高层次的需求，不同的需求产生不同的动机。另外，动机还经常出现受挫现象，动机受挫或者能够获得满足，会使人的动机弱化或强化。

2. 客运服务人员类型分析

将客运服务人员的心理成熟度和工作职业动机结合起来进行分析，可以大致地归纳出以下四种类型。

1) 事业型

这类客运服务人员有高尚的职业动机，热爱本职工作，不斤斤计较报酬和荣誉，不怕艰苦和劳累，一心只想做好本职工作，力求在事业上有较高的成就，工作的积极性和主动性强。在这类客运服务人员的需求结构中，成就需求占主导地位，而交往需求和生理需求相对不太强烈。其工作积极性稳定、持久。旅客运输服务管理工作的重点是为具有事业型动机的客运服务人员创造工作条件，使其积极性和创造性能够得到充分的发挥。

2) 自尊型

这类客运服务人员的职业动机处于一般水平上，谈不上献身旅客运输服务事业，但也决不甘居他人之后。这类客运服务人员自尊心较强,比较着重荣誉或“面子”,他们力求自己的工作符合规章的要求,不会让人说出不是来。在这类客运服务人员的需求结构中,交往需求和发展需求占主导地位。他们的积极性常常呈现波浪式变化,当受到表扬时,则劲头很足;当遇到挫折时,则容易情绪低落,甚至垂头丧气。对待具有自尊型职业动机心理的客运服务人员,管理工作的重点是分析他的职业动机形成的原因,有针对性地对其工作中取得的成绩给予适当的表扬,表扬时要选择有其他人员在场的场合;对其错误要及时给予批评,批评时的场合视问题的严重性而定,一般性的小问题要避免其他人员在场,问题严重时,也需要当众批评,但要做到批评得当,使其心服口服。

3)服从型

这类客运服务人员职业动机的层次不高,让我做什么,我就做什么。因此,从心理上安于现状,不思进取,满足于“过得去”。这些客运服务人员的需求结构中,在生理、安全、交往等方面的因素占主导地位。他们往往在考评、评比或上级检查工作等激励因素作用下,表现出较高的积极性。因此,其工作积极性不能持久,带有“偶发性”。旅客运输管理工作的重点是采取适当的方法调动这类客运服务人员的积极性。

4)逆反型

这类具有逆反型职业动机心理的客运服务人员,在工作中不服从指挥,不积极工作,反而影响其他客运服务人员的工作态度。其职业动机心理的产生原因有很多方面,如对客运服务工作不喜欢;在家庭生活及社会中发生了一些不愉快的事情,造成心理障碍,产生一些消极的情绪,把消极情绪带到工作中来;等等。因此,对具有逆反型工作动机心理的这类客运服务人员,旅客运输管理工作的重点是分析产生逆反型心理的原因,有针对性地进行教育,解决其心理问题;对其工作中存在的问题给予适当的批评,问题严重者停止其工作。

上述这些类型的划分是相对的,或是相互交叉的,或是可以转化的。作为管理者的任务在于,进行经常性思想教育,并且创造良好的情境条件,努力做好转化工作,使客运服务人员在工作实践中树立高尚的动机,帮助他们提高心理素质,促使他们保持稳定而持久的工作积极性。

二、客运服务人员应具备的心理品质

1.情感品质

情绪和情感是客观事物是否符合人的需要、愿望、观点而产生的态度体验和行为反应。情绪和情感的产生需要一定的情境刺激。情境是指直接作用于人的感觉器官、具有一定生物学意义和社会学意义的具体环境,环境的刺激使人产生情绪和情感。情绪和情感通过人的表情和行为表现出来。情绪和情感是人的主观体验,是一个人对情绪和情感状态的自我感受。短时间内的主观体验叫作情绪,如喜悦、气愤、忧愁等;长时间内与社会性需要相联系的稳定的体验叫作情感,如理智感、道德感、美感等。

心境是一种微弱、平静而持续时间较长的情绪状态,如心情愉快、舒畅或心情烦闷、抑郁不快,在一个相当长的时间内有持续性。这种情绪状态倾向于扩散和蔓延,在心境发生的全部时间内,它影响着人的整个行为表现,好像自己周围一切都染上当时的这种情绪色彩。

心境在人的现实生活中有重要的意义,积极的、良好的心境能使人精神振奋,乐观地对待困难和挫折。消极的不良的心境使人精神萎靡,意志消沉。培养良好的心境、克服消极的心境，都与意志、性格的锻炼是分不开的。

激情是一种爆发式的、猛烈而时间短暂的情绪状态，如狂喜、暴怒、痛哭等。人能够意识到自己的激情状态，也能够有意识地调节和控制它。要善于控制自己的激情，做自己情绪的主人；培养坚强的意志品质、提高自我控制能力可以达到这个目的。例如，在节假日、上下班客流高峰时，由于客流多、出行条件差，此时的旅客相对于平时就更加容易激动，如果高速铁路客运服务人员处理不好的话，就很容易引起冲突，对企业造成不良的影响。

应激是出乎意料的紧迫情况所引起的急速而高度紧张情绪状态。人在工作和生活中，往往会遇到突然发生的事情或偶然发生的危险，它要求人能够迅速地集中自己的智慧和经验，动员自己全部机体的力量，即时作出决定，以应付紧急情况，这时产生的特殊体验即应激，如售票员、客运员，由于经常与乘客打交道不可避免地遇到一些突发事件，使情绪处于应激状态。因此，保持适度的应激状态，能更好地发挥积极性，使思维的判断力明确，增强人的反应能力，而这些方面又都是通过实践锻炼而获得或增强的。

情绪是内心的主观体验，情绪需要通过一定的形式表现出来，表达的方式即表情。表情主要有言语表情和动作表情两大类。例如，我们一直强调“微笑服务”，那么在服务过程中，客运服务人员为什么要微笑呢？其实微笑就是一种特殊语言——情绪语言，它在很多时候可以代替言语表情。在与旅客交往过程中，微笑对旅客的情绪有着主动作用和诱导作用，能使旅客产生信任，能引导旅客的情绪变得平和、稳定；微笑既是服务工作的润滑剂，也是客运服务人员与旅客建立感情的基础。

作为高铁客运服务人员，尤其是一线客运服务人员，更应具备良好的情感倾向，即明确本职工作的性质，热爱自己的工作并能主动热情地为旅客服务。客运服务人员除了良好的感情倾向外，还要有深厚的、持久的、积极的情感。如果客运服务人员具备了良好情感，就自然会对所有的旅客热情接待、微笑和周到的服务，并乐于完成旅客提出的要求。同时，在与旅客交流时，会虚心听取旅客的意见，不计较他们的语气轻重、意见是否合理。另外，客运服务人员应该学会控制自己的情绪与心境，要明确自己的社会角色，明确情感的对象是广大旅客，用理智的方法来控制自己的言行。除此之外，高铁客运服务人员还要学会对旅客情绪的理解，学习标准的服务表情进行微笑服务，掌握旅客情绪活动的规律，提前控制各种情感因素，进而提升自己的服务水平和旅客满意度。

要培养自己良好性格情绪，客运服务人员要重视自己性格的培养，要认清和把握自己的性格特点，扬长补短，使自己的性格更好地适应旅客运输服务工作需要。特别是青年职工，更要把握青年兴奋性高、波动性大、封闭性和多样性的情绪特点。客运服务人员要想保持或培养自己良好的情绪，不仅要有远大的抱负和志向，而且要增强适应生活的能力，还要不断地调整适应能力。

2. 意志品质

意志是指人为了达到一定的目的，自觉地组织自己的行为，并与克服困难相联系的心理过程，是意识的能动表现。人在反映客观现实的时候，不仅产生对客观对象及其现象的认识，也不仅对它们形成这样或那样的情绪体验，而且还有意识地对客观世界进行有目的的改造。这种最终表现为行动的、积极要求改变现实的心理过程，即意志过程。意志过程和认识过程、情感过程一样，也是人脑的机能。它能够自觉地确立目的，是人行为的特征之一，能够有意识、有目的、有计划地朝着一定的和事先知道的目标前进。

意志对人行动的支配或调节作用表现为两方面：一方面，这种支配或调节是根据自觉的目的进行的；另一方面，正是通过这种对行动的支配或调节，自觉的目的才能得以实现。

意志行为以行动的明确目的性为特征，正是由于有了这种目的，人才能发动有机体作出符合目的的行动，并且制止某些不符合目的的行动。意志行为的水平以及效应的大小，是以人的目的水平的高低和社会价值的大小为转移的。一个人的行为越有目的，其目的的社会价值越大，那么他的意志水平就越高，行动的盲目性与冲动性也就越小。中外许多著名的科学家、艺术家，他们之所以能在自己的领域中取得成绩，一个重要的原因是具有明确的生活目的。

意志行为和克服困难密切联系。并不是所有的随意行为都叫作意志行为，意志行为总是和克服困难相联系。例如，一个人偶尔参加一两次晨间锻炼，这不是意志行为，但一个人坚持天天锻炼，风雨无阻，就需要坚强的意志努力。

困难有两种：一是内部困难，指思想上的困难，如存在相反的目的与愿望；二是外部困难，指客观条件的阻碍，如缺乏工作设备、工作和生活环境比较艰苦、存在外在的干扰和破坏等。人的意志既表现在对内部困难的斗争中，也表现在战胜外部困难的努力中。

人们的意志品质，存在着较大的个别差异。良好的意志品质，表现为意志的自觉性、坚定性、果断性和自制力。

(1)自觉性是指能深刻地认识行为目的的正确性和重要性，并主动地支配自己的行动使之符合该目的的意志品质。有高度自觉性的人能够按照自然界和社会发展规律，提出自己的行动目的，经常主动地使自己的行动服从于该目的。既不会鲁莽行动，也不会盲目附和。

(2)坚定性是指在完成艰巨任务时仍坚持不懈地克服困难的意志品质。有高度坚定性的人，有顽强的毅力，充满信心地为正确的目的而奋斗，不怕困难和挫折，善于总结经验和教训，既不会为无效的愿望所驱使，也不会被预想的方法所束缚。

(3)果断性是指善于迅速地辨明是非，迅速地确定决定和坚决地执行决定的意志品质。果断不同于轻率，它是以周密考虑和足够勇气为前提的。果断的人对自己的行为目的、行动方向和可能后果，都有深刻地认识和清醒地估计。所以，当事态发展到最紧急关头时，就能当机立断，及时行动，毫不动摇。

(4)自制力是指善于控制自我的意志品质。在意志行动中，欲望的诱惑、消极的情绪等都会干扰人们作出决定和执行决定。有自制力的人能够驾驭自我，克服自己的欲望和情绪干扰，迫使自己执行已经采取的、具有充分根据的决定，或者奋力地进取，或者坚持制止某些行为。

人们的意志品质不是天生的，而是在后天生活实践的过程中逐步形成的。高速铁路客运服务人员意志品质的培养要有一个过程，即下决心、树信心、持恒心。在培养自己的意志品质中，最关键的要战胜自己，即在克服困难中锻炼自己的意志，这些都需要客运服务人员从自身角度出发，注意培养自己良好的性格意志情绪。

3. 能力品质

1)关于能力

能力是一个人顺利地完成某种活动所必须的条件及在心理特征方面的总和反映。

人的能力总是与人的活动联系起来，能力实际上是个体从事活动的能力。能力表现在相应的活动中,如学习能力、认识能力、组织能力等,都指从事相应活动的能力。能力与活动并不是一一对应的关系,一种能力往往在多种活动中发挥作用。

一个人如果个性中具有完成某种活动所需的各种能力,并且能够把这些能力很好地结合起来,出色地完成这种活动,也就是说,这个人具有从事这种活动的"才能"。"才能"就是各种能力的独特的结合,是知识的灵活运用的过程。如果完成某种活动所必备的各种能力在活动中能够得到最充分地发展和最完善地结合,并能创造性地、杰出地完成相应的活动,通常把具备这种能力表现的人叫作"天才"。天才离不开社会历史、时代的要求,离不开个人的勤奋和努力。

一个人的能力不可能样样突出,甚至还有缺陷,但是人可以利用自己的优势发展其他能力来弥补这些缺陷,同样也能顺利地完成任务或表现出才能,这种现象叫作能力的补偿作用。例如,盲人缺乏视觉,却能依靠异常发达的触觉、听觉、嗅觉及想象力等去行走、辨认币值、识记盲文、写作或弹奏乐曲,有时表现出惊人的才能。又如,有些人机械记忆能力比较薄弱或在成年后有所减退,但仍然可以依靠或发展自己特有的理解力、判断力去掌握各种知识或作出有分量的决策,并不比其他人逊色。这些都表明,才能并不是取决于一种能力,而是有赖于各种能力的独特结合。

2)能力的发展

能力发展主要是由环境、教育和实践活动所决定的。

(1)环境主要是指物质和文化环境。研究表明,物质和文化环境的改善进一步促进了能力的提高。如果没有充足的休息、科学的饮食和愉快的心情,能力的发展将会受到限制。高铁客运服务人员由于处在一个连续的工作环境里,其生理和心理都受到一定的影响,所以在日常生活中,更要注意保持一个良好的心态和有规律性的饮食和休息,丰富自己的文化生活,从而为能力的提高打下一个良好的基础。

(2)教育在能力发展中起主导作用。在教育过程中,学习掌握知识、技能的同时也就发展着能力。目前,高铁各级单位对职工的培训工作相当重视,已经形成了制度化。高铁旅客运输服务工作不是一个简单的劳动,而是一门服务艺术。随着社会的发展,我们所面临的服务对象、服务环境已经发生了巨大的变化,在这种情况下,只有主动加强自身的学习,努力学习新技术、新技能,才能更好地满足旅客需求,提高旅客满意度。

环境和教育是能力发展的外部条件,而人的能力最终还是要通过主体的积极活动才能得到发展,在工作中,这表现为人的主观能动性。高铁客运服务人员必须认识到能力是在人的活动中形成和发展起来的,一个人的能力水平与他从事活动的积极性成正比。

3)客运服务人员具有的主要能力

一般来说,要给旅客提供良好的服务,高速铁路客运服务人员在旅客运输服务工作中应该具备以下基本能力。

(1)感觉与知觉能力

感觉是一种最简单的心理现象,它是人脑对直接作用于感官的刺激物的个别属性的反映,如看到某种颜色、听到某种声音、闻到某种气味等。在动物心理进化过程中和在儿童心理发展的初期,都曾经独立地存在过,但是在正常的成人的心理活动中却很少独立存在。在成人那里,除非在某些特殊情况下,如来不及看清物体的时候,才有单纯的感觉。感觉是认识的入口和开端,没有感觉便不会有比较高级和复杂的知觉、表象和思维。而知觉是客观事物直接作用于器官,在头脑中产生地对事物整体的反映。知觉以感觉为基础,但知觉作为一种活动过程,包含了相互联系的几种作用,如觉察、分辨、识别和确认,它不是感觉的简单总和,而是在事物个别属性的基础上形成的事物整体属性。例如,我们想到火车,哪怕没有见到实物,也能知道它是由一个火车头挂着长长的车厢,有很快的速度和很大的牵引力,于是,我们把这个事物反映成火车,这就是知觉。

培养高铁客运服务人员的感觉与知觉能力意义重大。感觉与知觉能力在客运服务人员的日常工作中起着重要的作用。通过感觉与知觉,客运服务人员能够认识外界环境,从而了解事物的各种属性。通过感觉与知觉,还能认识自己机体的各种状态,有可能实现自我调节。没有感觉与知觉提供的信息,客运服务人员就不可能根据自己机体的状态来调节自己的行为。因此,必须加强感觉与知觉能力的培养与训练,其意义主要体现在两个方面:一方面给他人一个好的感官印象,另一方面为进一步了解他人提供一个好的基础。

(2)注意与观察能力

注意是指心理活动对一定对象的指向和集中。注意有两个特点:一是指向性,指向是指人们的心理活动有选择地朝向一定对象,而同时离开其余对象;二是集中性,集中是指人们的心理活动不仅指向某种事物,而且坚持在这一对象上使注意活动不断深入。客运服务人员的注意能力有以下特性:

①注意的范围性,指在同一时间内客运服务人员所注意对象的数量,这是注意在数量上的特性。

②注意的紧张性,指客运服务人员心理活动对某个事物的高度集中,而同时离开其余的一切事物,这是注意在强度上的特性。

③注意的稳定性,指服务过程中客运服务人员注意在一定事物上所能持续的时间,这是注意在时间上的特性。

④注意的分配性,指客运服务人员在一定时间内注意力指向于不同的对象或活动注意的分配是有条件的,最重要的条件是在同时进行的两种活动中有一种活动必须是非常熟练的。

⑤注意的灵活性,指客运服务人员能够灵活地分配注意力,根据需要及时将注意力迁移到新的对象上去。

观察是有目的、有计划、比较持久的知觉。在高速铁路旅客运输服务工作中,观察应该有明确的目的和任务。要细心体察,整理和总结观察结果,善于积累经验。通过观察及时了解旅客的需求、情绪以及旅客对高铁所提供服务的意见,从而有针对性地提供给旅客更恰当的服务。观察能力是通过培养和训练而获得的,客运服务人员通过自己的实践活动逐步形成而发展起来的。

客运服务人员要适应复杂多变的工作环境,清晰地反映旅客和旅客运输服务工作中的情况,提高认识活动的效果,就必须具有良好的注意力和观察力。

对于客运服务人员,在日常工作中,尤其是客流较多、站车秩序不好的情况下,有良好的注意力和观察力,才能发现"问题",如发现携带违禁物品上车、发现特殊旅客等。只有发现问题、了解问题产生的原因,才能及时采取措施有效地解决问题。因此,对客运服务人员良好注意力和观察力的培养,有其重要的意义。

(3)记忆与理解能力的培养

记忆是一个人所经历过的事物在人脑中的反映,是人脑积累经验的功能表现。人在生活和活动中,对感知过的、思考过的事物的印象总是或多或少、不同程度地保留在头脑记忆中,即使当这些事物不在眼前时,也可以重新显现出来,这个过程就是记忆。记忆中所保留的印象就是人的经验。个体经验的积累和行为的逐步复杂化是靠记忆实现的,离开记忆就不能积累和形成经验。

理解是运用已有的经验和知识去认识事物的种种联系,直至认识其本质和规律的一种逐步深入的思维活动。认识其本质和规律,不是限于单纯地通过感知觉或记忆的直接认识,而是通过思维活动,一般就可称为理解。理解是掌握知识的重要环节,有些知识需要记忆,而在理解的基础上进行,记忆的效果更好。

在高速铁路旅客运输服务工作中,离开良好的形象记忆能力,就记不清旅客,尤其是重点旅客的相貌特征。例如,缺乏语义记忆或语言逻辑记忆,就记不清站名、票价、作业程序等;缺乏运动记忆,就不能很快掌握各种作业技巧;缺乏情绪记忆,人就会变得麻木。对事物的理解力是认识事物本质所必需的,在信息传递的过程中,缺乏对信息的理解,就不能有效地利用信息。又如,同事给出一个手势,没有理解这个手势的含义,就不能做对其指示要做的事情。因此,培养和锻炼良好的记忆能力和理解能力,是做好高速铁路旅客运输服务工作,提高服务质量的重要基础。

(4)思维与想象能力

思维是人脑借助于言语、表象和动作实现的对客观事物的概括的、间接的反映。它揭示事物的本质特征和内部联系,是认识的高级形式,它主要表现在人们解决问题的活动中。

想象是对头脑中已有的表象进行加工改造,创造出新形象的过程。形象性和新颖性是想象活动的基本特点。想象是在感知的基础上,改造旧表象,创造新形象的心理过程。

感觉和知觉是对客观现实的直接反映,而思维和想象是对客观现实的概括性、创造性的间接反映。客运服务人员经常和旅客交往,会碰到各种各样的问题和矛盾。因此,客运服务人员应具备敏捷的思维和丰富的想象,可以灵活地、妥善地、创造性地处理各种矛盾和问题。

(5)表达能力

表达能力是客运服务人员与旅客进行交往时运用语言、表情传递有关信息的能力,包括表情与语言两个部分。

表情主要是指客运服务人员的态度、手势和目光。例如,客运服务人员的态度是否傲慢、慌乱、冷淡、随便,手势的幅度是否过大,目光是否能表达自己的感情,等等。

语言主要是指客运服务人员是否使用规范的或普遍认可的语言形式。例如,客运服务人员的语言是否能简明扼要地表达思想、是否能注意到旅客的感受和体验、是否恰当和有条理等。

为了提高客运服务人员的语言表达能力,在日常生活中经常训练自己,将感觉、知觉转化为概念,用概念构成思想并以语言的形式加以表达,进一步把思想用于实际,使抽象的知识上升为具体的知识。在这个过程中既掌握了知识,又发展了能力。在语言表达能力的教育中,应把直观生动思维、抽象思维和实践三者合理地结合起来,即把语言和实践、再现和探索、归纳和演绎、独立活动和人们指导下进行的活动合理地结合起来。

(6)劝说能力

劝说能力是指在服务过程中,通过劝说使旅客态度有所改变的能力。在劝说旅客时,客运服务人员应该热诚、真实地面对旅客,富有同情心,要做到有针对性和耐心,注意劝说的场合和使用的语言,急旅客之所急、想旅客之所想,让旅客真正地感受到高铁的人性化服务。

三、客运服务人员的心理健康

心理健康是完整健康概念的组成部分。心理健康是良好心理素质的基础要求。从广义上来讲,心理健康是指一种高效而满意的、持续的心理状态;从狭义上来讲,心理健康是指人的基本心理活动的内容完整、协调一致,能顺应社会,与社会保持同步。

健康心理与人的思想品德的关系十分密切,这种关系集中体现在健康人格与思想品德的相互联系之中。人格又称个性,人的思想品德结构中就包含有个性心理素质,如理想、信念和世界观本身就是个性心理倾向中具有核心意义的内容。此外,良好的道德品质、积极的人生态度、努力刻苦的学习精神等,也都要以健康的心理素质作为基础和中介。因此,思想道德修养离不开健康的个性心理的培育。性格是人的心理活动过程中表现出来的比较稳定的成分,是指人对客观现实的稳固态度以及与之相应的习惯化了的行为方式的心理特征。性格不可避免地要受到一定的社会道德规范的约束,并对它有所评价。

1.心理健康水平的判定

判断人的心理健康状况必须考虑其年龄、性别、社会身份、情境等因素。某些行为发生在孩子身上是正常的,发生在成人身上则是异常的;某些行为发生在女性身上是可以接受的,而发生在男性身上则难以容忍;某些行为在特定的社会背景和条件下是正常的反应,而在其他情况下出现则被视为异常的行为。

基于对这些因素的考虑,心理学家提出的判定心理健康或心理正常与否的基本标准,就是同等条件下大多数人的心理和行为的一般模式,即社会常模。有关学者将人的心理健康水平大致分为以下三个等级:

(1)一般常态心理者,表现为心理健康,适应能力强,善于与别人相处,能较好地完成同龄人发展水平应做的活动,具有调节情绪的能力。

(2)轻度失调心理者,表现出不具有同龄人所应有的愉快,与他人相处略感困难,生活自理有些吃力。若主动调节或通过心理辅导专业人员的帮助,可恢复常态。

(3)严重病态心理者,表现为严重的适应失调,不能维持正常的生活、工作。若不及时治疗就可能恶化。

2.心理健康标准

客运服务人员的心理既有大众心理的一般特征,又有其自身的特点。客运服务人员心理健康标准是一个有待我们共同研讨的课题。下面提出四点基本要求,供大家参考:

(1)心胸宽广,能容己、容人、容事。

(2)热爱生活,乐观向上,相信自己,也相信他人。

(3)对社会发展变化反应灵敏,并能积极地适应和参与。

(4)情感健康稳定,善于自我调节,不怕困难挫折的毅力。

心理健康的基本要求是心理各个方面的均衡发展,是个人与社会的协调,最终形成完整统一的人格品质。青年是健康心理的奠基时期,此时 塑造好优秀品质,对人的一生都会有重要的影响。

3. 正确理解心理健康的标准

正确理解和运用心理健康标准应注意以下问题：

(1)心理不健康与有不健康的心理和行为表现不能等同,心理不健康是指一种持续的不良状态,偶尔出现一些不健康的心理和行为并不等于心理不健康,更不等于已患有心理疾病。因此,不能只看一时一事就简单地对自己或他人做出心理不健康的结论。

(2)心理健康与心理不健康不是泾渭分明的对立面,而是一种连续状态。从良好的心理健康状态到严重的心理疾病之间有一个广阔的过渡带。在许多情况下,异常心理与正常心理、常态心理与非常态心理之间没有绝对的界限,只是程度上的差异。

(3)心理健康的状态不是固定不变的,而是动态变化的过程。随着人们经验的积累和环境的改变,其心理健康状况也会有所改变。

(4)心理健康的标准是一种理想尺度,是从客运服务人员的优秀的心理素质中总结出来的有代表性的特征,它不但为我们提供了衡量是否健康的标准,而且为我们指明了提高心理健康水平的努力方向。每一名客运服务人员在自己现有的基础上做出努力,都可以追求心理发展的更高层次,不断发挥自身的潜能。

4. 提高客运服务人员心理健康水平的途径

1)减少过度的心理压力

在日常生活中,人们常常承受着一定的工作压力。压力是指由刺激引起的,伴有躯体机能以及心理活动改变的一种身心紧张。适当的压力是心身健康所必须具备的条件,它有助于提高人的学习生活效率,正可谓"人无压力一身轻"。所以,紧张与松弛状态要维持在合理的平衡的水准上。当平衡点趋近松弛状态时,生活就会变得枯燥无味,生理活动也会停滞下来;当平衡点趋近紧张状态时,生活就会变得具有冒险性、挑战性、刺激性,同时也可能影响身心健康。可以通过以下方法减少压力：

(1)通过一些心理压力测试量表来自我评价,从中发现自己在压力下反映出来的特点,并认识压力继续下去可能导致的后果。

(2)学会自我放松。通过自我默想,使意识范围逐渐缩小,排除外界干扰,全身松弛,纠正情绪的失衡状态,冷静地引导自己从烦恼、愤恨、紧张等消极情绪状态中解脱出来,得到内心的平静和安宁。

(3)在问题及后果还未引发之前将压力加以控制。方法有:坦诚倾诉,找亲朋好友诉说;调整工作节奏,在还没有达到极度疲劳时,使工作节奏缓慢下来;调整生活节奏,经常从事体育运动,如打球、散步,以调节身心;学会放松,每天用一定的时间平静和安定情绪,如听音乐、看漫画、观赏花草、打太极拳、参加自律训练等;这些方法都可以通过神经与肌肉松弛而达到消除压力的目的。有的人依赖药物、酒精、烟草等方法来应付压力是不足取的。

(4)学会分析矛盾,分解压力。有的可以分解化小,然后应对;有的可以分期分批,逐步解决;有的可以有取有舍,将压力适时转化。

2)学会应对挫折

在心理学上,挫折是指一种情绪状态,主要是指个体在从事有目的的活动过程中,由于遇到阻碍和干扰,使个人需要不能得到满足,动机无法实现而产生的紧张状态和情绪反应。人们的需要产生动机,动机一旦产生便会引导人们的行为指向目标,但这种指向目标的行为,由于受到社会、政治和经济的制约,并不是任何时候都能达到目标。行为的结果受到阻碍,达不到目标的情况是常有的,这就是所谓的挫折。特别是在现今的服务环境中,认识什么是挫折,对改变员工的行为、提高员工的积极性具有重要意义。挫折产生可分为外在因素和内在因素两类。

(1)外在因素。外在因素又可分为实质环境与社会环境。实质环境是指个人能力无法克服的自然环境,如无法预料的天灾地变、衰老疾病、气候影响等。社会环境是指所有个人在社会生活中所遭受到的政治、经济、道德、宗教、风俗习惯等人为的限制,如由于考试制度的关系,使一个具有特殊才能的人无法发挥其才能。

(2)内在因素。内在因素包括个人的生理条件与动机的冲突。个人的生理条件,是指个人具有的智力、能力、容貌、身材以及生理上的缺陷疾病所带来的限制,如一个色盲者无法进医学院念书,或担任某些特殊的工作。动机的冲突,是指个人在日常生活中,经常同时产生两个或两个以上的动机,如果这些并存的动机无法同时获得满足,而且互相对立或排斥,其中某一个动机获得满足,其他动机受到阻碍,则产生难于做抉择的心理状态。

高速铁路客运服务人员的挫折因素主要有学习挫折、家庭挫折、人际挫折、恋爱挫折、病残挫折、情绪挫折以及专业选择挫折等。

不同的人对挫折的承受能力是不一样的。承受能力是对个体产生挫折感的最小刺激量,承受能力越低,其挫折感就越强。个人的抱负水平、容忍力影响着人的承受能力,其中容忍力是受到挫折时避免行为失常的能力,它受生理因素、认知因素、社会经验的影响。

人们受到挫折会产生各种行为,对于高速铁路客运服务人员来说,当受到挫折后,其原因不论是属于外在因素还是内在因素,都不应该把愤怒、攻击、不安、冷漠等情绪上的反应带到工作中,应该努力控制自己的情绪,通过工作缓解自己的压力。

在生命的旅程中,谁也不能担保会永远成功。相反,人们可能会经常遇到挫折和磨砺。所以,要成为一名优秀的客运服务人员,必须具备较高的心理耐力,在遇到挫折时,不但不会轻易产生悲观心理、动摇心理和畏难心理,而且能够勇敢地承受和战胜困难和挫折。即使遇到了意外打击、突如其来的灾难,也应处变不惊,泰然处之,用乐观、自信的态度和顽强的意志力去征服困难,最后走出困境。

3)适当使用挫折防卫机制

个人受到挫折后,挫折情境造成的对人心理上的压力,会使人产生紧张、愤怒、压抑或焦虑的情绪反应,并导致心理和生理活动的不平衡状态,如血压升高、汗腺分泌增多、胃液分泌减少等,长久下去便导致心身性疾病,如高血压、胃溃疡及偏头痛等,影响人的正常行为和活动能力。为了对付这种压力,减轻或摆脱焦虑情绪的困扰,解除紧张状态所带来的不安,恢复心理和生理活动的平衡,受挫者会自觉或不自觉地寻找和使用一些策略和方法,应付或适应所面临的挫折情境,以减少挫折和焦虑情绪对自己的损害,减轻心理所承受的压力,保护自我,度过挫折期。

因此个人为了减压或避免挫折可能带来的不愉快与痛苦,减轻挫折造成的心理压力,有意或无意中运用的种种心理防卫方式,被称为挫折的心理防卫机制(简称“挫折防卫机制”),

对心理进行清洁,让不良情绪得到释放或转移。个人从其生活经验中寻找惯用的一种,成为其性格中的一部分,常见的有以下几种:

(1)合理化作用。个人无法达成其追求的目标或其表现的行为不符合社会的价值标准时,给自己找出适当理由来解释,这个理由未必是真正的理由,并且从第三者的角度上来看往往是不合乎逻辑的,但其本人却能以此说服自己,感到心安理得。

(2)逃避作用。个人不敢面对自己预感的挫折情境,而逃避到安全的地方,即逃向另一现实。

(3)压抑作用。将可能引起挫折的欲望以及与此有关的感情、思想等抑制而不承认其存在,或者将其排除于意识之外。

(4)代替作用。个人对某一对象所抱持的动机、感情与态度,不为社会所接受或遇到困难时,将此种感情与态度转向其他对象以代之,称为代替作用。

(5)表同作用。个人为迎合供给需要满足的保护者(如父母、师长等),在思想上及行为上模仿他们,将自己与他们视为一体,按照他们的期望行动,如此可以减少挫折,称为表同作用。

(6)投射作用。存在于个体内部的许多动机中,有些是自己不愿承认的,或者因为承认了之后引起内心的不安及厌恶感,因而无意识中把这些动机及与此有关的态度、习性等排除于自身之外,而加到他人或物体上,称为投射作用。

(7)反向作用。个体为防止某些自认为不好的动机呈现于外表行为,采取与动机相反的行动,即想借助相反的态度与行为,抑制内心的某些动机。

防卫方式具有调和自己与环境间矛盾的功能。它可减低情绪冲突,从自身内在具有危险的冲动中保护自己,缓和伤感的经验,减轻失望感,消除个人内在、外在因素方面的冲突,协助个体保持价值观与充实感,使个人有机会"退一步想"或"从另一个角度看"而导致解决问题的可能。个人应该学会防卫方式进行调和,面对不能调和的应主动地去心理咨询,在心理医生的指导下缓解或消除心理上的痛苦,以最合理的方式处理好挫折。

挫折防卫机制的积极作用在于发挥个体的主观能动作用,减轻或排除精神压力,保持心理相对平衡,免受不良刺激的直接损害。挫折不是穷途末路,与其因挫折而愁肠寸断,伤了身心健康,莫不如且放自己过去,适时适度地启用自我防卫机制,会有助于个人在巨大的挫折变化面前尽快稳定自己的情绪,从而为寻求解决矛盾的最佳办法留出时间和空间,挫折防卫机制是保证自己在遇到挫折时能够"退一步想"或"从另一个角度看"而存在解决问题的可能。个人应该学会防卫方式进行调和,面对不能调和的情况应主动地去心理咨询,在心理医生的指导下缓解或消除心理上的痛苦,以最合理的方式处理好挫折。

5. 客运服务人员心理预防

对于高铁客运服务人员的心理状况,应根据高铁旅客运输服务工作的实际情况,从个人和单位的角度采取一些有效措施加以缓解与疏导。

1)从客运服务人员个人角度

(1)创造和谐的自然和社会环境,建立良好的人际关系,储备社会支持力量,提高适应社会和改造社会的能力。人际关系的实质就是人与人之间心理上的距离,即情感关系。人们通过正常的交往、沟通、参与和融合,建立起良好的人际关系,对心身健康具有重要的促进作用;反之,不协调的人际关系会造成心理失衡。

(2)锻炼体魄和培养健康的人格。预防心身疾病有赖于躯体的强壮,要通过劳动、工作、学习、体育锻炼与合理营养,使机体功能处于最佳状态。培养健全的人格,对于身心疾病的预防具有重要的作用。

(3)保持良好的情绪。情绪是身心联系的桥梁,保持良好的情绪反应,就是要建立良好的心理防御机制,使人在心理活动中,尤其是情绪失去平衡时,能够自觉、不自觉地以某种理由或方法去抵消、回避或否认内心所产生的紧张、不安和痛苦,从而恢复自身心理上的平衡和稳定。

(4)及早发现、及早治疗。首先,要采取有效的躯体治疗,以解除症状,促使康复;其次,要采取精神药物治疗,如抗抑郁、抗焦虑药物的使用等;最后,还可以进行心理咨询与心理治疗。

2)从单位的角度

(1)调整工作安排。在日常工作中合理调整工作安排,尽量减少加班加点,对简单重复的工作,实行工作轮换制,以减少员工的精神疲劳度。在工作环境布置中,应采取科学布局,在视觉、触觉和设备的布置上注意减轻员工疲劳,如保证充分照明、空气流通、尽量采用自然光等。

(2)提供健康教育和体育锻炼机会。通过定期医疗检查和咨询帮助员工了解自身的各种健康问题,进行健康生活方式的教育,让员工知道体育锻炼、合理饮食和按时睡眠等的重要性;为夜班工人开办夜间工作健康知识讲座;在企业里提供健身器材鼓励员工在上班前、下班后和中间休息时参加锻炼;建立员工气功、武术、长跑兴趣小组等。

(3)加强心理健康教育。在工作之余,需要对员工进行心理健康教育和心理干预。要帮助员工正确认识自己的工作环境和在工作生活中出现的不良反应,掌握一些基本的心理学知识和心理疏解方法。

(4)员工帮助计划(EAP)。EAP 由美国人发明,最初用于解决员工酗酒、吸毒和不良药物影响带来的心理障碍,后来发展到在日常工作里,运用 EAP 来调整企业员工的心态、生态、形态和状态。实践证明,它是一个相当有效的方法。

四、高铁客运服务人员的问题行为分析

在高铁旅客运输服务中,客运服务人员是居于第一线的,客运服务人员由于连续工作时间长,工作单调乏味,很容易造成心理疲劳。消除客运服务人员的心理疲劳和员工怠倦、加强心理卫生,对于激励职工的积极性、提高劳动生产率和服务水平有着重大意义。

1.心理疲劳和员工倦怠

心理疲劳是指人们因心理、精神原因而非生理躯体原因导致无精打采、懒散无力,使其反应速度、灵活性和准确度降低的心理机能消极状态。心理疲劳通常表现为自感体力不支、精力不济、反应迟钝且伴有注意力不集中、思维不敏捷、情绪低落、精神不振、活动效率降低、错误率上升,严重时还会引起头痛、眩晕、心血管和呼吸系统功能紊乱、食欲减低、消化不良以及失眠等。

心理疲劳一般发生在以下两种情况:一种是活动中紧张程度过高,致使心理活动异常、心理机能降低而显得不堪重负,难以承受精神压力而疲惫不堪;一种是长时间从事单调、乏

味而令人厌烦的活动，致使兴致索然、情绪低落、活力降低而出现烦躁懒散、疲惫无力等。

心理疲劳与生理性疲劳、病理性疲劳不同。生理性疲劳与病理性疲劳尽管同心理疲劳一样也会导致人的工作能力减弱、工作效率降低、错误率增加等后果，但都是一种自然性防护反应。生理性疲劳是由身体的肌肉承担高强度或长时间的活动造成的，削弱的主要是人的体力，其表现是肌肉疲劳；病理性疲劳是由各种疾病引起的，削弱的主要是人的躯体机能，其表现是体虚乏力；心理疲劳则是肌肉活动强度不大也无躯体疾病，而纯粹由神经系统活动过于紧张或过于单调引发，削弱的是一个的意志。

员工倦怠，是指员工影响到工作效率和工作安全的身体和心理疲劳。心理疲劳很容易使员工产生员工倦怠。目前，有关员工倦怠的比例在我国没有明确的数据，美国《员工福利新闻》曾经报道："47%的企业员工承认他们过去的三个月里在工作中出现过极度疲惫的现象，31%的员工认为由于睡眠不足影响到了工作，还有29%的员工说每天起床上班时感到没有休息好。"随着经济的发展，城市建设步伐的加快、职业要求提高等原因，处在服务第一线的员工身心健康方面的问题开始暴露出来。

2. 心理疲劳和员工倦怠的原因

造成高铁客运服务人员的心理疲劳和倦怠的原因是多种多样，但主要有两个原因：

（1）由于高铁交通运输的连续工作时间较长，使得员工不得不打乱正常的生活作息时间，全天候地从事旅客运输工作；可能出现慢性身心综合疲劳症。尤其在一些旅客运输的高峰时期，要求员工加班加点，或者在工作时对员工施加过多的心理压力，或者让员工做大量简单重复的工作，等等。这样，高铁在保证旅客运输任务完成的同时，就自觉和不自觉地忽视了员工的身心健康，造成心理疲劳。

（2）由于客运服务人员在从事繁重工作的同时，没有及时根据工作调整自己的生活作息时间。例如，有些员工有深夜看电视或者上网的习惯，晚睡晚起，还有的员工或吸烟喝酒过度，或饮食结构不合理，或缺少体育锻炼，等等，以上这些不良生活习惯除直接引起工作中的疲惫之外，还常会造成不同程度的睡眠失调，间接地造成上班时的身心倦怠。

复习思考题

1. 简述客运服务人员的职业动机。
2. 简述客运服务人员应具备的心理品质。
3. 客运服务人员应具有的主要能力有哪些？
4. 提高客运服务人员心理健康水平的途径有哪些？

第三节　旅客投诉心理

本节说明

本节主要学习旅客投诉原因分析、旅客投诉心理分析、旅客投诉主体分析和旅客投诉对策分析，这些都是高铁旅客运输服务岗位职工及管理人员必须要掌握的知识。

教学建议

本节建议以教师讲解为主，可大量采用案例教学，运用案例对旅客投诉心理进行分析及处理旅客投诉技巧的相关知识，学生分组讨论分析为辅。

任务实施

通过学习本节知识，教师可组织学生进行适当分组，布置案例分析任务，各小组派学生代表进行汇报，小组点评，教师最后总结点评。

相关理论知识

旅客的需求和高铁旅客运输服务往往存在差异，如果处理不当，容易引起旅客投诉。对旅客的投诉应给予足够的重视，不应恐惧、厌烦或不予理睬。高铁旅客运输部门非常重视旅客的投诉，设有高铁客户服务中心，全路统一客服电话12306，负责受理旅客咨询、投诉和建议。

一、旅客投诉的原因分析

旅客对高铁抱怨和投诉的原因，涉及因素较多(如对旅客不尊重、态度不好、工作不负责、车上食品价格高、设施不配套、服务项目种类少等)，大致可分为客观原因和主观原因两种。

1. 客观原因

客观原因一般是指非高铁责任。例如，旅客在明知高铁晚点是因为自然灾害造成的，同样会产生焦急、烦躁等心理变化，并会在语言上、行为上有所表现。另外，由于焦急等待会在心理上产生时间上的错觉等。

2. 主观原因

在全部投诉中，更多的是主观原因引起的投诉，主要集中在以下两个方面：

(1)不尊重旅客。这是高铁客运服务人员服务中引起旅客不满的一个重要原因。其具体表现如下：

①招待旅客不主动、不热情、不周到。有的客运服务人员不主动称呼旅客，或者往往以“喂”代替；有的客运服务人员则对待旅客态度冷淡，爱理不理，或者旅客多次招呼也毫无反应；有的客运服务人员接待外国旅客时热情，接待同胞旅客时则态度冷淡。

②不注意礼貌服务，用不礼貌的言语冲撞旅客。

③不尊重旅客的风俗习惯。

④没有根据地胡乱怀疑旅客拿走列车上的物品。

⑤讽刺、挖苦甚至辱骂旅客。有的客运服务人员对旅客评头品足，讽刺挖苦；有的服务人员甚至用粗俗的言语辱骂旅客，如“瞧你这熊样，还要多高的服务标准！”

(2)工作不负责任。

①工作不主动、不及时。

②清洁卫生工作马虎，食品、用具不洁。例如，有的客运服务人员卫生习惯不好，仪表不整；有的客运服务人员边工作边吃东西等。

③忘记或搞错了旅客的要求。

④弄脏或损坏旅客的物品。

二、旅客投诉的心理分析

通常情况下,旅客在投诉时有以下四种不同的心理需要:

(1)求尊重心理:在乘车过程中,旅客感到自己未被尊重,这是投诉最主要的原因。

(2)求宣泄心理:旅客利用投诉的机会把自己的不满发泄出来,以维持其心理上的平衡。

(3)求补偿心理:旅客希望自己在精神上和物质上的损失能得到补偿。

(4)求公平心理:根据“公平理论”,旅客花了钱而没获得相应的服务,如价格不合理、服务设施不完善、服务不到位等,就会寻找一种公平的机会来满足自己的心理。

三、旅客投诉的主体分析

一般来说,旅客投诉的主体可大致概括如下:

(1)公务出行者:人大代表、政协委员、政府公务员。

(2)商务出行者:国有企业公出人员、私营企业家、个体经营者。

(3)因私出行者:旅行结婚、旅游观光、求医治病等因私出行人员。

(4)其他出行者。

四、旅客投诉的对策分析

1. 正确认识旅客的投诉

要正确处理旅客的不满和投诉,首先必须能正确看待和分析旅客的不满和投诉。

(1)失误是难免的。不管一家铁路运输企业的经营管理多么完善,也不论高铁客运服务人员怎样尽心尽力,要想在服务中使每一位旅客时时处处都感到满意,恐怕也是难以做到的。事实上,高铁的环境、卫生、食品质量、服务人员的态度等,都可能会遭到旅客的投诉。当遇到旅客投诉时,客运服务人员既不必大惊小怪,惊慌失措,也不可漠然视之,而应当保持平和的心态去积极应对和解决。

(2)旅客的投诉是一把“双刃剑”。旅客的投诉一方面可能会刺激、伤害服务人员,使服务人员感到尴尬和不快,但另一方面,旅客的投诉对铁路企业来说又是极其宝贵的信息来源,也能给铁路企业带来一些好处:

①旅客的投诉可以反映出铁路在管理、食品及服务等方面的不足,从而促使铁路运输企业改进工作、提高服务并进一步增强高铁的市场竞争力。

②如果旅客的投诉能够获得满意的解决,将增加旅客对铁路运输企业的正确评价,降低对铁路企业的负面影响。

因此,旅客的投诉是一把“双刃剑”解决得好会使铁路运输企业获得一个改善、提高自己的好机会;解决得不好则会使铁路运输企业深受其害,使其形象和声誉受到损失。

(3)要能够区别投诉和“挑刺”。多数旅客的投诉,并不是要不花钱而白吃白喝,而是为了“出口气”,并让铁路运输企业有关人员改进工作。一般说来,旅客对铁路运输企业投诉就意味着他对铁路运输企业还是信任的,也存在着友好的愿望。因此,一定要对旅客的投诉抱有正确的认识,不能不加分析地将投诉统统看作是旅客故意“挑刺”,如果误认为旅客“挑刺”,那就会造成更大的纠纷。

2. 处理投诉的服务人员素质要求

及时、妥善地处理好旅客的投诉，对客运服务人员也提出了很高的要求。

(1)要树立正确的指导思想。客运服务人员必须正确认识自己在高铁旅客运输服务工作中的定位。否则，就不可能有效地应对各种突发事件和旅客投诉。其实，在旅客心里，几乎都是把客运服务人员当作铁路企业的“主人”来看待的。当旅客对食物和服务工作有意见时，总是向客运服务人员直接提出，一般都不会直接去找相关领导。在此情况下，高速铁路客运服务人员就应当以“主人”的姿态认真听取旅客意见，就有义务满足旅客提出的合理要求，绝对不能抱着“事不关己，高高挂起”的想法，对旅客不理不睬、敷衍搪塞或推卸责任。

衡量一个客运服务人员是否具有主人意识的主要标准，就是看其在实际的服务工作中，能否坚持把旅客置于首要的位置，处处为旅客着想，千方百计地为旅客做好服务工作。

(2)具备良好的职业道德和公关意识。对于客运服务人员来说，最基本也是最重要的职业道德，就是诚实、礼貌待客，以“诚招天下客”作为开展旅客运输服务工作的一个核心信念。客运服务人员需要在旅客运输服务工作中奉行实事求是、有错必纠、有过就改的服务原则，决不可弄虚作假欺诈旅客，损害旅客的合理合法权益。

(3)掌握丰富的业务知识。作为高速铁路客运服务人员，必须熟练掌握与高铁旅客运输服务有关的各种业务知识。其中，既包括高铁旅客运输服务方面的专业性知识，也包括其他方面的社会知识。高速铁路客运服务人员必须了解高铁的各种规章制度、工作要求，掌握相应的技能技巧，懂得怎样有条不紊地做好服务工作。就社会知识而言，高速铁路客运服务人员则必须了解不同旅客的服务需要，知道如何尊重特殊旅客的特殊习惯，等等。总之，客运服务人员只有具备丰富的专业性知识和其他相关的社会知识，才能很好地预防乘务工作中可能发生的各种矛盾，并将已经发生的矛盾予以正确的处理。

(4)高超的语言艺术。语言是开心的钥匙，也是人们相互间加深理解、加强交流的一个得力助手。优美、得体的语言，可以使人们消除误会、冰释前嫌，化干戈为玉帛。服务语言是高铁客运服务人员为旅客服务的有效工具，彬彬有礼的服务用语伴随主动、热情、耐心、体贴、周到的服务行为，可以充分显示出高铁客运服务人员良好的素质和高超的服务水准。

更重要的是，当碰到突发紧急事件和旅客抱怨时，高速铁路客运服务人员借助具有高超艺术的语言来进行化解，使语言艺术成为化解旅客不满的有力武器。

3. 处理旅客投诉的一般对策

对于旅客的投诉，高速铁路客运服务人员一定要慎重对待，并且必须做到：耐心倾听、弄清真相、同情旅客、诚恳道歉、恰当处理。

(1)对旅客的投诉耐心倾听，弄清真相不急于辩解反驳或埋怨其他部门。旅客来投诉时，应当礼貌地接待，让旅客慢慢地讲，要耐心地倾听。

旅客心中有怨愤时，让他们讲出来，发泄出来，他们心里才会舒服。耐心，有时可以让一个暴跳如雷的旅客平静下来。

(2)以诚恳的态度向旅客道歉。当遇旅客投诉时，高速铁路客运服务人员一定切忌置之不理或是与其发生争吵。

有的客运服务人员认为旅客来投诉是他们“多事”或有意“找茬儿”，有意和客运服务人员过不去，这种想法是要不得的。

（3）区别不同情况，在旅客同意的情况下做出恰当的处理。对于一些明显是服务工作的错误，客运服务人员应当马上道歉，在征得旅客同意后，作出补偿等处理。

征得旅客的同意是为了避免处理时不合旅客的意愿，反而会使问题复杂化。

4. 处理旅客投诉的具体步骤

（1）不要与旅客争论、辩解。无论旅客是对客运服务人员还是其他方面进行投诉，当事人应该马上离开现场。一定不要与旅客争论不休，而是应该由铁路企业的管理人员出面解决，以表示重视。

（2）认真聆听。要详细地了解旅客投诉的缘由，认真听取旅客的诉说，让旅客感到铁路企业十分重视他提出的问题。

（3）真诚道歉。在了解了旅客投诉的缘由时，要表示出同情和歉意。在听旅客诉说的时候，要温和地注视着旅客，并不时地点头，同时向旅客说："为此事，我们非常抱歉！""我们非常理解您现在的心情"等等。

（4）立刻采取措施。在明白了旅客投诉的事情后，要立刻采取措施。铁路企业方面负责出面解决问题的人员应该有权力对投诉的问题立即进行处理，同时把采取的措施与具体内容告诉旅客，让旅客知道铁路企业方面对此事的态度，从而减轻旅客的不满程度，产生对铁路企业的信任与感激之情。

（5）感谢旅客的批评指教。旅客无论是基于何种心理去投诉，在客观上都起到了帮助高铁企业改正缺点、改进工作、完善服务的作用，因此，要向旅客表示真诚的谢意，感谢他们的提醒与建议。

（6）将补救措施立即付诸行动。客运服务人员了解清楚旅客的投诉情况后，要果断地采取补救措施，视情况对旅客进行补偿。

制定了措施后，还要立即贯彻执行，付诸行动。拖延不决只会引起旅客更大的不满，旅客可能会认为铁路企业缺乏诚意。补救措施实施后，要尽快再次征求意见，询问旅客的满意程度。

（7）要落实、监督、检查对旅客的投诉的具体解决措施。处理旅客投诉并要获得良好的效果，其最重要的一环便是落实、监督、检查已经采取的纠正措施。

只有良好的监督机制，才能确保正确的补救措施能得以真正地执行，否则，补救措施制订得再完美，也只能流于空谈。

5. 处理旅客投诉的技巧

（1）理解和尊重旅客。理解和尊重是服务工作的原则，但在沟通过程中，就不仅是原则问题，还有技巧问题，即适当的表达方式和技巧是保证沟通顺利的重要因素。

（2）加强与旅客的配合。在高铁旅客运输服务过程中，旅客的行为会影响服务质量和效果。旅客有效地参与行为是保证服务质量和满意度的必要和重要条件。有效的、顺利的沟通，离不开旅客的有效参与和配合。为此，必须加强与旅客的沟通和协调，以促进旅客的配合。

（3）迅速解决问题。铁路企业对于临时出现的问题，如列车延误、旅客投诉等，必须迅速、及时地解决。因为一个问题如不及时解决，就可能迅速变大或升级，从而造成极坏的影响。

（4）巧用幽默。在沟通过程中，除了一些特殊场合，人们总希望有轻松愉快的氛围，适当幽默能引起对方的善意。要在沟通中运用好幽默，注意幽默要看对象，对象不同，对幽默的理解和感受也不同。例如,文化水平高低不同的对象对幽默的理解和感受就存在很大差异。总之,幽默要以引起对方的共鸣为益。

(5)正确使用沟通语言。语言作为沟通工具,能否在沟通过程中正确地使用它,对达到沟通目的具有重要意义。正确使用沟通语言应注意事项:

①掌握运用语言的规律和艺术。一般沟通中的语言是按形式逻辑的规律来运作的,因此,我们应尽可能地使用清晰明确的语言,并使之前后呼应,通俗易懂。同时,注意语言的生动活泼,使之具有感染力。

②尽量"纯化"语言。这主要是指,在一般的人际沟通过程中,尽量少用方言土语或专用术语,特别是在与不熟悉当地文化传统背景的人及本行之外的人们沟通过程中,应尽量用普通话和大众熟悉的概念,以免发生误解。

③尽量发挥语言的综合优势。从大的方面来讲,要尽量发挥有声语言和无声语言的综合优势,使要传达的信息准确而有力地触动对方的心灵;从小的方面来讲,要利用好词语、语音、语调等的综合优势,使我们的语言表达更有特点,给人留下更加深刻的印象,使沟通顺利。

(6)站在旅客的角度。换位思考是客运服务人员服务工作的法宝。

(7)分清原因,合理应对。

对于客观原因造成的投诉,高铁客运服务人员可以针对这些旅客的心理,明确自己工作的性质,急旅客之所急,想旅客之所想,同时利用自己的服务技巧做好高铁运输非正常情况的服务,做到"旅客可以对客观原因造成的不正常不满意,但决不能使旅客对自己的服务不满意"。

对于主观原因造成的投诉,高速铁路客运服务人员首先应该在感情上、心理上与投诉者保持一致,然后必须尽快准确地判断失误的性质和责任划分,再采取合适的方式进行补救。一般来讲,可以采取以下几种主要方法:口头或书面向旅客表示道歉;承认失误,承担相应的责任,并加以改正;以合理的形式对旅客进行补偿。

事实上,旅客在心理上对高铁所提供的服务往往具有较高的期望值,客运服务人员服务的失误会使旅客产生过度的不满和抱怨,虽然错误不一定在客运服务人员,但是客运服务人员必须树立"假设当前旅客正确"的观念,对旅客的不满尽量在投诉的现场采取措施进行解决,延误的时间越长则解决的效果越差,处理成本也会大幅度的增加,造成不良影响扩大或升级。

【案例 2-7】 做好解释,用心服务

20××年4月16日,G161次列车正点从北京南站开出。列车长蔡某巡视至14号车厢时,一位旅客突然叫住她,问她要投诉电话。蔡某立即意识到这位旅客对列车的服务工作可能有不满意的地方,于是轻声问道:"这位先生,有什么需要我帮忙的吗?"你不要问我,我只要投诉电话,你到底给不给?""我是本次列车列车长,您要投诉电话我会马上给您,但是您投诉后客服中心还是会将您的投诉意见反馈给我,由我来负责处理。与其您大费周折打投诉电话,不如直接告诉我,如果我处理不好,您再投诉,好吗?""我是第一次乘坐京沪高铁,乘车前听同事说京沪高铁列车设备先进、服务一流,可是我现在乘坐的感受却很不好,还不如普通列车,车厢内连列车员都没看到。""原来是这样啊,我们京沪高铁每四节车厢配一个列车员和一名保洁,每隔半个小时巡视一次车厢,为了不打扰旅客的休息,我们实行的是有需求有服务、无需求无干扰的模式，刚才列车始发后，列车员已经巡视过车厢了，可能您没有注意。”“哦……原来是这样啊。”列车长蔡某关照负责13～16号车厢的列车员在巡视时重点关注这位旅客，及时提供服务。列车终到前，列车长进行回访，该旅客对列车的服务表示满意。通过此事，大家意识到巡视车厢时要注意察言观色，善于发现旅客需求，提供适需服务。

【案例2-8】　主动承担，热心服务

20××年2月22日，D5571次列车运行途中。5号车厢，一名中年男性旅客在座位上大喊大叫，还不时拍打桌椅要求“赔偿”，情绪非常激动。列车长郑某接到5号车厢列车员小李的报告后，立即赶来，耐心听其“陈述”，原来是座位上遗留的口香糖粘在了这位旅客的裤子上。郑某听完后，为没能及时发现和清除座位上的口香糖，给旅客带来不便表示歉意，并为其调换了座位进行安抚。“这位先生，要不您将裤子换下来，我来想办法帮您去除？”郑某轻声商量道。这位先生看看车厢，又看看自己的裤子，有点为难。郑某看在眼里，会意道：“没关系，我带您到多功能室把裤子换下来，等我处理好后您再穿上。”经过郑某的耐心劝说，这位先生终于接受了郑某的提议，同意将裤子换下清理，郑某先是用温水反复冲洗裤子上的污迹，等完全清理干净后再想办法烘干，并将原来脱线的裤脚缝补整齐。半小时后，旅客从郑某手里接过清理好的裤子，不由一怔，面露喜色，道：“啊，不仅干净如初，连脱线的裤脚也被缝好了！”

【案例2-9】　硬件不足，软件弥补

CRH380A车型的3号车一等座是三个独立的小包间，旅客面对面就座，椅背不能靠，腿也伸不直，旅客常感不舒适而时有埋怨。碰到这种情况，列车员该怎么办呢？这天，列车从上海站始发，列车员小张正在3号车厢按标作业。一位旅客走过来问道：“现在一等车怎么变成这样了，坐着非常难受，还不如二等座舒服呢！这不是在欺骗旅客吗？”小张耐心地向这位旅客解释道：“这是由于列车设计原因导致的，我们很抱歉，我刚才用站车交互系统查看过了，现在其他车厢一等座还有少量余位，若您愿意的话可以先为您调整。但是由于我们列车座位是全程对号入座的，前方若有旅客上车，还麻烦您配合我们工作，回到自己座位上。为此给您带来的不便，我们再次向您表示歉意。”看你态度这么诚恳，那就按你说的处理吧，麻烦你了。”“不麻烦，谢谢您配合我们工作。”小张说完，帮着旅客一起提着行李，将旅客带到一等座位上坐定。一切安排妥当后，小张及时向列车长进行了汇报。工作中，遇到类似由于出厂设计等不可改变因素导致旅客对我们的服务工作有意见时，列车员一定要在合理范围内尽可能为旅客提供方便，以诚恳的沟通方式和积极的工作态度去获得旅客的谅解和支持。

复习思考题

1. 旅客投诉的客观原因有哪些？
2. 旅客投诉的主观原因有哪些？
3. 处理旅客投诉的技巧有哪些？

第三章　高速铁路车站服务工作

本章描述

本章主要介绍了高速铁路旅客运输服务理念、高铁车站服务质量规范、服务人员行为规范、车站服务工作的技能技巧。高速铁路旅客运输服务工作的实质是铁路企业最大限度地满足旅客的需求并为其创造价值。坚持“以人为本,旅客至上”的原则,已经成为服务行业的共识。

教学目标

1. 能力目标

(1)能够运用高铁车站服务质量规范高质量服务旅客。

(2)掌握高铁车站客运服务技巧。

2. 知识目标

(1)了解旅客运输的服务理念。

(2)了解礼仪的含义和特点,掌握客运服务礼仪原则。

(3)掌握客运服务人员的仪容举止和沟通技巧,能正确运用规范服务用语服务旅客。

3. 素质目标

培养客运服务人员在工作中“旅客至上”的职业素养。

相关案例

【案例3-1】　小小售票窗口,服务大舞台

20××年7月10日,正是学生放假回程高峰期,部分方向的车票比较紧张。临中午吃饭时间,售票厅内慌慌张张跑来了一位四十多岁的中年男子,肩上还扛着一个大行李袋,排在购票队伍中十分显眼。轮到他买票时,他放下肩上的袋子,要买一张D326次丹阳北至枣庄站的二等座车票。小李查询后发现D326次至枣庄的二等座车票已经售完,现在只剩一等座票了,不过票价要贵90元。这名男子从口袋里掏出一大把皱巴巴的零钞,尴尬地笑着说:“我真没带那么多钱,能不能帮我看看有没有便宜一点的车票,我家里有急事,今天必须得赶回去。”小李又查询了一下前方车站的票额情况,从前面车站打票,里程远,票价会贵点,但是买二等座票还是要比从丹阳北站买一等座票便宜。查询后发现前方无锡东、苏州北站至枣庄的D326次列车二等座车票也都已售完,这名男子非常着急。由于这名男子后面还排着两名男士需要购票,小李让他先在旁边等一会,并抓紧为后面两位男士售好车票。等忙完手中的工作后,小李继续敲打键盘不停地搜寻着,希望会有退票或改签的,功夫不负有心人,不知搜寻了多少次后,终于为这名男子买到了一张D326次至枣庄的二等座票。这名男子拿着车票,脸上终于露出了灿烂的笑容,不停地说道:“姑娘,真是太感谢了!”小李摇摇手,说:“不用客气,还有一会儿车就开了,您快去候车吧!”看着他离去的背影,小李心里感到非常的开心,虽然耽误了自己吃饭的时间,但是给旅客买到了想要的车票,快乐了别人,也快乐了自己!

【案例 3-2】　老大爷遇到麻烦,检票员热情相助

20××年7月22日,小张和往常一样,负责检票口的工作,晚上六点多钟的时候天已经黑了,外面狂风大雨,候车大厅里却是暖洋洋,每个赶车的旅客都是匆匆忙忙地跑进候车大厅等车。G7352次列车马上就要开始检票了,小张已经在岗位上做好了准备。列车开检的时候,旅客都自觉地排队检票。这时一位年过七旬的老人跟在一名年轻人后面要闯过闸机,小张不假思索地拦下了他。这位老人很着急地告诉他要上车补票,但是因为车站有明确规定,没有车票的旅客是不能进站上车的,小张便毫不犹豫地拒绝了他的要求。当时,这位老人非常激动,带着哭腔说道:“同志,求求你,放我进去吧,我真的要上车补票,我要回家。”小张马上意识到这位老人可能遇到了麻烦,经耐心询问得知这位老人本来要去义乌站,结果在杭州南站乘错了车,到了余杭站,出站后才发现自己走错了地方。有旅客告诉他余杭站六点多钟有一趟到义乌的列车,他就来到了候车室,刚好看见有列车检票,就理所当然地认为是开往义乌方向的。小张听完老人的诉说,耐心的解释道:“大爷,我们这是开往上海虹桥的G7352次列车,您说的那趟列车现在已经取消了。”老人听了小张的话后眼泪都要流下来了,他激动地说道:“同志,求求你帮我想个办法,随便找个车能把我送回去就行,我老伴还在家里等着我呢,现在肯定急坏了,无论如何我今天是一定要回去的。”小张让这位大爷先到值班室休息会,等他将这趟车的检票任务完成后再来找他想办法,并且通知了值班员。G7352次列车检票完毕后,小张来到值班室,查询了列车时刻表,将老人送回义乌站最快捷的方式是先乘车到杭州站,然后由杭州站转车去义乌。在征得老人同意后,小张打电话联系了杭州站客运值班室,说明了事情经过以及老人乘车车次和中转列车,杭州值班员答应在杭州站安排人员直接将老人送上去往义乌的中转列车。小张将这一安排告诉老人,老人感动地说:“你们是好人,给我留个电话,我回去后一定要谢谢你们!”小张微笑着回答:“这是我们应该做的,能帮助到您我们也感到很开心。”小张亲自将老人送上了开往杭州站的列车,并与车长办理了交接。老人上车后还不停地说谢谢。列车缓缓起动了,老人带着感激的笑容,开始了他的旅程。

第一节　高速铁路旅客运输服务理念

本节说明

本节主要学习高速铁路旅客运输服务理念的相关知识,是从事高速铁路旅客运输岗位职工及管理人员必须要掌握的知识部分。本节主要内容包括服务意识、服务理念的演变、高速铁路旅客运输服务理念。

教学建议

本节涉及内容比较广泛,基础理论性知识较多,岗位特征不是特别明确,因此教学建议理论联系实际讲授，主要培养学生的服务理念，全面了解高速铁路服务理念的相关知识。

任务实施

通过学习本节知识，学生应能够明确服务意识的重要性，掌握高速铁路服务理念的相关知识。教师可对学生进行分组，分别讨论高速铁路的服务理念，教师做最后总结。

相关理论知识

服务的高质量，意味着旅客的高满意度，所以提高服务质量的关键在于使旅客满意。高速铁路旅客运输应贯彻“以人为本、旅客至上、执行标准、灌输热忱”的服务方针，实现高速铁路的优质服务。

一、服务意识

1. 重视服务意识

提高对旅客服务的意识，应牢牢扎根于铁路企业的每一位成员，特别是客运员、乘务员等一线的服务人员，首先要让员工克服服务业就是“伺候人的行业”这种旧观念，其次要使员工认识到服务业是一个用心来做的行业，员工的投入程度，直接影响到服务的质量。客运服务人员的敬业精神和不卑不亢的态度可以带给旅客良好的感觉，从而提高企业的形象。

在高速铁路旅客运输服务工作中，对服务意识的强调，早已超出了“微笑服务”“关怀服务”等范畴，不仅要能够设身处地为旅客着想，还要把旅客当作事业伙伴，当作是一起来实现共同目标的同道。服务意识不强，服务工作跟不上去，铁路企业就难以生存和发展。因此，领导和员工必须重视服务意识。

2. 培养服务意识

高速铁路旅客运输服务工作的灵活性很强，因此对培养客运服务人员服务意识的要求要远远大于制度的刚性要求。只有先有了这样的意识，再具备相应的能力，才能为旅客提供优质服务。服务意识必须作为对客运服务人员的基本素质要求加以重视，每一个员工必须树立起自己的服务意识，一个重视服务、不断改善服务品质、提高服务质量的员工总是容易得到旅客的赞赏，也更容易受到领导的重用。

3. 服务无小事

在现实生活中，人们对于小问题一般都采取迁就、宽容的态度。有些小事可能旅客并不在乎，有些需求可能旅客本人都没有意识到。但如果客运服务人员能够洞悉这些需求并满足他们，不仅能给旅客更多的满意、更大的惊喜，而且企业对赢利的期望、员工对自身发展的期望也都可以在这些小事中得到实现。因此，在旅客运输服务中就应以另外一种态度和做法对待小事，即“小题大做”。

客运服务人员不能留长指甲、涂指甲油，不能戴首饰，头发不能过肩，见到旅客要使用敬语问候打招呼；旅客交办的事情要想办法解决，不能说“不”；按规范作业，操作轻、走路轻、说话轻；台布不能有洞……在外人看来这些好像都是鸡毛蒜皮的小事，但对这些小事情专注投入的程度足以反映客运服务的质量好坏以及管理水平的高低。

对“小题大做”的意识不足，实质上就是服务意识不强，每位员工都认真对待“小题大做”,服务工作的质量就有保障了。

二、服务理念的演变

市场经济是一种竞争性经济,企业之间竞争的焦点之一是服务。用什么样的服务理念指导服务活动,对于企业能否赢得竞争优势、把握经营的主动权十分关键。

所谓服务理念,指人们从事服务活动的主导思想意识,反映人们对服务活动的理性认识。

1. 单纯奉献型服务理念

1)卖方市场形成了单纯奉献型服务理念

在卖方市场,企业经营活动的着眼点是企业生产什么,就卖什么,只要有了产品,就不愁卖不出去。这时,服务好坏对企业经营活动没有太大影响,企业不太重视服务工作。

2)单纯奉献型服务理念的特征

把服务问题归属于商业道德和精神文明的范畴,看成是企业对社会的一种无偿奉献,缺乏改善服务的内在经济动力。

3)经营特征

企业只言“义”,不言“利”,把抓服务当成政治任务,用运动式的检查、评比等办法硬性推动,这种片面认识和做法,显然不符合市场经济条件下办企业的规律,不能从根本上解决服务质量问题。

铁路企业长期处于卖方市场,服务工作的很多做法是在单纯奉献型服务理念的指导下进行的,这对于已经走向竞争市场的铁路企业来讲是很不利的。

2. 经济型服务理念

在卖方市场,企业经营的着眼点是努力拓展销售渠道、扩大市场占有率、增加商品销售量。

这时,服务水平高低对企业销售活动和经济效益影响很大,而且越来越成为企业竞争力大小的一个重要标志。于是,很多企业开始把服务纳入经营范畴,从提高企业经济效益的角度抓服务,千方百计地发掘服务的经济价值。

近年来,随着科学技术迅速发展,消费需求变化速度加快,产销矛盾和市场竞争加剧,顾客地位不断提高,以顾客为中心的市场营销观念已经形成。一方面,企业源于经济动机,开始把有关生产、销售、广告、服务等都集中到“满足顾客需要”这一目标上来,整体推进企业的生产和营销活动;另一方面,高铁不断开通,服务质量要求越来越高,铁路企业新的服务理念。其主要特征体现在以下几个方面。

1)视旅客为亲人

把旅客当亲人,在与旅客交往中,就不能单纯地把铁路企业与旅客的关系视为“一手钱,一手货”的金钱交易关系,而应该看到铁路企业与旅客之间还存在着相互支持、相互信赖、相互促进的非金钱关系。只有用高质量的情感服务接待每一位旅客,才能使旅客以更大的热情购买更多的商品来回报铁路企业,铁路企业与旅客的关系才能步入良性循环轨道。

在铁路企业服务实践中,对旅客以亲友相待,应以微笑的面孔、百倍的热情欢迎每一位旅客的光临。在为旅客服务中,应该想旅客之所想,体察旅客心理,当好旅客参谋,解决好旅客的各种难题，努力创造高品位的消费环境，提供高品位的服务，使旅客融消费于文化享受之中。

2）旅客永远值得尊重

“旅客永远值得尊重”这种服务思想，其内涵显然不是从具体的一时一事的角度来界定的。因为旅客也是人，人非圣贤，孰能无过，旅客在接受服务过程中，也不可避免地会说错话、做错事，即旅客不可能永远是对的。

“旅客永远值得尊重”是把旅客当作一个整体来看待。这里所说的“旅客”也不是指单个具体的人，而是把旅客当作一个整体来看待的。铁路企业为整体的旅客服务，不应该挑剔个别旅客的个别不当言行，更不能因为个别旅客的个别不当言行影响到铁路企业对整体旅客的根本看法。

旅客永远值得尊重，是从服务者和被服务者的关系出发的。在铁路企业为旅客服务过程中，铁路企业是服务者，旅客是被服务者，服务者为被服务者提供服务，自然应该以被服务者的需要和意志为转移。

因此，客运服务人员在处理与旅客的矛盾时，要从旅客和多争取客源的角度考虑，不应该当面指责旅客，不给旅客难堪并巧妙地维护其自尊，同时也维护了铁路企业的形象，巩固了旅客和铁路企业的良好关系。当然，“旅客永远值得尊重”并非绝对，如果旅客违法、严重“越规”或蛮不讲理的，则另当别论。如某次列车硬座车厢严重超员，一位抱着孩子的青年女旅客硬挤进乘务室，坐在座位上，使该男列车员非常为难。因铁路明文规定：“乘务室不准有闲杂人员，严禁男女混坐”，旅客要照顾，规章又必须遵守。在进退维谷时，列车员及时查阅“旅客去向登记表”，查找到前方站下车的旅客，为旅客解决了座位，问题得到了圆满解决。

3）把旅客视为铁路企业的主宰

铁路企业把旅客作为企业的主宰，既是由铁路企业的经济属性（企业谋求更高盈利的原始经营动机）决定的，也是由铁路企业的社会性质决定的，是奉献与获取经济利益相统一的服务理念的具体体现。

视旅客为企业的主宰，应尊重旅客权利，把尊重旅客在接受服务时的安全权、知情权、选择权、公平权、被赔偿权、受尊重权、监督权等作为自己的天职，认真履行应尽的义务。根据旅客的需要决定铁路企业的经营方向，根据旅客的需要选择铁路企业的经营战略。建立“旅客满意”的服务标准，并依标准增加服务投入，增设服务项目，改善服务措施，建立全面服务质量管理保障体系，使企业各部门都围绕“旅客满意”这个目标而开展工作，最终保证铁路企业服务质量得以全面提高。

4）强化现代服务理念，提升服务品位

理念支配人的行为，服务理念决定着企业的服务面貌。市场经济的发展，带来铁路企业服务竞争的升级，迫切要求铁路企业迅速更新理念，在现代服务理念支配下，把服务问题提高到战略高度来认识，在服务上不断追求高目标，提升服务品位，创造服务特色。

5）正确处理好服务与经营的关系

改变人们认为“经营有效益是硬指标、服务没有效益是软指标”的片面认识，解决“重经营、轻服务”的片面做法，形成经营与服务互相促进、一体化发展的良性循环的运行机制。

三、高铁旅客运输服务理念

高铁客运服务人员销售的是服务，并且是高标准的优质服务。因此，必须在加强服务意识的基础上，强化服务理念。

1. 旅客永远是正确的

优质的服务就是要做到旅客满意，要达到让旅客满意，必须要了解旅客的需求与期望，尽力满足他们。树立“旅客永远是正确的”理念，一切服务工作必须围绕旅客来进行，必须以使旅客满意的方式解决问题。

2. 专业服务

客运服务人员必须具备所需要的专业知识、专业能力以及服务技巧，为此必须强化培训，熟练掌握业务知识，随时为旅客提供优质服务。

3. 注重礼仪

在为旅客服务时要有良好的态度，要不卑不亢、礼貌、热忱，微笑发自内心。牢记自己代表的是铁路运输企业的形象，绝不能抱着无所谓的态度。

4. 给予信心

在跟旅客接触或服务时，只有旅客对我们有信心，才会乐意接受我们所提供的服务。当我们提供的服务让旅客满意之后，旅客才会对我们产生信心。要做到这一点，必须知道“信心来自实力。”

5. 善于沟通

为了了解旅客的需求，必须要跟旅客充分沟通，倾听旅客的声音与意见，才能进一步去理解旅客的需求与期望。当旅客有所抱怨时，更要耐心地跟旅客沟通，为旅客解决问题。对旅客的抱怨要以婉转的语气，心平气和地加以解释，如果没必要解释的，不说为宜。处理旅客的抱怨时不要拖延，而且处理抱怨的行动也要让旅客能明显地感觉到你的努力，以平息旅客的愤怒。

6. 加深理解

想旅客之所想，特别是碰到老人、聋哑和智障等残疾旅客。在他们问询某些业务时，往往词不达意，这时就要多倾听，找到他们想要了解的问题所在。向旅客道歉时要有诚意，绝不能口是心非，应该发自内心地关心旅客的需要。

7. 互相配合

在服务提供的过程中，旅客也会高度的参与，而且会提出他们的需要与意见，因此服务人员要跟旅客密切配合。同时，相关的部门或同事彼此也需要团结合作、相互配合与支援。

8. 一诺千金

对旅客的服务要求一经承诺，就必须提供所承诺的服务。对旅客所做的承诺一定要实现，而且一定要有效，让旅客满意。

9. 换位思考

有时候我们需要站在旅客的立场去体会旅客的需求与感受，才能提供贴心的服务给旅客，迅速而妥善地为旅客解决问题。

10. 平等待客

为旅客提供的服务要有一致性的绩效品质，不能因时间、旅客或服务人员的不同而有所差异，更不容许由于客运人员心理的波动或因旅客与自己有某种关系而擅自降低或提高服务标准。

11. 遇事冷静

在为旅客服务时有时候会碰到棘手的难题，或者遇到旅客发脾气，甚至不讲道理，此时，客运服务人员必须要克制自己，避免因感情影响工作，措辞上要谨慎，要用缓和的速度来说话，争取思考时间，才能想出好的对策去解决问题。

12. 果断决策

当旅客有重大问题或特殊需求时，客运服务人员要用智慧及自己的权限去判断及作出决定，采取最适当且让旅客满意的服务方式。

复习思考题

1. 高速铁路旅客运输的服务意识有哪些？
2. 高速铁路旅客运输的服务理念有哪些？

第二节　高速铁路中型以上车站服务质量规范

本节说明

本节主要学习高速铁路中型以上车站服务质量规范，是从事高速铁路旅客运输岗位职工及管理人员必须要掌握的知识部分。本节内容主要包括高铁车站对客运安全、设备设施、文明服务、客运组织、商业及广告经营、基础管理、人员素质方面的要求。

教学建议

本节教学建议教师理论部分采用课件，用多媒体辅助教学，宜大量采用案例教学，学生分组讨论分析为辅。

任务实施

通过学习本节知识，教师可将学生分小组，运用相关理论知识进行角色扮演模拟现场演练，各小组进行总结汇报，小组互评，教师进行适当点评。切实做到教、学、做一体化，提高学生运用知识做好客运服务的能力。

相关理论知识

一、适用范围

《铁路旅客运输服务质量规范（车站）》对中国国家铁路集团有限公司所属铁路运输企业的高铁特大型、大型、中型车站旅客运输服务提出了质量要求。

办理动车组列车客运业务的特等、一等普速车站，其动车组列车和普速列车旅客共用区域以及实行物理隔离的动车组列车旅客专用售票窗口、候车室、检票口、站台等区域的管理、作业和服务比照适用《铁路旅客运输服务质量规范（车站）》。

二、术语和定义

（1）高铁中型及以上车站：指办理动车组列车客运业务，建筑规模为特大型、大型、中型的高铁（含客运专线）车站。

（2）普速车站：指办理普速旅客列车客运业务的车站。

（3）动车组列车：指由若干带动力和不带动力的车辆以固定编组组成、两端设有驾驶室的一组列车。

（4）普速旅客列车：指运送旅客或行包、邮件的非动车组列车。

（5）重点旅客：指老、幼、病、残、孕旅客。特殊重点旅客是指依靠辅助器具才能行动等需特殊照顾的重点旅客。

（6）照度（平面照度）：指单位面积的光通量，单位为勒克斯（lx）。

三、客运安全

（1）安全制度健全有效，安全管理职责明确，能满足安全生产需要。

①有安全生产责任制、安全检查和安全质量考核、劳动安全、消防管理、食品安全、设施设备、安检查危、实名验证、结合部、现金票据安全、站台作业车辆安全、旅客人身伤害处理等管理制度和办法。

②有旅客候车、乘降、进出站、高铁快运保管和装卸等安全防范措施。

③与保洁、商业、物业、广告、安检、高铁快运等结合部有安全协议。

④有恶劣天气、列车停运、大面积晚点、启动热备车底、突发大客流、设备故障、客票（服）系统故障、火灾爆炸、重大疫情、食物中毒、作业车辆（设备）坠入股道、旅客人身伤害等非正常情况下的应急预案。

（2）安全设备设施配备齐全到位，作用良好。

①按规定配备危险品检查仪、安全门、危险品处置台、手持金属探测器、防爆罐等安全检查设施设备，正常启用，显示器满足查验不同危险品的需求。危险品检查仪、安全门、危险品处置台、防爆罐设在旅客进站流线、高铁快运营业场所适当位置，不影响旅客通行；危险品检查仪传输带延长端适当。

②按规定配备消防设备、器材，定期检测维护，合格有效。

③应急照明系统覆盖进出站、候车、售票、站台、天桥、地道等处所，状态良好。

④备有喇叭、手持应急照明灯具、应急车次牌、隔离设施等应急物品，定点存放；有应急食品储备或定点食品供应商联系供应机制。

⑤安全标志使用正确，位置恰当，便于辨识。电梯、天桥、地道口、楼梯踏步、站台有引导、安全标志；落地玻璃前有防撞装置和警示图形标志。

⑥电梯、天桥、楼梯悬空侧按规定设置防护装置，高度不低于1.7m。

（3）执行安全检查规定。

①配备安检人员，有引导、值机、手检、处置。开启的危险品检查仪数量满足旅客进站需求。

②旅客人人通过安全门和手持金属探测器检查，携带品件件过机。安检口外开设的车

站小件寄存处对寄存物品进行安全检查。

③安检人员持证上岗，佩戴标志。

④对检查发现和列车移交的危险物品、违禁品按规定处理。

(4)站区实行封闭式管理，旅客进出站乘降有序，站内无闲杂人员。进出站通道流线清晰，有管理措施。站台两端设置防护栅栏并有“禁止通行”或“旅客止步”标志。夜间不办理客运业务时，可关闭站区相应服务处所，但应对外公告。疏散通道、紧急出口、消防车通道等有专人管理，无堵塞。

(5)进入站台的作业车辆及移动小机具、小推车不影响旅客乘降，不堵塞通道，不侵入安全线；停放时在指定位置，与列车平行，有制动措施；行驶或移动时，不与本站台的列车同时移动，不侵入安全线，速度不超过10km/h。无非作业车辆进入站台。

(6)安全使用电源，无违规使用电源、电器。

(7)工作人员人人通过生产作业、消防、电器、电气化、卫生防疫、劳动人身等安全培训，特定岗位工作人员按规定通过相应岗位安全培训。安全培训有计划、有记载、有考核。

(8)当发生旅客人身伤害、突发疾病或接受列车移交的伤、病人员时，及时联系医疗机构；遇旅客死亡、涉及违法犯罪以及发现弃婴、流浪、乞讨人员时，及时报告(通知)公安机关。

四、设备设施

(1)基础设施设备符合设计规范，定期维护，作用良好，无违规改造和改变用途。

①有售票处、公安制证处、候车室、补票处、高铁快运营业场所、天桥或地道、站台、风雨棚、围墙(栅栏)等基础设施，地面硬化平整，房屋、风雨棚、天桥、地道无渗漏，墙面、天花板无开裂翘起脱落，扶手、护栏、隔断、门窗牢固完好，楼梯踏步无缺损。

②有通风、照明、广播、供水、排水、防寒、防暑、空调等设备设施。

(2)图形标志符合标准，齐全醒目，位置恰当，安装牢固，内容规范，信息准确。

①有位置标志、导向标志、平面示意图、信息板等引导标志，指引准确。站台两端各设有一个站名牌，并利用进出站地道围栏、无障碍电梯、广告牌、垃圾箱(桶)、基本站台栅栏等站台设施，设置不少于两处便于列车内旅客以正常视角快速识别的站名标志。各站台设有出站方向标志，实行便捷换乘的有便捷换乘标志。

②根据各服务处所和服务设备设施的功能、用途设置揭示揭挂，采取电子显示屏、公告栏等方式公布规章文电摘抄、旅客乘车安全须知、客运杂费收费标准、高铁快运办理范围等服务信息。

③电子显示引导系统信息显示及时，每屏信息的显示时间适当，便于旅客阅读。

④售票处、候车区(室)、出站检票处和补票处设有儿童票标高线。

⑤售票窗口、自动售(取)票机、自动检票机前设置黄色“1m线”，宽度10cm。

⑥采用中、英文；少数民族自治地区车站可按规定增加当地通用的民族语言文字。

(3)旅客运输服务系统运行稳定可靠，自动检票、导向、广播、时钟、查询、求助、监控等旅客运输服务设备设施齐全，状态良好。

①有管理平台，采用“铁路局集中控制、大站集中控制、车站独立控制”模式，有用户管理和安全保密制度。

②售票处、候车区、站台有时钟，显示时间准确。

③广播覆盖各服务处所，具备无线小区广播和分区广播功能；音箱（喇叭）设备设置合理，音响效果清晰。

④有电子显示引导系统，满足温度环境使用要求，室外显示屏具有防雨、防湿、防寒、防晒、防尘等性能，信息显示及时，每屏信息的显示时间适当，便于旅客阅读。

a. 特大、大型车站进站大厅（集散厅）设置进站显示屏，显示车次、始发站、终到站、开车时刻、候车区（检票口）、状态等发车信息。

b. 候车区内设置候车引导屏，显示车次、始发站、终到站、开车时刻、检票口、状态等信息。

c. 检票口处设置进站检票屏，显示车次、终到站、开车时刻、站台、状态等信息。

d. 天桥、地道内设置进、出站通道屏，显示当前到发列车车次、始发站、终到站、站台、到开时刻、列车编组前后顺位等信息。

e. 站台设置站台屏，显示当前车次、始发站、终到站、实际开点（终到站为到点）、列车编组前后顺位、引导提示等信息。

f. 出站口外侧设置出站屏，显示到达车次、始发站、到达时刻、站台、状态等信息。

g. 待机状态显示站名、安全提示、欢迎词等信息。

⑤售票处、候车区可有自助查询终端，内容完整、准确。

⑥视频监控系统覆盖车站各服务处所，具备自动录像功能。录像资料留存时间不少于15d，涉及旅客人身伤害、扰乱车站公共秩序等重要的视频资料为一年。

⑦特大、大型车站候车等场所可向旅客提供无线互联网接入服务。

⑧车站售票、候车场所可设置银行自助存取款机。

（4）售票设施设备满足生产需要，作用良好。

①售票窗口配备桌椅、计算机、制票机、居民身份证阅读器、双向对讲器、窗口屏、保险柜、验钞机等售票设备及具有录像、拾音、录音功能的监控设备，发售学生票、残疾军人票的窗口配备学生优惠卡、残疾军人证的识读器，退票、改签窗口配备二维码扫描仪，电子支付窗口配备 POS 机。

a. 在窗口正上方设置窗口屏，显示窗口号、窗口功能、工作时间或状态等信息。

b. 有对外显示屏，同步显示售票员操作的售票信息。

c. 设置工号牌或采用电子显示屏，显示售票人员姓名、工号、本人正面二寸工作服彩色白底照片等信息。

②有剩余票额信息显示屏，及时、正确显示日期、车次、始发站、终到站、开车时刻、各席别剩余票额等售票信息。

③配备自动售、取票机，自动售票机具备现金或银行卡支付功能。

④补票处邻近出站检票闸机，配备桌椅、计算机、制票机、保险柜、验钞机、学生优惠卡识读器等售票设备和衡器，有防盗、报警设施。

⑤有存放票据、现金的处所和设备，具备防潮、防鼠、防盗、监控和报警功能。

（5）候车区布局合理，方便旅客。

①配备适量座椅，摆放整齐，不影响旅客通行。

②设有问讯处(服务台、遗失物品招领处),位置适当,标志醒目,配备信息终端和存放服务资料、备品的设备。

③设有饮水处,配备电开水器,有加热、保温标志,水质符合国家标准要求。可开启式箱盖的电开水器加锁,箱盖与箱体无间隙。

④设有卫生间,厕位适量。有通风换气和洗手池、干手器等盥洗设备,正常使用,作用良好。厕位间设置挂钩。

⑤电梯正常启用,作用良好。安全标志醒目,遇故障、维修时有停止使用等提示,操作人员持证上岗(仅操作停止、启动、调整方向的除外)。

⑥省会城市所在地高铁特大、大型车站为商务座旅客设置独立的贵宾候车区,其他车站提供候车区域。

⑦检票口设自动检票通道和人工检票通道,配备自动检票机。已检票区域与候车区有围栏,封闭良好。

(6)实施车站全封闭实名制验证的,设有相对独立的验证口、验证区域、验证通道和复位口,并配备验证设备。

(7)高铁快运营业场所外有机动车作业场地和停车位。办理窗口有桌椅、计算机、制票机、扫描枪,配有电子衡器和装卸搬运机具,电子支付窗口配备 POS 机。有施封钳等包装工具,有专用箱、集装袋、锁等包装材料。高铁快运作业场地分区合理,有防火、防爆、防盗、防水、防鼠等设备。

(8)站台设有响铃设备,作用良好;地面标示站台安全线或安装安全门(屏蔽门),内侧铺设提示盲道;安全线内侧或安全门(屏蔽门)左侧设置上下车指示线标志,位置准确,醒目易识;设置的座椅、垃圾箱(桶)、广告灯箱等设施设备安放牢固,不影响旅客通行。

(9)给水站按规定设置水井、水栓,给水系统作用良好,水源保护、水质符合国家标准。按规定办理吸污作业的车站有吸污设备,作用良好。

(10)客运人员每人配置具备录音功能的手持电台和音视频记录仪,其他岗位按需配备,作用良好。站台客运人员手持电台具备与司机通话功能。

(11)有设备管理制度和设备登记台账;有巡视检查、维护保养记录。发生故障时应立即报告,及时维修,影响旅客使用时设有提示。

五、文明服务

1. 仪容整洁,上岗着装统一,干净平整

(1)头发干净整齐、颜色自然,不理奇异发型、不剃光头。男性两侧鬓角不得超过耳垂底部,后部不长于衬衣领,不遮盖眉毛、耳朵,不烫发,不留胡须;女性发不过肩,刘海长不遮眉,短发不短于 7cm。

(2)面部、双手保持清洁,指甲修剪整齐,长度不超过指尖 2mm,身体外露部位无文身。女性淡妆上岗,保持妆容美观,不浓妆艳抹,不染彩色指甲。

(3)按岗位换装统一,衣扣拉链整齐。着裙装时,丝袜统一,无破损。系领带时,衬衣束在裙子或裤子内。外露的皮带为黑色。佩戴的外露饰物款式简洁,限手表一只、戒指一枚,女性还可佩戴发夹、发箍或头花及一副直径不超过 3mm 的耳钉。不歪戴帽子,不挽袖子和卷裤脚，不敞胸露怀，不赤足穿鞋，不穿尖头鞋、拖鞋、露趾鞋，鞋的颜色为深色系，鞋跟高度不超过3.5cm，跟径不小于3.5cm。

(4)佩戴职务标志（售票员除外），胸章牌（长方形职务标志）戴于左胸口袋上方正中，下边沿距口袋1cm处（无口袋的戴于相应位置），包含单位、姓名、职务、工号等内容。臂章佩戴在上衣左袖肩下四指处。售票员、验证人员、安检值机人员等坐姿作业人员可不戴制帽，其他人员执行职务时应戴制帽，帽徽在制帽折沿上方正中。

2.表情自然，态度和蔼，用语文明，举止得体，庄重大方

(1)使用普通话，表达准确，口齿清晰。服务语言表达规范、准确，使用"请""您好""谢谢""对不起""再见"等服务用语。对旅客、货主称呼恰当，统称为"旅客们""各位旅客""旅客朋友"，单独称为"先生""女士""小朋友""同志"等。

(2)旅客问讯时，面向旅客站立（售票员、封闭式问讯处工作人员办理业务时除外），目视旅客，有问必答，回答准确，解释耐心。遇有失误时，向旅客表示歉意。对旅客的配合与支持，表示感谢。

(3)坐立、行走姿态端正，步伐适中，轻重适宜。在旅客多的地方先示意后通行；与旅客走对面时，主动让路，面向旅客侧身让行，不与旅客抢行。列队出（退）勤时，按规定线路行走，步伐一致。多人行走时，两人成排，三人成列。

(4)立岗姿势规范，精神饱满。站立时，挺胸收腹，两肩平衡，身体自然挺直，双臂自然下垂，手指并拢贴于裤线上，脚跟靠拢，脚尖略向外张呈"V"字形。女性可双手四指并拢，交叉相握，右手叠放在左手之上，自然垂于腹前；左脚靠在右脚内侧，夹角为45°呈"丁"字形。

(5)迎送列车时，足靠安全线，不侵入安全线外，面向列车方向目迎目送，以列车进入站台开始，开出站台为止。办理交接时行举手礼，右手五指并拢平展，向内上方举手至帽檐右侧边沿，小臂形成45°角。

(6)清理卫生时，清扫工具不触碰旅客及携带物品；挪动旅客物品时，征得旅客同意；需要踩踏座席时，戴鞋套或使用垫布；占用洗脸间洗漱时，礼让旅客。

(7)不高声喧哗、嬉笑打闹、勾肩搭背，不在旅客面前吃食物、吸烟、剔牙齿和出现其他不文明、不礼貌的动作，不对旅客评头论足，接班前和工作中不食用异味食品。

3.站容整洁，环境舒适

(1)干净整洁，窗明地净，物见本色。

①地面干净无垃圾；玻璃透明无污渍；墙壁无污渍、涂鸦。电梯、扶手、护栏、座椅、台面、危险品检查仪、危险品处置台等处无积尘、污渍。卫生间通风良好，干净无异味，地面无积水，便池无积便、积垢，洗手池清洁无污垢。饮水处地面无积水，饮水机表面清洁无污渍，沥水槽无残渣。站台、天桥、地道等地面无积水、积冰、积雪，股道无杂物。

②各服务处所设置适量的垃圾箱（桶），外皮清洁，内配的垃圾袋材质符合国家标准、厚度不小于0.025mm，无破损、渗漏，每日消毒一次。垃圾车外表无明显污垢，垃圾不散落，污水不外溢。垃圾及时清运，储运密闭化，固定通道，日产日清。

③保洁工具定点隐蔽存放。设有供保洁作业使用的水、电设施和存放保洁机具、清扫工具的处所，不影响旅客候车、乘降。

④由具备资质的专业保洁企业保洁，使用专业保洁机具和清洁工具，清洗剂符合环保要

求，不腐蚀、污染设备备品。保洁人员经过保洁专业知识和铁路安全知识培训合格，持证上岗。墙壁、玻璃、隔断、护栏等2m以下的部位每日保洁，2m以上的部位及顶、棚等设施定期保洁。车站对保洁作业有检查、有考核。

(2)通风良好，空气质量符合国家规定。空调温度调节适宜，体感舒适，原则上保持冬季18～20℃，夏季26～28℃。高寒地区站房进出口处有门斗和风幕（防寒挡风门帘）。

(3)照明充足，售票处、问讯处（服务台）、高铁快运营业场所照明照度不低于150lx，候车区照明照度不低于100lx，站台、天桥及进出站地道照明照度不低于50lx。

(4)各服务处所按规定开展"消毒、杀虫、灭鼠"工作，蚊、蝇、蟑螂等病媒昆虫指数及鼠密度符合国家规定。

(5)服务备品齐全完整，质地良好，符合国家环保规定。卫生间配有卫生纸、洗手液（皂）、擦手纸（干手器），坐便器配一次性坐便垫圈，及时补充。落客平台、站台设置的垃圾箱（桶）上有烟灰盒。分设照明开关，使用节能灯具，根据自然光照度及时开启或关闭照明。用水处有节水宣传揭示。

4. 广播语音清晰，音量适宜，用语规范，内容准确，播放及时

(1)通告列车运行情况、检票等信息，有禁止携带危险品进站上车、旅行安全常识、公共卫生和候车区禁止吸烟等宣传。

(2)使用普通话。少数民族自治地区车站可根据需要增加当地通用的民族语言播音。特大、大型车站使用普通话和英语双语播报客运作业信息，中型车站可增加英语播报客运作业信息。

(3)采用自动语音合成方式，日常重点内容播音录音化，可变信息尽可能集中录制，减少信息合成的频次。

5. 全面服务，重点照顾

(1)无需求无干扰。配备自动售（取）票机、自动检票机、电子显示屏等服务设备，通过广播、揭示揭挂、电子显示等方式宣传服务设备的使用方法，方便旅客自助服务。

(2)有需求有服务。售票处、候车区公布中国铁路客户服务中心客户服务电话（区号+电话号码）、铁路12306手机客户端和微信公众号二维码，直辖市、省会城市和计划单列市所在地主要车站、站房规模和发送量较大的车站进站口外和候车室内设咨询服务台，受理旅客咨询、求助、投诉，专人负责，及时回应。实行首问首诉负责制，旅客问讯时，有问必答，回答准确；对旅客提出的问题不能解决时，指引到相应岗位，并做好耐心解释。接听电话时，先向旅客通报单位和工号。

(3)重点关注，优先照顾，保障重点旅客服务。

①按规范设置无障碍设施设备。售票厅设无障碍售票窗口。特大、大型车站候车室设有重点旅客候车区和特殊重点旅客服务点（可与问讯处、服务台等合设），位置醒目、便于寻找，并配备轮椅、担架等辅助器具；地市级以上车站候车区设置相对封闭的哺乳区；在检票口附近等方便的区域设置黄色标志的重点旅客候车专座。设有无障碍厕所和无障碍电梯，正常使用。盲道畅通无障碍。

②重点旅客优先购票、优先进站、优先检票上车。

③根据需求为特殊重点旅客提供帮助，有服务，有交接，有通报。

(4)尊重民族习俗和宗教信仰。少数民族自治地区车站可按规定在图形标志增加当地通用的民族语言文字,可根据需要增加当地通用的民族语言播音。

(5)旅客在站内遗失物品时,帮助(或广播)查找;收到旅客遗失物品及时登记、公告,登记内容完整,保管措施妥当,处置措施合法。

六、客运组织

1. 售票

(1)提供窗口、自动售(取)票机、铁路客票代售点等多种售票渠道,售票网点布局合理,管理规范。

①售票窗口和自动售(取)票机设置、开放的数量适应客流量,日常窗口排队不超过20人。

②办理售票、退票、改签、换票、取票、变更到站、挂失补办、中转签证等业务,发售学生票、残疾军人票、乘车证签证等各种车票,支持现金、银行卡等支付方式。

(2)根据车站客流及最早最晚办理客运业务列车到达时刻合理确定售票时间和停售时间,并在售票处醒目位置公布;开窗时间不晚于本站首趟列车开车前30min,关窗时间不早于本站最后一趟列车办理客运业务后20min。工作时间内暂停售票时设有提示。用餐或交接班时间实行错时暂停售票。

(3)自动售(取)票机及时补充票据、零钞和凭条。设备故障等异常状况处置及时。

(4)票据、现金妥善保管,票面完整、清晰。票据填写规范,内容准确、无涂改,按规定加盖站名戳和名章。

2. 进站、候车、检票组织

(1)按规定实行实名制验证,核验车票、有效身份证件原件、旅客的一致性。

(2)安检设备的设置适应客流量和站场条件,秩序良好,通道顺畅。

(3)候车室(区)旅客可视范围内有客运人员,及时巡视、解答旅客咨询、妥善处置异常情况。特大、大型车站设有值班站长。候车区具备车票改签和自助取票功能。贵宾候车区按规定配备专职服务员以及验票终端等服务设备,提供免费小食品、饮品、报刊等服务。

(4)开始、停止检票时间的设置适应客流量和站场条件,进站口有提前停止检票时间的提示。开始检票或列车到站前,通告车次、停靠站台等检票信息。

(5)自动检票机通道和人工检票通道正常启用,通道数量适应客流情况,并设有商务座旅客快速检票通道。设两侧检票口的,对长编组、重联动车组列车同时开启。按照先重点、后团体、再一般的原则,引导旅客通过自动检票机、人工检票通道分别排队等候、检票进站,宣传自动检票机的使用方法,提醒旅客拿好车票或身份证,防止尾随。具备居民身份证自动识读检票条件的自动检票机正常启用。人工检票口核验车票和其他乘车凭证,对车票加剪。

(6)对无票、日期车次不符、减价不符、票证人不一致等人员按规定拒绝进站、乘车。

(7)停止检票前,通告候车室,无漏乘;停止检票时,关闭检票口,通告候车室和站台。

3. 站台组织

(1)站台客运人员提前到岗,检查引导屏状态和显示内容、站台及通道情况。

(2)按站台车厢位置标志在站台安全线或屏蔽门内组织旅客排队等候,有序乘降。铃响时巡视站台,无漏乘。

(3)办理站车交接,短编组动车组列车在4、5号车厢之间;长编组动车组列车在8、9号车厢之间;重联动车组列车在列车运行方向前组第7、8位车厢之间。

(4)开车时间前30s打响开车铃,铃声时长10s。

(5)车站确认列车旅客乘降、上水、吸污和高铁快运、餐车物品装卸作业完毕后,使用无线对讲设备通知列车长与客运有关的作业完毕。

(6)同一站台有两趟列车同时进行乘降作业时,有宣传,有引导,无误乘。

4. 出站组织

(1)出站检票人员提前到岗,检查自动检票机、出站显示屏状态和内容。

(2)引导旅客通过自动检票机和人工检票通道检票出站,具备居民身份证自动识读检票条件的自动检票机正常启用。人工检票口核对车票及其他乘车凭证,对未加剪的车票补剪,秩序良好,防止尾随。

(3)对违章乘车旅客及违章携带品正确处理,票款收付准确。

(4)列车出站后及时清理,站台、通道无滞留人员。

(5)换乘客流大的车站根据需要设置站内换乘流线,配备相应的设备和引导标志。

5. 高铁快运作业

(1)高铁快运作业场地满足集散分拣、装卸作业、物品和集装容器暂存等作业要求,其位置可方便、快捷进出车站和站台。高铁快运物品经指定通道进出车站、站台。

(2)高铁快运使用专用箱、冷藏箱、集装袋等集装容器以集装件的形式在高铁车站间运输。承运物品和集装件严格执行安全检查规定。

(3)装卸、搬运高铁快运集装件时轻搬轻放,堆码整齐。合理安排装车计划,列车到站前将集装件提前搬运至站台指定位置,列车停稳后按计划装载;始发站在旅客上车前完成装车,中途站在开车铃响前完成装车;装卸车作业过程不干扰旅客乘降。装车完毕后向列车长汇报集装件装车位置及件数。

(4)运输过程中发生高铁快运包装松散、破损时,有记录、有交接。

(5)到站卸车提前到位,立岗接车。集装件外包装、施封破损或集装件短少的,凭客运记录或现场检查,核实现状,办理交接。

(6)遇高铁列车在站临时更换车底或终止运行时,协助列车客运乘务组完成集装件换乘,必要时临时看管卸下的集装件。

(7)高铁快运作业区无闲杂人员出入,无非高铁快运工作人员查找、搬运。发现非工作人员持集装件出站时当场制止。

(8)高铁快运装卸人员经过装卸作业知识、技能和铁路安全知识培训合格,持证上岗。

6. 列车给水、吸污作业

(1)给水站根据给水方案配备给水人员,防护用具齐全,按指定线路提前到指定位置接送车,有人防护,同去同回。

(2)按规定程序及时上水,始发列车辆辆满水,中途站按给水方案补水,有注水口的挡板锁闭,水管回卷到位(管头插入上水井内)。吸污站按规定进行吸污作业,保持作业清洁。作业完毕,向站台客运人员报告。

7. 应急处置

(1)遇恶劣天气、列车停运、大面积晚点、启动热备车底、突发大客流、设备故障、客票

（服）系统故障、火灾爆炸、重大疫情、食物中毒、作业车辆（设备）坠入股道、旅客人身伤害等非正常情况时，及时启动应急预案，掌握售票、候车、旅客滞留、高铁快运等情况，维持站内秩序，准确通报信息，做好咨询、解释、安抚等善后工作。

①列车晚点15min以上时，根据调度通报，公告列车晚点信息，说明晚点原因、预计晚点时间，广播每次间隔不超过30min。电子显示屏实时显示。按规定办理退票、改签或逢餐点提供免费饮食品，协调市政交通衔接。

②遇列车在车站空调失效时，站车共同组织；必要时，组织旅客下车、换乘其他列车或疏散到车站安全场所。到站按规定退还票价差额。

③遇车底变更时，车站按车底变更计划调整席位，组织旅客换乘，告知列车，并按规定办理改签、退票。

④遇售票、检票系统故障时，组织维护部门进行故障排查，按规定启用应急售票、换票程序，组织人工办理检票。

⑤遇列车故障途中需更换车底时，在车站换乘的，由客调通知换乘站、高铁快运到站，由换乘站组织集装件换车。在区间换乘的，集装件不换至救援车，由故障车所在地铁路局根据救援方案一并安排随车运送至动车所所在地高铁车站，动车所所在地高铁车站编制客运记录并安排最近车次运送至到站。

（2）有应急预案培训和演练，有记录，有结果，有考核。

（3）春、暑运等客流高峰时期，换票、验证、安检、进站等处所设有快速（绿色）通道。

七、商业、广告经营

（1）站内商业场所、位置、面积、业态布局统一规划，不占用旅客候车空间，不影响旅客乘降流线，不遮挡旅客服务信息；统一标志，统一服务内容，统一服务标准，有商业经营管理规范，对经营行为有检查，有考核。

（2）经营单位持有效经营许可，经营行为规范，明码标价，文明售货，提供发票。不出售禁止或限量携带等影响运输安全的商品，不出售无生产单位、无生产日期、无保质期、过期、变质以及口香糖等严重影响环境卫生的食品。代搬行李服务无诱导旅客消费。

（3）餐饮食品经营场所环境卫生符合要求，用具清洁，消毒合格，生熟（成品、半成品）分开。销售散装熟食品时，有防蝇、防尘措施，不徒手接触食品。

（4）站内广告设置场所、位置、面积、形式统一规划，广告设施安全牢固，形式规范，内容健康，与车站环境相协调；不挤占、遮挡图形标志、业务揭示、安全宣传等客运服务信息，不影响客运服务功能，不影响安全；旅客通道内安装的广告牌使用嵌入式灯箱，突出墙面部分不超过200mm，棱角部位采取打磨、倒角处理；除围墙、栅栏外，无直接涂写、张贴式广告；广播系统不发布音频广告；播放视频时不得外放声音。

八、基础管理

（1）管理制度健全，有考核，有记载。定期分析安全和服务质量状况，有针对性的具体整改措施。

（2）业务资料配置到位，内容修改及时、正确。

(3)各工种按岗位责任各负其责,相互协作,落实作业标准。

(4)业务办理符合规定,票据、台账、报表填写规范、清晰;营运进款结算准确,票据、现金入柜加锁,及时解款。

(5)定期召开站区结合部协调会,有监督,有检查,有考核。

(6)定期开展职业技能培训,培训内容适应岗位要求,评判准确。

九、人员素质

(1)身体健康,五官端正,持有效健康证明。新入职人员具备高中(职高、中专)及以上文化程度。

(2)持有效上岗证,经过岗前安全、技术业务培训合格。客运值班员、售票值班员、客运计划员、综控室操作人员从事客运服务工作满2年。综控室操作人员应具备广播员资质。

(3)熟练使用本岗位相关设备设施,熟知本岗位业务知识和职责,掌握本岗位应急处置作业流程,具备应对突发事件的能力。

复习思考题

1. 高铁中型以上车站服务质量规范对客运安全有哪些要求?
2. 高铁中型以上车站服务质量规范对设备设施有哪些要求?
3. 高铁中型以上车站服务质量规范对文明服务有哪些要求?
4. 高铁中型以上车站服务质量规范对客运组织有哪些要求?

第三节　服务人员行为规范

本节说明

本节主要学习高铁旅客运输服务礼仪、仪容举止、沟通技巧、服务用语等的相关知识,是从事高铁旅客运输岗位职工及管理人员必须要掌握的知识部分。本节内容主要包括服务礼仪的含义、特点、礼仪的原则、功能、客运服务礼仪原则,仪容举止方面对仪态、修饰、化妆、着装的要求,沟通技巧以及在各种场合应使用的服务用语。

教学建议

本节教学建议教师将学生进行分组,小组数量根据本节各任务工作场景需要设置。尽量模拟现场各场景需要的服务礼仪、仪容举止和服务用语进行角色预想教学,提高学生理论联系实际的能力。

任务实施

通过学习本节知识,教师可将学生分小组,运用相关理论知识进行角色扮演模拟现场演

练，各小组进行总结汇报，小组互评，教师进行适当点评。切实做到教、学、做一体化，提高学生运用知识进行客运服务的能力。

相关理论知识

一、服务礼仪

1. 礼仪的含义

礼仪是一个复合词，由“礼”和“仪”两部分组成。“礼”在古文中写作“禮”，“示”表示神，“豊”本意是豆器上放的祭品。所以“礼”最初的含义是祭祀敬神，以神灵降福。既然是祭祀敬神，态度必须尊敬虔诚，因此“礼”引申为表敬意。“仪”是指法度、标准。《国语·周》中有“度之於轨仪”，这里的“仪”是指量器中的标准；《淮南子·修务》中说“设仪立度，可以不法则”，这里的“仪”是指治理国家的法度。

现代“礼仪”是指人们在相互交往中为表示相互尊敬和友好而约定俗成的、共同遵循的行为规范和交往程序。礼仪既可以指在较大、较正规场合隆重举行的各种仪式程序，也可以泛指人们在社交活动中的礼貌礼节。它反映了三层意思：礼仪是约定俗成的行为规范；礼仪是人际交往中的礼节礼貌；礼仪包含一定场合下应有礼仪礼貌程序。也就是说，礼仪是一种非强制性的、但适用范围很广的行为规范和准则。

礼仪是指社会人际关系中用于沟通思想、交流感情、表达心意、促进了解的一种形式，是人际交往中不可缺少的润滑剂和联系纽带。埃米莉·波斯特曾这样写道：“表面上礼仪有无数的清规戒律，但其根本目的却在于使世界成为一个充满生活乐趣的地方，使人变得平易近人”。搞好服务工作，服务人员礼仪的好坏直接影响到服务质量和服务品味。

2. 礼仪的特点

1）共同性

礼仪是在人类生活的基础上产生和形成的，是同一生活中全体成员调节相互关系的行为规范，所以它就逐渐成为生活中各民族、各阶级、各党派、各生活团体以及各阶层人士共同遵守的准则。

2）继承性

礼仪规范将人们交往中的习惯、准则的形成固定并沿袭下来，它是人类长期共同生活中逐渐积累起来，是人类精神文明的标志之一。新形势下的礼仪规范，是对以往人类文明准则中积极和进步因素的继承和发展，它表现为人们之间的平等、团结、友爱、互助的新型关系。

3）统一性

礼仪不仅是人们交际过程中的外在形式，还必须用其内在的思想品德，文化的艺术修养作基础。只有两者有机地统一结合，才能对礼仪规范从必须遵守变为习惯遵守，从而形成良好的礼仪习惯。

4）差异性

礼仪规范往往因时间、空间或对象的不同而有所不同，因此需要了解熟悉各个国家、各民族、各种场合、各种礼仪对象的异同点。

5）阶级影响性

礼仪规范虽然不具有鲜明的阶级性，但它是适应一定时代需要而被保留下来，因此它带有它那个时代的特点、受一定阶级利益影响和制约。

6）时代发展性

礼仪规范不是一成不变的，它随着社会的发展而不断发展更新。一方面是社会自身的进步而使礼仪不断发展完善，礼仪随着时代、地域、对象的不同而变化；另一方面，随着对外交流范围的扩大，各国的政治、经济、思想等因素的渗透，我国的礼仪在历史传统基础上被赋予了新的内容。

3. 礼仪的原则

1）尊重原则

人际交往生活中必须尊重对方的人格尊严，只有尊重才是礼仪的情感基础，只有人与人之间彼此尊重。才能保持和谐愉快的人际关系。

2）遵守原则

礼仪规范是为了维护社会、生活保持稳定而形成和存在的。实际上是反映了人们共同利益的要求，社会上每个成员都应自觉遵守执行。如果违背了利益规范，必将受到社会舆论的谴责。

3）适度原则

人际交往中要注意各种不同情况下的社交距离，即要把握与特定环境相适应的人们彼此之间的感情尺度。例如，在人际交往中，既要彬彬有礼，又不能低三下四；既要热情大方，又不能轻浮阿谀。

4）自律原则

通过社交礼仪学习的人们会在心中树立起一种内心的道德信念和行为准则，并以此来约束自己，而无须外界的监督。

4. 礼仪的功能

1）沟通功能

在人际交往中，每个人都自觉地执行礼仪规范，这样便易于人们之间的感情沟通，从而使人们之间的交往得到成功，进而有助于我们每个人的生活和工作。

2）协调功能

对人际交往的调节是礼仪的重要功能之一，从某种程度上来说，礼仪是人际交往和谐发展的调节器。人们在交往中按照礼仪规范去做，有助于加强人们之间的相互尊敬、友好合作的新型关系，也可以缓解某些不必要的障碍。

3）维护功能

礼仪是整个社会文明发展程度的标志，同时礼仪也反作用于社会，对社会的风尚产生影响，所以从某种意义上说，在维护社会秩序方面，礼仪起着法律所起不到的作用。

4）教育功能

礼仪通过评价、劝阻、示范等教育形式纠正人们不正确的行为习惯，倡导人们按礼仪规范的要求处理人际关系，大家相互影响，互相促进，就会共同加强社会主义精神文明的建设。历史传统留下来的行为习惯，是社会的组成部分，对我们来说是一种处世之道，是外在的表现，更可以说我们每个人都生活在礼仪之中。

二、仪容举止

仪容是指人的容貌。仪表是指人的外表，一般包括人的容貌、服饰和姿态等，是一个人的精神面貌和外观体现。一个人的仪容仪表往往与它的生活情调、思想修养、道德品质和文明程度密切相关。站、车服务人员必须注意自身的仪容仪表，给旅客留下良好的服务形象。

(1)注重仪容仪表是客运服务人员的基本素质。

(2)客运服务人员的仪容仪表反映运输企业的管理水平和服务水平。

(3)注重仪容仪表是尊重旅客的需要。

(4)注重仪容仪表反映员工自重自爱。

1. 仪态

仪态是指人在行为中的姿态和风度。姿态是指人身体所呈现的样子，而风度则属于气质方面的表露。对于客运服务人员而言，采用标准的站立姿势，特别重要，因为许多客运服务人员在自己的工作岗位上，往往就是站立服务的。

1)站姿

站姿示范图，如图3-1所示。站姿是生活静力造型的动作，优美而典雅的造型，是优雅举止的基础。正确的站姿如下：

(1)头正，双目平视，嘴唇微闭，下颌微收，面容平和自然。

(2)双肩放松，稍向下沉，人体有向上的感觉。

(3)躯干挺直，做到挺胸、收腹、立腰，两肩平衡。

(4)双臂自然下垂于身体两侧，中指贴拢裤缝。

(5)双腿立直，脚跟相靠，脚尖略向外张呈“V”字形。

为旅客服务时，头部可以微微侧向自己的服务对象，但一定要保持面部的微笑。手臂可以持物，也可以自然地下垂。在手臂垂放时，从肩部至中指应当呈现出一条自然的垂线。小腹不宜凸出，臀部同时应当紧缩。女性可双手四指并拢，交叉相握，右手叠放在左手之上，自然垂于腹前；左脚靠在右脚内侧，夹角为45°，呈“丁”字形。正确健美的站姿会给人以挺拔笔直、舒展俊美、庄重大方、精力充沛、信心十足、积极向上的印象。站立时不要过于随便，不要探脖、塌腰、耸肩、双腿弯曲或不停地颤抖，在庄重场合，双手不可放在衣兜里或插在腰间，这些站姿会给人留下不良印象。

图3-1　站姿示范图

2)坐姿

坐是举止的主要内容之一，生活中无论是伏案学习、参加会议、会客交谈，娱乐休息都离不开坐。坐，作为一种举止，同样有美与丑、优雅与粗俗之分，正确的坐姿要求端正、舒展大方。坐姿示范图，如图3-2所示。

图 3-2　坐姿示范图

正确的坐姿：

(1)入座时要轻要稳。走到座位前，转身后，轻稳地坐下。女子入座时，若是裙装，应用手将裙稍稍拢一下，不要坐下后再站起来整理衣服。

(2)嘴唇微闭，下颌微收，面容平和自然。

(3)双肩平正放松，两臂自然弯曲放在腿上，也可以放在椅子或是沙发扶手上，掌心向下。

(4)坐在椅子上，要立腰、挺胸，上体自然挺直。

(5)双膝自然并拢，双腿正放或侧放，双腿并拢或交叠(男士坐时可略分开)。

(6)坐在椅子上，应至少坐满椅子的2/3，脊背轻靠椅背。

(7)离座时，要自然稳当，右脚向后收半步，而后站起。

(8)谈话时可以有所侧重，此时上体与腿同时转向一侧。

不良坐姿：

(1)坐时不可前倾后仰，或是歪歪扭扭。

(2)两腿不可过于叉开，也不可长长地伸展开。

(3)坐下后不应随意挪动椅子。

(4)不可以将大腿并拢，小腿分开，或双手放于臀下。

(5)腿脚不可不停地抖动。

3)走姿及步态

步态属动态美，凡是协调稳健、轻松敏捷的步态都会给人以美感，可以表现出一个人朝气蓬勃、积极向上的精神状态，会给人留下美好的印象。走姿及步态示范图，如图 3-3 所示。

图 3-3　走姿及步态示范图

正确的走姿及步态：

(1)双目向前平视，微收下颌，面容平和自然。

(2)双肩平稳，双臂前后自然摆动，摆幅约 30°～35°，后摆约 15°为宜，手臂与身体成 10°～15°，双肩不要过于僵硬。

(3)上身挺直,头正挺胸,收腹,立腰,膝盖伸直,重心移动准确。

(4)注意步位。直线行进时,双脚前后在一条线缘(女);双脚前后在两条平行线(男)。

(5)步幅适当。一般应该是前脚的脚跟与后脚的脚尖相距为一脚长,但因性别不同和身高不同会有一定差异。

(6)跨出的步子应是全脚掌着地,膝和脚腕不可过于僵直。

(7)停步、拐弯、上下楼梯时,应从容不迫,控制自如。

不正确的走姿及步态:

(1)内八字和外八字,其次是弯腰驼背、歪肩晃膀。

(2)走路大甩手,扭腰摆臀,左顾右盼。

(3)双腿过于弯曲,走路不成直线。

(4)走路步子过大或过小,上下颤动,脚蹭地面等。

在客运工作岗位上,客运服务人员应避免:

(1)横冲直撞。有的人在行进之时,不懂得要尽可能地避免在人群之中穿行,却偏偏乐于专拣人多的地方行走,甚至在人群之中乱冲乱撞,直接碰撞到他人的身体。这是一种极其失礼的做法。客运服务人员如果这样做,则更是不应该的。

(2)悍然抢行。懂得礼貌的人一定知道:每一个人在行进之时,都要注意方便和照顾其他的人。在人多路窄之处,通过时务必要讲究“先来后到”。必要的时候,为了表示自己的良好教养和对别人的尊重,还应当对于其他人“礼让三分”,让道于人。

(3)阻挡道路。客运服务人员在大庭广众之前行进时,一定要顾及他人的存在。为此,不仅要选择适当的行进路线,与同时行进的其他人员保持一定的方位,而且还要保持一定的行进速度。客运服务人员还须切记,一旦发现自己阻挡了他人的道路,务必要闪身让开,请对方先行。

(4)奔来跑去。假定有急事要办的话,客运服务人员可以在行进之时努力加快自己的步伐。但若非碰上了紧急情况,则最好不要在工作之时进行跑动,尤其是不要当着服务对象的面,突如其来地狂奔而去。那样的做法,通常会令其他人不明真相,猜测不已,甚至还有可能使其他人产生过度的紧张情绪,或者由此而以说传说,引发出一场骚乱。

(5)制造噪声。为了使自己的行走无碍于他人,客运服务人员还应有意识地使之悄然无声。要做到这一点,有三点特别应当注意:一是走路时要轻手轻脚,不要在落脚时过分用劲;二是上班时不要穿带有金属鞋跟或钉有金属鞋掌的鞋子,以防它们在接触地面时频频发出“噔噔噔”的响声;三是上班时所穿的鞋子一定要跟脚,否则走动时它也会踢里踏拉地发出令人厌烦的噪声。

4)蹲姿

下蹲时,一腿在前一腿在后,双脚内侧呈直线状,上身保持正直,右手压左手,叠放于两腿正中,轻蹲轻起,直蹲直起,起身后及时整理衣裙。在较低位置取拾物品时,不得弯腰,必须下蹲。蹲姿最常用于拾捡物品,设置翻板,为车厢通道两侧座位上的旅客清理餐板、地面,与小朋友交谈,等等。蹲姿示范图,如图3-4所示。

图3-4　蹲姿示范图

5)鞠躬

鞠躬时应面带微笑,双脚并拢,脚尖略分开,双手四指并拢,交叉相握,右手叠放在左手之上,自然垂于腹前,身体向前,腰部下弯,头、颈、背自然成一条直线,上身抬起时,要比向下弯时稍慢些,视线随着身体的移动而移动。

(1)向旅客致意时,身体鞠躬为15°。视线与对方平视,有适当眼神交流,但眼光不离开对方的视线。

(2)迎送旅客和还礼时,身体鞠躬为30°。视线的顺序是:对方的眼睛—胸部—眼睛。

(3)向旅客致歉时,身体鞠躬为45°。切记要诚恳,不能面带微笑。视线的顺序是:对方的眼睛—脚尖—眼睛。

鞠躬示范图,如图3-5所示。

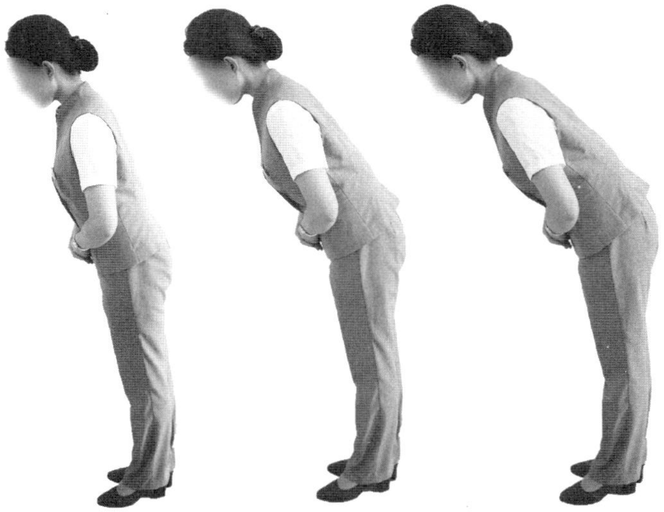

图3-5　鞠躬示范图

6)指示方位

指示方位时应五指并拢,小臂带动大臂,根据指示距离的远近调整手臂的高度,身体随手的方向自然转动,目光与所指示的方向一致。收回时,小臂向身体内侧略成弧线自然收回,切忌用单个手指指示方位。

指示方位示范图,如图3-6所示。

图3-6　指示方位示范图

7)面部表情

微笑是一种健康的、文明的、令人愉悦的举止,它是一种无声的语言,是人际交往的润滑剂,是自信、友好、善意的表示。正如一首法国诗里所说:“微笑一下并不费力,但它却能产生无穷魅力,受惠者变得富有,施予者也并不贫穷。它转瞬即逝,却往往留下永久的回忆……”由于微笑可以迅速带来融洽的沟通氛围,它已成为一种基本的服务岗位礼仪规范。

微笑的意义:日常生活中,笑容有很多种,如大笑、微笑、偷笑、冷笑、嘲笑、怪笑、狞笑、狂笑等。每一种笑容都传达出不同的心理,并产生不同的感受。只有微笑,给人以平静、柔和、亲切、善意和信任之感,也成为交往中通行的礼貌举止。

在人际交往中,保持微笑,具有以下一些作用:

(1)表现心境良好。面露平和欢愉的微笑,说明心情愉快,充实满足,乐观向上,善待人生,这样的人更容易展示性格的魅力,也更容易吸引他人。

(2)表现充满自信。保持微笑,表明对自己的能力有充分的信心,以不卑不亢的态度与人交往,使人产生信任感,容易被别人真正地接受。

(3)表现真诚友善。微笑反映自己心底坦荡,善良友好,待人真心实意,而非虚情假意,使人在与其交往中自然放松,不知不觉地缩短了心理距离。

(4)表现乐于敬业。工作岗位上保持微笑,是热爱本职工作,乐于恪尽职守的表现。同时,微笑更是可以创造一种和谐融洽的气氛,让服务对象倍感愉快和温暖。

微笑的要领:

(1)微笑是指嘴角上扬的浅笑,往往笑不露齿。但是,在客运服务接待工作中,尤其是女性客运服务人员,露出牙齿的笑容看上去更加甜美、亲切。不论露齿与否,微笑时都应面含笑意,笑不作声。微笑时,先要放松自己的面部肌肉,然后让自己的嘴角两端平均的向上翘起,使嘴唇呈现弧形。

(2)平时可以多进行微笑练习。练习时,可以站在镜子前,按照上述微笑的方法反复动作。每次微笑后,保持几秒钟的定型,对比寻找出自己感觉最美的微笑。之后重复多次这一微笑动作。闭上眼睛,继续重复刚才的动作,感觉面部肌肉的位置。当最美的微笑动作熟练成自然后,你就可以随时、轻松的呈现自己美丽的微笑了。微笑时,嘴角微翘,嘴唇微启,表情真诚、自然。女性客运服务人员的微笑要甜美,男性动车组客运服务人员的微笑要亲切。

图 3-7 微笑示范图

微笑示范图,如图 3-7 所示。

【案例 3-3】 今天,你微笑了吗?

美国希尔顿饭店创立于 1919 年,在近百年的时间里,从一家饭店扩展到 100 多家,遍布世界五大洲的各大城市,成为全球大规模的饭店之一。90 多年来,希尔顿饭店生意如此之好,财富增长如此之快,其成功的秘诀在于牢牢确立自己的企业理念并把这个理念贯彻到每一个员工的思想和行为之中,希尔顿饭店创造“宾至如归”的文化氛围,注重企业员工礼仪的培养,并通过服务人员的“微笑服务”体现出来。

希尔顿总公司的董事长,89 岁高龄的唐纳·希尔顿在 50 多年里,不断到其分设在各国的希尔顿饭店、旅馆视察业务。每到一处,他同职工说得最多的一句话是“你今天对客人微笑了吗?”。即使在美国经济萧条的 1930 年,旅馆业 80% 倒闭,希尔顿旅馆同样难免噩运的情况下,但他还是信念坚定地鼓舞职工振作起来,共渡难关;即使是借债度日,也要坚持“对客人微笑”。他坚信困难是暂时的,“希尔顿”事业一定会步入新的繁荣时期。他向同事们郑重呼吁“万万不可把心中愁云摆在脸上。无论遭受何种困难,‘希尔顿’服务人员脸上的微笑永远属于顾客。”他写的《宾至如归》一书,多年来被希尔顿职工视为“圣经”,而书中的核心内容就是“你对顾客笑了吗?”希尔顿就是在微笑中提供优质的综合服务。如今,“宾至如归”和微笑服务已成为希尔顿酒店的品牌和质量的象征。

8)端、拿、递、送

(1)服务时面带微笑,和旅客有适当的语言交流和眼神交流;

(2)端托盘时,双手端住托盘的后半部分,大拇指握紧托盘内沿,其余四指托住托盘底部。托盘的高度应在腰间以上胸部以下,托盘端平,微向里倾斜。托盘上放置的物品不应过高,以不超过胸部为宜;

(3)拿东西时,应轻拿轻放。拿水杯时,应该一手握住水杯把(无把手水杯应拿水杯的下1/3处),一手轻托水杯底部;

(4)递送东西时,应站在旅客的正面与之成45°角的地方,双手递送;递送东西应到位,当对方接稳后再松手。

端、拿、递、送示范图,如图3-8所示。

a) b) c)

图3-8 端、拿、递、送示范图

2. 修饰

客运服务人员在修饰与维护个人的仪容时,重心应放在面部修饰、肢体修饰、发部修饰和化妆修饰四个方面。

1)面部修饰

面部修饰时,客运服务人员所应当遵守的总的指导性规则,是要使之洁净、卫生、自然。客运服务人员在进行面部修饰时,所须加以特别重视的几个重要的局部问题。

(1)眉部的修饰。客运服务人员每天上班前在进行面部修饰时,要梳理一下自己的眉毛,令其顺序井然,而非东倒西歪,参差不齐。在洗脸、化妆以及其他可能的情况下,客运服务人员都要特别留意一下自己的眉部是否清洁。特别应当注意,要防止在自己的眉部出现诸如灰尘、死皮或是掉下来的眉毛等异物。

(2)眼部的修饰。客运服务人员要注意眼部的保洁,及时除去眼角的分泌物。佩戴眼镜时,要注意眼镜的选择,注意其款式是否适合本人,保持镜片的清洁。

(3)耳部的修饰。客运服务人员务必每天进行耳部的除垢,及时对露出的耳毛进行修剪。

(4)鼻部的修饰。客运服务人员切勿当众擤鼻涕、挖鼻孔,必要时,应在无人时进行,以手帕或纸巾进行辅助,要注意定期对鼻毛进行检查、修剪。

(5)口部的修饰。客运服务人员要注意保持口腔卫生,在工作岗位上,严禁食用气味过于刺鼻的食物,如葱、蒜、韭菜、腐乳、虾酱、烈酒以及香烟等。

男性客运服务人员，要坚持每天剃须，切忌胡子拉碴。

2）肢体修饰

客运服务人员在修饰上肢与下肢时，应当遵守的礼仪规范包括以下两个方面：

（1）手臂的修饰。客运服务人员的手臂应保持清洁卫生，不要蓄长指甲，通常指甲不宜长过指尖。不准涂抹彩色指甲油，或者在指甲上进行艺术绘画。不应穿着肩部暴露的服装。

（2）腿脚的修饰。客运服务人员应勤洗脚、勤换袜子、勤换鞋；不要光腿、光脚，不允许穿露趾的凉鞋或拖鞋。

3）发部修饰

客运服务人员应当定期修剪自己的头发，保持清洁，造型美观，保持黑色或自然棕色，前发不覆额。男性客运服务人员侧发不掩耳，后发不触领。女性客运服务人员头发不宜过短，长发不过肩，超长的头发应盘起、束起或编起，不可以披头散发。

3. 化妆

客运服务人员在服务工作中，一般都应当适当的化妆，即“化妆上岗，淡妆上岗”。服务人员在上岗服务前进行个人化妆：一是有助于表现客运服务人员的自尊自爱，二是有助于表现客运服务人员的爱岗敬业精神，三是有助于表现客运服务人员训练有素。

客运服务人员化妆应遵循淡雅、简洁、适度、庄重和避短的原则。

（1）淡雅。就是要求客运服务人员在工作时应当化淡妆。淡妆，即淡雅的化妆，也就是人们平时所说的自然妆。

（2）简洁。客运服务人员的岗位化妆，应当是一种简妆，并非盛妆。

（3）适度。客运服务人员工作妆，必须适合自己本职工作的实际需要，而且一定要切记化妆的程度要适当。

（4）庄重。客运服务人员的化妆，应以庄重为主要特征。一些社会上正在流行的化妆方式，不宜为服务人员在上班时所采。

（5）避短。客运服务人员在化妆时，要扬长避短，弥补自己的不足。

4. 着装

1）女性客运服务人员

（1）基本要求。衣着合体，不得随意改变制服款式。制服应洗净，熨烫平整，无污渍、斑点、皱褶、脱线、缺扣、残破、毛边等现象；制服上下不得佩戴任何饰物；着制服当班时，必须佩戴职务标志。在非工作日时间，除集体活动外，不得穿制服出入公共场合和乘坐列车。

（2）夏装着装要求。连裤袜的颜色应统一为肉色或浅灰色，不得出现破洞和抽丝等现象；统一佩戴领花或丝巾；制服上装每天都须水洗；不得将笔插放在衣兜内。

（3）春秋装、冬装着装要求。外套、上衣、裙子、裤子的纽扣和拉链等应扣好、拉紧；统一佩戴领带、领花或丝巾；衬衣应束在裙子或裤子内，衬衣的衣袖不得卷起；裤装必须干净、平整、有裤线，不可有光亮感；穿着风衣、大衣时，须扣好纽扣，系好腰带。穿着外套、风衣、大衣时，必须戴工作帽，但在车厢、室内、送餐时可不戴；不得将笔插在衣服前襟。

（4）穿着围裙要求。客运餐饮服务人员服务时应穿着围裙。穿着围裙的时间为服务餐饮之前；脱围裙的时间为收完食品包装物后。穿、脱围裙的时间必须一致。保证围裙干净、平整、整齐，穿戴完毕后应互相整理。围裙结一律系蝴蝶结状。

(5)佩戴职务标志要求。职务标志应别于左胸上方,与上衣第二颗纽扣平行。佩戴臂章时,臂章上缘应当于左袖肩下四指处。穿着围裙时,不可将职务标志佩戴在围裙上。

2)男性客运服务人员

(1)基本要求。衣着合体,不得随意改变制服款式。制服应洗净,熨烫平整,无污渍、斑点、皱褶、脱线、缺扣、残破、毛边等现象。制服上不得佩戴任何饰物;着制服当班时,必须佩戴职务标志。袜子的颜色应统一为深蓝色或黑色。在非工作时间,除集体活动外,不得穿制服出入公共场合和乘坐列车。

(2)夏装着装要求。统一佩戴领带,衣领上的扣环必须扣好,上衣应束于裤内。裤子必须保持干净、平整、有裤线、不可有光亮感。制服每天必须清洗。

(3)春秋装、冬装着装要求。袜子的颜色应统一为黑色或深蓝色,每天更换。外套、上衣、裤子的纽扣拉链等应扣好、拉紧。统一佩戴领带,衬衣应束于裤内,衬衣的衣袖不得卷起。穿着风衣、大衣时,须扣好纽扣,系好腰带。穿着外套、风衣、大衣时,必须戴工作帽。但在车厢、室内时可不戴。

(4)佩戴职务标志要求。胸牌应别于左胸上方,与上衣第二颗纽扣平行。佩戴臂章时,臂章上缘应当于左袖肩下四指处。列车长臂章应端正别(挂)在规定位置,不可用松紧带套于臂上。

三、沟通技巧

1.旅客旅行心理分析

高铁客运服务人员为旅客服务就是自己与旅客的心理活动交流过程,是一个相互关心、相互理解、相互适应、相互沟通的过程。高铁客运服务人员掌握旅客旅行心理是一门学问、一种技能,是满足旅客需求、做好服务工作的前提。

按照人类需求发展的规律性和层次性,仍然可以把旅客的心理需求分为两大类,即生理需求和心理需求。生理需求,又称为物质需求,包括吃、住、用等方面,要求安全、舒适、方便、快捷。心理需求,又称为精神需求,是除了生理需求之外的其他需求部分,要求得到别人的关心、尊重、理解,及时得到服务。特别是高铁客运服务人员的关心、理解、尊重对旅客旅行愉快至关重要。在社会生活中,由于职业的不同,经济收入的不同,形成不同的旅行心理活动和需求是很正常的,服务也应该是多种多样的。由于人们的生活水平提高,越来越多的人选择动车组旅行,高铁客运服务工作应根据不同职业旅客的心理活动,进行针对性的服务,满足不同层次的服务需求。

旅客共性心理需求主要表现在以下几个方面。

1)安全正点的心理需求

所谓“一路平安”就是不发生任何人身安全和财物安全的意外事故,这是大家的共同愿望。安全正点是高铁旅客运输取得旅客信任的最核心的要求,铁路企业必须保证高铁车站和动车组列车不发生行车、火灾和爆炸事故等。

2)提供方便的心理需求

常言道:“在家百日好,出门一日难。”“在家靠父母,出门靠朋友。”出门在外求方便是人之常情,事之常理。在高铁车站和动车组列车上,方便从何而来?主要靠站车提供,客运服务人员为旅客提供方便是职业的要求,竭尽全力满足旅客求方便的心理需求是高铁车站和动车组列车客运服务人员应做的工作。

3)环境温馨的心理需求

随着人们的生活水平的提高,旅客出门旅行的要求越来越高。设备、卫生环境的要求是舒适、安静、整洁、方便,并把它作为消费享受来看待。如果车站和列车脏、乱、差、异味弥漫,高声喧哗、吵闹,则使人心里烦躁、心情郁闷,久久不能平静,特别是在旅途长,人员多,车厢内活动范围狭小,各种气味、烟味"熏陶",加上在动车组列车高速运行的环境下,人很容易疲劳和烦躁,发生疾病,甚至产生幻觉,发生异常行为。因此,高铁车站和动车组列车提供舒适的环境是十分重要的。

4)尊重人格的心理需求

尊重的需要包括自我尊重和得到他人的尊重。人格就是做人的尊严。旅客不仅需要得到客运服务人员的热情服务,更需要得到尊重,不能用不礼貌的语言和行为对待旅客,包括国籍、民族、风俗习惯、兴趣爱好、年龄性别和体态特征等方面的尊重,如西方人忌讳"13",同他们交谈应尽量避开这个数字,不然会引起反感。旅客在旅行中,希望听到客运服务人员对他们的尊称;希望对他们热情而有礼貌,不说粗话、不讲脏话,说话态度和蔼。对经济收入不高而求廉的旅客,客运服务人员不能流露出丝毫看不起的神态。对生理有缺陷的旅客,客运服务人员不能有歧视的态度,要尽量提供方便,给予同情和照顾。尤其是有过错的旅客,更希望得到客运服务人员的谅解和尊重。因此,要求客运服务人员对旅客要一视同仁、平等待客,不以权势、衣帽取人,更不能居高临下,盛气凌人。礼貌待客,微笑服务,做到旅客上车有迎声,服务到座有话声,问事求助有回声,工作失礼有歉声。

5)轻松愉快的心理需求

在高铁车站和动车组列车上,人员集中,活动空间有限,加上车厢密闭,空气不流通,容易使人心烦和困倦,特别是长途旅行的旅客,难以消磨时间,度日如年。车上坐久了,无事可干,就会感到烦闷,产生孤独感、寂寞感。一旦这些感觉上升,心里就容易产生抑郁状态,有的甚至产生恐惧感。为使旅客摆脱这种心理状态,可以通过影视播放、看书、打牌、观看车厢外景色等调节旅途生活,通过列车广播旅游知识、文艺娱乐节目等增加旅途情趣,调节旅途生活,这样不但可以增加一些见识,而且可以感到轻松愉快,解除坐车的疲劳和寂寞。

6)饮食卫生的心理需求

长途旅客一般携带的食品、饮料有限,有的旅客甚至什么吃的东西都不带,只想在列车上吃点卫生可口的饭菜。因此,高铁车站和动车组列车上提供的饮食:一是要卫生,不供应腐烂变味的食品,不出售无商标、无厂名、无有效期的商品;二是要分档次,满足不同层次的旅客需要;三是要满足不同民族、不同习俗的需要。

2. 什么是沟通

(1)沟通是有意义的传递和正确理解。

(2)沟通的根本途径是聆听和表达(两只耳朵一张嘴)。

(3)恰当的聆听:点头 + 微笑 + 倾听 + 回应 + 记录。

(4)沟通的黄金定律:你想怎么被对待,你就怎么样对待别人。

(5)界域距离:亲密界域 15cm 以内(至爱亲朋);个人界域 15 ~ 75cm(一般熟人);社交

界域 75 ~210cm（公共关系）；大众界域：210cm 以外（较大场合）。影响空间距离的因素：性别差异、地位差异、年龄差异、性格差异和环境差异。

3. 与旅客谈话、服务方式的基本要求

（1）旅客交谈时，要面对对方，保持适当距离。

（2）站姿端正，可采取稍弯腰或下蹲等动作来调节身体的姿态和高度。

（3）目光要注视对方的眼睛，以示尊敬。

（4）要注意听取对方的谈话，不可东张西望。

（5）口齿清楚、语气温和、用词文雅、简捷适中、诚恳态度，给对方以体贴信赖感。

（6）如果不得已需要打断旅客说话时，应等对方讲完一句话后，先说“对不起”，再进行说明。

（7）无意碰撞或影响了旅客，应表示歉意，取得对方谅解。

（8）遇到经常乘坐动车组列车的旅客，应主动打招呼问候，表示欢迎。

（9）为旅客发送物品时，应主动介绍名称，严格遵循发放原则，先左后右、先里后外、先宾后主、先女后男。

（10）对旅客提出的合理要求，应尽量满足，不能做到时，应耐心解释。

（11）应允旅客的事情，一定要落实，要言而有信。

（12）不打听旅客的隐私，特别是外国旅客的年龄（多为女宾）、薪金收入以及衣饰价格等。

4. 有助于表现专业形象的说话方式

声音柔和而清晰并具有亲和感，语言简单明了，语速快慢适当，音量高低适中，特殊情况下可使用方言。

不应有的说话方式：

（1）声音使人感觉粗俗刺耳，声音过大或过小，声音慵懒倦怠，呼吸声音过大，使人感到局促不安和犹豫，鼻音过重。

（2）口齿不清，语言含糊，令人难以理解，语速过慢，使人感觉烦闷，语速过快，使人思维无法跟上。

（3）语言平淡，气氛沉闷，使用过于专业的术语，使用责备的口吻甚至粗鲁的语言。

（4）随意打断旅客的说话，表现出厌烦的情绪和神色，边走边讲或不断地看手表，手放到口袋里或双臂抱在胸前，手扶着座椅靠背或坐在扶手上。

（5）谈论与工作无关的事情，与旅客嬉笑玩闹，对旅客评头论足。

四、服务用语

1. 问候用语

通常适用于客运服务人员的问候用语，主要分为以下两种：

（1）标准式问候用语。在问好之前，加上适当的人称代词或者其他尊称。例如，“你好！”“您好！”“各位好”“先生好”等。

（2）时效式问候用语。在问好、问安之前加上具体的时间或者在两者之前加上尊称。例如，“早上好！”“各位下午好！”“小姐早安！”等。

2. 迎送用语

(1)欢迎用语,又称为迎客语,常用的欢迎用语如“欢迎光临!”“欢迎您的到来!”“见到您很高兴!”等。

在使用欢迎用语时,通常应当一并使用问候语,并且必要时还需同时向对方主动施以见面礼,如注目、点头、微笑、鞠躬、握手等。

(2)送别用语,又称为告别用语。常用的送别用语如“再见!”“慢走!”“走好!”“欢迎再来!”“一路平安!”等。

送别用语一定不要忘记使用,千万不要在对方离去时默不作声。

3. 感谢语

(1)标准式致谢语,如“谢谢!”。

(2)加强式致谢语。有时,为了强化感谢之意,可在标准式致谢用语之前,加上某些副词。最常用的加强式致谢用语有“十分感谢!”“非常感谢!”“多谢!”等。

(3)具体式的致谢用语。具体式致谢用语,一般是因为某一具体事宜而向人致谢。在致谢时,致谢的原因通常一并提及。例如,“有劳您了!”“让您替我们费心了!”“上次给您添了不少麻烦!”等。

4. 请托用语

请托用语,通常指的主要是请求他人帮助时,使用的专项用语。

(1)标准式请托用语。主要就是一个“请”字,如“请稍候!”“请让一下”等。

(2)求助式请托用语。最常用的是“劳驾”“拜托”“打扰”“借光”等。它们往往是在向他人提出某一具体的要求时,如请人让路、请人帮忙、打断别人的交谈时,才被使用。

(3)组合请托用语。前两者混合在一起使用,如“请你帮我一个忙!”“劳驾您替我扶一下东西!”等。

5. 征询用语

在服务过程中,客运服务人员需要以礼貌的语言向旅客进行征询。在进行征询时唯有使用必要的礼貌语言才会取得良好的反馈。主要征询语有“需要帮忙吗?”“您有什么事情吗?”“我能为您做点儿什么?”等等。

6. 应答用语

应答语,在此特指客运服务人员在旅客运输服务工作岗位上服务于人时,用来回应旅客的招呼,或者在答复其他询问时,所使用的专门用语。

(1)肯定式应答语。它主要用来答复服务对象的请求。例如,“好的。”“好的,我明白您的意思。”“很高兴能为您服务。”等等。

(2)谦恭式应答用语。当旅客对于被提供的服务表示满意,或者是直接对客运服务人员进行口头表扬、感谢时,一般宜用此类应答语进行应答,主要有“请不必客气!”“这是我们应当做的!”“请多指教!”“您过奖了!”

(3)谅解式应答用语。在服务对象因故向自己致以歉意时,应及时予以接受,并表示必要的谅解,如“不要紧”“没有关系”等。

7. 赞赏用语

赞赏用语,主要适用于人际交往之中称道或者肯定他人之时。及时而恰当的赞赏,不但可以激励别人，也可以促进和改善双方之间的人际关系。

(1)评价式赞赏用语。它主要用于客运服务人员对旅客的所作所为，在适当之时予以评价之用，如"太好了！""真不错！""对极了！""太合适了！""非常出色！"等。

(2)认可式评价用语。当旅客发表某些见解之后，往往需要由客运服务人员对其是非直接做出评价。在旅客的见解的确正确时，一般应对其作出认可。例如，"还是您懂行。""看来您一定是一位内行。""真是您说的那么回事。""没错，没错。"等等。

(3)回应式赞赏用语。它主要适用于旅客夸奖客运服务人员之后，由后者回应旅客之用。例如，"哪里，哪里，我做得还很不够。""我做得不像您说的那么好。""承蒙夸奖，真是不敢当，不过得到您的肯定，的确让我开心。"等等。

8. 道歉用语

在工作中，因种种原因而带给他人不便或妨碍、打扰对方时，客运服务人员必须及时地向对方表达自己的歉意。最常用的道歉语有"抱歉""对不起！""请原谅！""失礼了！""不好意思！""很是惭愧！"等。

以上就是在服务工作中，常用的礼貌用语，在服务过程中，恰到好处地使用礼貌用语，不仅可以表现出本人的亲切、友好、和蔼与善意，而且能够传递对交往对象尊重、敬佩的信息，因此将有助于相互产生好感，互相达成谅解。

9. 售票服务用语

最常用的问询服务用语如"请问要买车票吗？""请问到哪里？""您要下铺吗？""您要乘坐的列车有餐厅和空调。""请付85元。""这是您的车票和找您的钱。""请您核对一下票和零钱。""这是您的净退款46元。""对不起，没有今天的票了，明天的行吗？""请稍等，我用电脑查一下卧铺记录。"等等。

10. 问询服务用语

面对旅客的讯问，客运服务人员应双眼正视旅客全神贯注地倾听，注意不要随便打断对方的问话，要让对方把话讲完。最常用的问询服务用语如"您需要帮助吗？""您好，请讲。""先生(女士)，您有什么事需要我帮忙吗？""对不起，请您再说一遍，好吗？""不用谢，这是我应该做的。"等等。

11. 候车室服务用语

最常用的候车服务用语如"您好，您先请。"(给旅客让路)、"请问您哪里不舒服，我立即通知工作人员。"(旅客身体不适)、"不客气，很高兴为您服务。"(旅客问讯后、致谢)、"对不起，我马上通知工作人员，谢谢您的提醒。"(旅客对卫生提出疑问)、"对不起，先生，请您到××处吸烟，那里设有吸烟处，吸烟后请将烟蒂放入烟灰缸，谢谢您的合作。"(禁烟宣传)、"对不起，请问这是您带的小孩吗？为了安全，请您看好孩子，以免发生意外，谢谢您的合作。"(对带小孩的旅客)、"先生，对不起，为了您的安全，请不要将手扶在门缝处。"(卫生间周围的旅客)、"您好！您沏水时请不要过满，以免烫伤您。"(安全提示)、"您好！您有什么事情，我能帮您解决吗？"(应急)、"对不起，由于线路故障，铁路部门正在积极抢修，我给您倒杯水，您别着急。"(列车晚点)等。

12. 站台服务用语

在站台组织旅客乘降工作时，客运服务人员应保持高度警惕性，加强站台巡视，确保旅客安全。讲话时应态度和蔼,表达得体准确,音量适中,使站台旅客能听清楚为宜。最常用的问询服务用语如"请大家站在站台安全线以内,注意安全。""请带小孩的旅客看管好自己的小孩,不要在站台上追逐嬉闹。""请大家按车厢位置排好队,先下后上,不要着急。""请您按车票上指定的车厢位置上车。""请大家拿好随身携带的行李,注意不要碰伤他人。""(在站台上)女士们,先生们:开车铃响了,请大家上车,列车马上就要开车了。"等等。

13. 出站检验票服务用语

检票时,客运服务人员应着装整洁、精神饱满地站在岗位上,向旅客微笑致意。最常用的问询服务用语如"请您出示车票。""请您按顺序排好队,一个一个来。""请不要着急。"等等。

发现旅客需要补票时,客运服务人员应声音平和、语气委婉地告诉他到补票处去补票。最常用的问询服务用语如"先生,您看,您的包都超20kg了,应该补收运费。"如果没有超重,应及时向旅客道歉"对不起,给您添麻烦了,有人接您吗?我可以帮您叫一辆出租车。""请您到补票处补票。""请出示您的证件。""小朋友,叔叔(阿姨)领你去量一下身高好吗?""您看,您的小孩才×岁就长这么高了,该买大人票了。"等等。

复习思考题

1. 什么是礼仪?如何正确理解礼仪?
2. 礼仪有哪些特点?
3. 礼仪的原则有哪些?
4. 礼仪的功能有哪些?
5. 客运服务礼仪原则是什么?
6. 客运服务人员在工作中的举止要求是什么?
7. 客运服务用语有哪些?

第四节　高速铁路车站服务工作的技能技巧

本节说明

本节主要学习高速铁路车站旅客运输服务技能技巧,是从事高铁旅客运输服务岗位职工及管理人员必须要掌握的知识部分。

教学建议

本节教学建议教师将学生进行分组,小组数量根据本节各任务工作场景需要设置。尽量模拟现场各场景进行服务技能技巧训练,提高学生理论联系实际的能力。

任务实施

通过学习本节知识,教师可将学生分小组,运用相关理论知识进行角色扮演模拟现场演

练,各小组进行总结汇报,小组互评,教师进行适当点评。切实做到教、学、做一体化,提高学生运用知识做好客运服务的能力。

相关理论知识

高铁车站旅客运输服务工作,应最大限度地满足旅客在旅途中物质和文化生活等方面的需要,要树立全心全意为旅客服务的思想,坚持全面服务,重点照顾的原则;要以“人民铁路为人民”的宗旨,做到“三要”“四心”“五主动”的优质服务,使人民放心、满意。

“三要”是指对旅客要文明礼貌、纠正违章态度要和蔼、处理问题要实事求是。

“四心”是指接待旅客热心、解答问题耐心、工作认真细心、接受意见虚心。

“五主动”是指主动迎送旅客、主动扶老携幼、主动解决旅客困难、主动介绍旅行常识、主动征求旅客意见。

高铁车站旅客运输服务技能技巧包括在车站各个服务环节的技能技巧,下面着重介绍车站在问讯、售票、候车、站台、出站、“三品”检查等服务环节基本的服务技能技巧。

一、问讯服务作业技能技巧

高铁开通带来了方方面面的调整和变化,特别是对新设高铁车站,旅客很陌生,因此,问讯处就显得非常重要。

高铁车站问讯处应设在旅客比较集中的站前广场、广厅、售票厅、候车室等地,工作人员要正确、迅速、主动、热情、耐心地解答旅客提出的问题,为旅客提供电话订票、网络订票的换票、咨询服务,使旅客在购票、上车以及中转换乘等方面得到便利服务。

问讯处的工作人员要能够使用英语为外籍旅客提供咨询服务。同时,对一些特殊的旅客可采用手语服务,真正做到“以人为本,旅客至上”,优化服务作业的流程。

1. 一般问讯服务技能技巧

(1)当旅客来到你面前,你应面带微笑地正视他,并彬彬有礼地问上一句“您需要帮助吗”?这样,很快就会消除旅客的焦虑和不安的情绪,双方间可在融洽的氛围中交流。

(2)当旅客向你询问时,应热情回答他的提问。在路上遇到有人问讯时,应停下脚步主动关切地问他“先生(女士),您有什么事需要我帮忙吗?”以示你的诚恳和亲切。

(3)解答旅客问讯,不知道的事或拿不准的事不要信口开河,敷衍应付旅客。应把旅客带到问讯处或和有关岗位去咨询,直到旅客满意为止,力求做到问讯工作的善始善终。

(4)当旅客向你问路时,如果你知道他所问的地方,应清楚详细地告诉对方怎么走,必要时可以画一张路线图;若不知道,可以说“对不起,先生(女士),您说的这个地方我也不太清楚,不过您可以到车站问讯处,让那儿的工作人员帮您查一下地图,好吗?”这时,你应马上带他到问讯处或清楚地指示他怎么走才能到达问讯处。

(5)在问讯服务中,应尽可能做到百问不厌。客运服务人员应积累丰富的知识,包括熟练掌握本岗位业务基础知识,多总结、积累、了解其他相关岗位业务知识;对交通、旅游、购物、餐饮、住宿、医疗等相关延伸知识也应多收集、了解,这样才能避免在旅客面前尴尬,急旅客之所急。

2. 问讯处服务技能技巧

(1)问讯处是旅客求助的中心，应为旅客提供整洁明亮的问询环境和设施先进的问讯设备。设备尽量采取"开放式"，让旅客与客运服务人员面对面进行微机和联网查询，高铁车站还应安装触摸式电子查询设备，以供旅客查询。另外，还应提供丰富的问讯资料供旅客翻阅。

(2)面对旅客的询问，应双眼正视旅客全神贯注地倾听，注意不要随便打断对方的问话，要让对方把话讲完。需要插话时，应当在对方讲话告一段落再进行，不要直接否定对方的讲话，更不要"抬杠"。如果没有听清旅客的问话时应说"对不起，请您再说一遍，好吗？"

(3)回答询问时要站立端正，使用普通话，声音大小适中，语气要温和，耐心、愉快、准确地回答。同时，客运服务人员应注意对旅客一视同仁，不以貌取人，以丰富的业务知识，用自己的热情、真诚来赢得每位旅客的信任。当旅客向你表示感谢时，应微笑谦逊地回答"不用谢，这是我应该做的。"

(4)如果有众多旅客询问时，客运服务人员要从容不迫地一一作答，不能只顾一位旅客，冷落了其他旅客。凡是答应旅客随后再作答复的事，一定要守信用，适时做出答复。

【模拟训练3-1】　问讯处服务

一家长送孩子去读大学，父亲拿一张孩子的车票在北京南站问讯处要求买四张站台票，理由是父母、爷爷、奶奶想一起送孩子进站，该如何处理？

训练提示：

(1)遇到要求多买站台票送人的人员，首先要态度和蔼地解释一张车票只能买一张站台票，然后根据对方的反应来做进一步处理。

(2)如果对方能够接受，问讯处客运服务人员要表示感谢对方的理解和支持。

(3)如果对方不能接受，态度比较缓和时，问讯处客运服务人员可以进一步探问对方为何要多人送上车，待对方讲出理由后，工作人员视情况做进一步处理。

(4)如果被送站旅客能够自理，可以探问对方的担心，并明确表示铁路可以帮助他解除担忧，请他放心。

【模拟训练3-2】　问讯处服务

上午9:15，一外籍旅客持G317次车票(大连北—哈尔滨西)在大连北车站问讯处焦急地讯问，该趟车在几站台上车，应如何处理？

列车时刻表

G317	大连北	哈尔滨西	高速动车	大连北	12:55	哈尔滨西	17:11	2	04:16	403.5	645.5

训练提示：

(1)问讯处客运服务人员应能与旅客进行英语对话，了解旅客的需求。

(2)正确、迅速地解答旅客提出的问题，使旅客准时的到达站台上车。

(3)如果口头解答有困难，可采取文字解答，要求旅客把所问的问题用文字表示出来。

【模拟训练3-3】　问讯处服务

上午14:00时分，一对母女持G317次车票(大连北—哈尔滨西)在大连北车站问讯处讯问，由于这趟车是12:55始发，但是两人没赶上车，该怎么办？

列车时刻表

G67	大连北	哈尔滨西	高速动车	大连北	14:00	哈尔滨西	17:30	2	03:30	403.5	645.5
G319	大连北	哈尔滨西	高速动车	大连北	14:40	哈尔滨西	18:47	2	04:16	403.5	645.5

训练提示：

(1)问讯处客运服务人员首先应安抚母女俩的情绪，赶不上这趟车车票可以改签。

(2)缓解旅客紧张情绪后，告知13:00后从大连北—哈尔滨西的其他车次时刻。

(3)引导旅客持车票到售票窗口改签。

【模拟训练3-4】 问讯处服务

一旅客在沈阳北车站问讯处咨询，在上午10:00左右有无到北京的列车，几点从沈阳北站出发？几点到北京站？

列车时刻表

K1302	沈阳北	北京	空调快速	09:48	北京	21:18	5	11:30	112	—	194/200/208	301/315
D28	沈阳北	北京	空调动车	10:03	北京	14:51	4	04:48	247	206	—	—

训练提示：

(1)问讯处客运服务人员应熟记该车站始发、到达、中转的各次列车的时刻表。

(2)正确、迅速、主动、热情、耐心地解答旅客提出的问题，使旅客在购票、托运和提取行李、上车及中转换车等方面得到便利。

(3)解答旅客问讯方法可分为口头解答(包括电话问讯、广播通知、电视问讯)和文字解答(包括文字张贴、揭示牌揭示)。

(4)口头解答问讯时要做到“有问必答、答必正确、百问不厌”，让旅客满意。

二、售票服务作业技能技巧

高铁客运站在旅客进出站流线上设置自动售票机，并辅之分散在站内各处的售票窗口向旅客提供更加便捷的票务服务，旅客可以根据需要选择购票方式。

(1)售票员应勤练电脑操作技巧和掌握过硬的业务知识。售票时，售票员应用亲切、轻柔的声音向旅客问好，同时准确地为旅客售票。如遇售票高峰时，应用简练的语言配合熟练的电脑操作，快捷而准确地售票，以减少旅客排队等候时间。

(2)售票时，售票员应做到热情周到。对问话啰唆、耽搁时间的旅客，不要表现出厌恶情绪。如果心情不好时，来一句“你烦不烦？上问讯处问清楚再来！到底买不买？不买别碍事！”或者干脆一句“没有了！卖完了！不知道！”，把旅客打发走了事，会给旅客留下极坏的印象，甚至发生口角。

(3)如果旅客听不清你的讲话，应加大一点音量，稍加解释。当你不太明白旅客的话时，可以把纸笔递给他，让他把站名写在上面，以免误售、误购。

(4)客流量较大、票额紧张、某车次车票已售完时，可以向旅客推荐其他车次，如“对不起，××车次已售完，但去北京方向的还有××车次，时间都差不多，您可以考虑”。如果条件允许的话，可把旅客联系方式留下来，有票时再通知旅客。

(5)注意增加售票延伸服务。例如，“送票上门”服务；对用票量较大的单位，可采取“定送票协议”服务；偏远地区设“代办点”服务；充分发挥电脑联网售票优势，在市区内设联网售票点服务；也可推出“送票上门、专车接站、送客到家”等一条龙服务。

【模拟训练 3-5】　售票作业

两名学生参加模拟售票作业，一位学生（扮演旅客）要求购买北京—锦州的票，结果另一位学生（扮演售票员）给他的是北京—金州的车票，旅客与售票员发生争执，售票员该如何处理？

训练提示：

（1）售票员遇到容易混淆的车站名时应同旅客强调，确认好站名再售票。

（2）遇到地方口音重、发音分辨不清的旅客，可提供纸笔让其手写站名，方便正确售票。

（3）遇到焦急、脾气暴躁的旅客，售票员应先安抚其情绪，发生误售车票，马上收回原票，换发新票。

在车站售票厅内，工作人员要做好引导旅客正确使用自动售票机的工作，耐心接受旅客的咨询。若遇到机器故障、车票与屏幕信息显示不同时，要及时采取应急处理措施。

随着高铁车票实名制的执行，旅客可在自动售票机上输入身份证信息，轻松地购买到所需车票。为方便旅客购票，自动售票机还可使用银行卡刷卡，或提前在网上订好车票，凭有效证件再到车站窗口领取。

高铁客运站在售票大厅安排指导旅客使用自动售票机的服务人员，特别是对第一次使用自动售票机的旅客，要对其详细介绍，遇到问题及时帮助解决，使旅客能迅速、准确买到车票出行。

【模拟训练 3-6】　售票服务

一名旅客在使用自动售票机购票时，发现售票机在收了票款后，却不出车票，旅客十分着急，不停用脚踹机子，胡乱按售票机显示屏上的按键，售票引导人员应如何处理？

训练提示：

（1）售票引导人员应及时制止旅客的过激行为，问清情况后，第一时间通知维修人员来检查自动售票机，维修机器。

（2）缓解旅客紧张情绪后，若旅客着急买票，可在维修机器的同时引导旅客到人工售票窗口购票，待机器恢复后再如数退还旅客票款。

（3）可以在进行合理解释后表示抱歉和理解，给予对方发泄不满的时间。对严重扰乱工作秩序的人员应请求公安人员协助处理。

【模拟训练 3-7】　售票服务

一名旅客持身份证在自动售票机前购买动车票，结果显示屏显示证件无效，旅客十分焦急，到人工售票窗口咨询，售票员该如何处理？

训练提示：

（1）售票员应先缓解旅客紧张情绪，了解情况（发现是该旅客身份证消磁）。

（2）手工输入旅客身份证号，出售车票。

（3）提醒旅客带磁条的卡不要叠放在一起，以防消磁。

【模拟训练 3-8】　售票服务

一名旅客在排长队后到窗口买票，可是由于票额紧张，他没能买到卧铺票，买到的是无座票，结果该旅客在售票大厅谩骂售票员，无理取闹，售票员该如何处理？

训练提示：

(1)售票员视旅客情绪，可耐心地解释或更换其他车次或退票，观察旅客反应，再做进一步处理。

(2)如果遇到明显无理取闹的旅客，可以进行合理解释后表示抱歉和理解，给对方发泄不满的时间。对严重扰乱工作秩序的人员应请求公安人员协助处理。

(3)处理时语言应少而精，不宜多说，宜多听，但不宜微笑。

三、候车服务作业技能技巧

高速铁路车站候车室本着“以人为本”的服务理念，向旅客提供“便捷、舒适、优质”的服务，候车室内还分设候车区域，对高铁商务座、观光座旅客设有专门的VIP候车区，其他旅客可到候车大厅候车，无论是一等座还是二等座，旅客要按照车票上标注的检票口信息就近候车。

候车室应保持整洁明快、清新、高雅的良好卫生环境。为此应讲究卫生宣传艺术，要注意语言艺术，让旅客自觉维护环境卫生。

1. 卫生宣传

(1)礼貌的语言不仅表示你对他人的尊重，而且会让不讲卫生者自己觉得不好意思，记住改正。例如，在劝阻旅客吸烟时，可以和颜悦色地说“对不起，先生，我们这是无烟候车室，请您到吸烟室去，好吗?”然后再告诉他吸烟室在什么地方，那么，这位旅客会很自觉地把烟熄灭。

(2)通过广播宣传时，忌用生硬的语气进行宣传，如“根据××部门的规定，一不准……二不准……否则罚款”等。这种生硬的语气让人听后感觉很不舒服，甚至会使旅客产生逆反心理。

(3)在候车室中，通过布置通俗、醒目、富有文化品位的“禁烟”标志、保持卫生的宣传栏以及简洁明快的候车布局、条理分明的座椅摆设和一尘不染的窗户地面，都会无声地提醒旅客“这是一个文明的场所”。让旅客受到心灵的启迪，自觉地维持好卫生环境。

2. 清扫卫生

(1)清扫卫生应把握好清扫时机，不能不分时间、场合的随意清扫。可选择旅客清醒、闲聊时或用餐后再进行清扫，以便及时地把吃剩的果皮、剩饭菜等清理干净。不可在检票前进行清扫，这样会影响旅客检票的秩序，造成混乱。可选择在本次列车检票结束后，再行打扫，既没有干扰又可彻底地清扫。

(2)清扫卫生时要注意干净利索，不要盲目图快，更不能毛手毛脚，敷衍了事，以免灰尘四起。尽量注意不要弄出声响，以保持候车环境的安静舒适；可划分出责任区，做到“日常保洁，随脏随扫”。

(3)清扫时服务态度应热情，语言表达上应该更多地体现出相互尊重、友好相处的意愿。例如，扫地需要旅客配合，你可以轻轻地说“对不起，先生，请您抬一下脚。”“劳驾，请您抬一下脚，别碰着您。”扫地结束后，要感谢旅客与您的配合，及时说一声“谢谢”。切忌用训斥、命令、过激的语言，如“抬抬脚，听见没有?”“你躲开，躲远点，碰你身上我不管”。

(4)候车室面积大，旅客较多，卫生工作难保持。可在座椅间隙多摆设一些果皮盘，在候车室适当位置增设一定数量的果皮箱，方便旅客随手投放垃圾，而不至于无处可扔，随手抛弃，可以有效地保持地面干净，减轻工作劳动强度。

(5)洗手间清洁卫生。洗手间应指定专人清扫，做到勤打扫、勤冲刷，洁具保持常新、干净,适时地开窗通风,保持地面干燥,洗手池、台面、镜面不留水迹。

3.旅客候车

(1)候车服务引导,可利用广播、电子指示牌等,及时告知、引导旅客提前到达指定的候车检票地点。如果能适时地站在候车室门口或走到旅客身边,主动迎候旅客,随时为他们提供服务,指出他们确切的候车地点,更会让旅客感到你训练有素、值得信赖。

(2)可按照列车时刻表的先后顺序提前排定好各次列车候车区域,并设置引导标志。旅客进入候车室以后,应先从检票口开始,指引旅客按先后顺序依次落座候车。一旦旅客落座以后,要避免经常调换,给旅客带来不便。旅客携带行李物品应放在自己前面,并依顺序排列。

(3)候车室中,由于旅客较多,为便于排队检票,应把握"三条线",即两边椅子上坐旅客成两条线,中间过道上行李摆放又成一条线,给人整齐划一、井然有序的感觉。

4.检票

(1)掌握好检票时间。一般情况下,始发列车应在开车前40min开始检票,过路车在列车到站前20min开始检票。

(2)宣传好列车情况。积极配合广播室及时、准确、清楚地通告列车运行情况,让旅客做到心中有数而不慌忙奔跑。

(3)检票时应组织好检票秩序。提前在检票口显示最近要检票的车次、检票状态等信息,并通过电子引导装置不间断显示,可采取提前检票、分段检票、分行检票等方式组织检票,让整个候车室在检票时始终保持检票秩序的井然有序,安静而文明。

(4)人工检票时,应做到"一看,二唱,三下剪",干净利落,有条不紊地进行操作。与旅客对话时,要注意微笑着面对旅客,说话语气要平和,吐字要清楚,态度要和蔼。例如,面带微笑地向旅客点点头,说一声"您好!"或者说"您好,先生(女士),请您把车票打开。"

(5)检票后,应主动把车票递到旅客手中,不要等旅客到你手中来取。交还车票时可说:"祝您旅途愉快!"或者说"请您走好,再见"等等。

(6)如果发现有个别旅客扰乱秩序,应该用和蔼的语气劝阻他"对不起,这位先生(女士),请您按先后顺序检票。"切忌大声呼喊训斥或推搡旅客,这会引起周围旅客对你的反感。你可以用手或身体非常文雅地挡在他的前边,态度严肃、语气坚定地说"对不起,这位先生(女士),请问您的车票呢?"或者说"对不起,先生(女士),这趟车是对号入座,您必须凭票上车。"或者说"先生(女士),您能先补张车票后,再进站好吗?"

(7)如果几个旅客的票全由一个人拿着,而这个人又走在最后面,可委婉地说"请问你们几位的车票在谁那里呢?别着急,让我先核对一下车票再走,好吗?"

(8)当看到不是本次列车的旅客来检票时,可对他(她)说"对不起,先生(女士),你的车票不是这趟车的。"或者说"对不起,先生(女士),现在检票的是××次,而您的车票却是××次,请您到××候车室去检票。"

(9)检票停止后再有旅客赶来时,应该制止旅客进站。同时,用和蔼亲切的语气耐心地安慰他,并帮助旅客出主意"先生(女士),您别着急,您改乘××次列车同样可以到达。您可去售票处办理改签手续。如果您需要的话,我可以帮您去办理,您看可以吗?"切不可对旅客刻薄生硬地埋怨、粗暴地阻挡。

【模拟训练3-9】 候车室服务作业

候车室客运值班员在进行巡视观察时发现一旅客携带25kg超重物品，还随身携带一个大尺寸的液晶电视，该如何处理？

训练提示：

(1)向旅客说明铁路关于携带品的规定，每位旅客携带品的重量应小于20kg，外部尺寸长、宽、高之和不能超过160cm。

(2)发现有携带超大或超重物品的旅客，应及时进行耐心劝解，让其办理托运手续。

(3)如果旅客办理托运手续影响乘车时间时，可以耐心向其解释车票可以在开车后2h内办理改签手续。

(4)如果遇到明显无理取闹的旅客，可以进行合理解释后表示抱歉和理解，给对方发泄不满的时间；对严重扰乱工作秩序的旅客应请求公安人员协助处理。

【模拟训练3-10】 候车室服务作业

有一旅客在候车椅上睡着了(没有同行人)，经提醒后发现丢失一个包，候车室客运值班员该如何处理？

训练提示：

(1)先要从情绪上呼应对方，立即讯问有关情况。

(2)必要时拿出便签簿边听边记录有关信息，让对方感觉你和他一样着急，并且你在积极准备下一步工作。

(3)当面用通信工具和公安人员联系，公安人员如果能到场，陪伴对方直到公安人员到场。

(4)如果公安人员不能到场，若时间容许，尽快带对方找到公安人员。

(5)如果自己因工作不能离开岗位，可以当着旅客的面与公安或其他人员联系，确定接待地点，然后尽可能详细地给对方指明路线，忌让对方感觉你在敷衍。

【模拟训练3-11】 候车室检票服务作业

车站停检车票后，一名旅客持北京—上海的车票强烈要求进站上车，候车室客运值班员该如何处理？

训练提示：

(1)视旅客情绪，耐心向其解释可以改签或退票，观察旅客反应，再做进一步处理。

(2)如果旅客继续争取想进站，首先表示理解对方的心情，然后再进行礼貌相劝，争取让对方接受你在为他的安全着想。

(3)如果旅客情绪非常激动，在进行完耐心、合理地解释后表示理解，给旅客发泄不满的时间，但决不能迁就的放行。

5.重点旅客服务注意事项

1)儿童服务注意事项

有成人陪伴的儿童：

(1)提醒家长看好小孩，不宜随意追逐嬉闹，在饮水器旁注意不要烫伤。

(2)根据实际情况，可提供儿童读物、玩具，并提醒小旅客不要在候车室玩耍、奔跑，以免受伤及妨碍他人。

无成人陪伴的儿童("车递儿童"):

(1)为儿童旅客提供玩具、儿童图书及扑克牌、象棋、跳棋等文化娱乐用品。

(2)指派专人服务,随时关注并帮助儿童旅客。

(3)上车需与列车员做好交接工作。

2)孕妇服务注意事项:

(1)由于身体原因,孕妇可能会经常起身去洗手间,需要安排靠近走道的座位以方便其进出。

(2)需要时,客运服务人员应委婉引导旅客。

(3)卫生间应保持清洁干净,地面整洁,避免孕妇滑倒摔伤。

(4)对孕妇多提供几个清洁袋,主动讯问孕妇候车感受,随时给予照顾。

(5)上车时客运员可协助孕妇旅客提取行李,并送至车门口。

3)老年人服务注意事项

(1)与老人谈话时,声音要略大些,速度要慢,语言简练、柔和,要有耐心。

(2)提供茶水时,为了防滑避免烫伤旅客,可在杯子下面垫盘之间垫张纸巾。

(3)主动搀扶老年旅客候车检票,必要时用轮椅送老年旅客上车。

(4)如轮椅老人旅客去洗手间有困难时,应主动、细心给予照顾。

(5)老年旅客候车时需主动上前搀扶并协助提拿行李。

(6)老年旅客腿部容易怕冷,应主动提供毛毯,帮助盖毛毯时应注意把脚、腿盖上,或适当垫高下肢。

(7)由于老年人听觉较差,对于广播经常听不清楚,客运员应主动告诉广播内容和介绍候车室服务设备、洗手间的位置。

(8)为老年人提供茶水时,应主动介绍饮料品种,提醒旅客哪种饮料含糖分;老年旅客需要橙汁时应主动提醒旅客橙汁是微酸的。

(9)主动帮助老人或没带老花镜的旅客填写意见卡等。

(10)放行时提醒老人别忘记所携带的物品,搀扶其上车,与送站人员做好交接。

4)带婴儿的旅客服务注意事项

(1)应主动讯问旅客是否需要摇篮,如果需要,可协助旅客安放摇篮,垫上毛毯,放好小枕头,让婴儿平躺在摇篮里(摇篮承重为15kg)。

(2)应主动向旅客了解婴儿何时需要热奶或食品加热,需要时应帮忙兑奶或加热食品。

(3)需要时,可给婴儿提供玩具。

(4)当列车到达开始检票时,请旅客包好婴儿,收回摇篮,同时帮助旅客整理手提物品,穿好衣服。

5)VIP旅客服务注意事项

(1)了解VIP旅客的职务、服务喜好等信息,提供个性化服务。尤其是北京—天津等线路,某些部门或集团的领导可能是常客,对这些经常乘坐动车组列车的领导、公务人员,应能够对他们的生活、饮食习惯作一个总结,建立专门服务档案,将适合VIP旅客特点的乘车习惯记录在案。例如,某VIP旅客腰不好,就主动递一条毛毯让他垫上;某旅客喜欢喝不加糖的红茶,就直接送上他喜欢的饮品等,使服务更科学,更个性化,更有针对性,旅客也觉得更亲切。

(2)VIP 旅客候车时,及时为旅客挂好衣物、注明座位号。

(3)值班员代表班组向 VIP 旅客致欢迎词,表示为其服务深感荣幸,并竭诚为其服务。

(4)主动询问随行人员了解 VIP 旅客的乘车情况。

(5)在候车中,尽量减少对旅客的不必要打扰,如旅客不需要提供服务,客运服务人员之间应做好交接工作,避免重复询问。

(6)送客时帮助旅客提拿行李交接给随行人员,并真诚道别,期待以后能够继续为其服务。

(7)与 VIP 旅客聊天时,话题避免涉及商业机密或政治方面的话题。

【模拟训练 3-12】 候车服务

两名旅客在候车室候车时,由于候车人数较多,为争座位发生争执,并大打出手,候车室客运值班员该如何处理?

训练提示:

(1)候车室客运值班员应先安抚旅客并简单了解事情的起因,同时报告站长。

(2)尽可能为旅客调整座位,协助旅客妥善放置好随身物品,调解、缓解旅客间的矛盾,注意语言技巧,减少对周围旅客的影响。

(3)对于不听工作人员劝阻,争执行为过激引发打架斗殴,并经调解仍无法平息矛盾时,应及时报告值班站长,由站长决定是否需要车站公安人员协助解决,旅客是否可以继续旅行。

【模拟训练 3-13】 候车室特殊旅客服务

模拟高铁客运站候车室的旅客服务,分别有成人陪伴的小旅客、孕妇、老年人、带婴儿的旅客、VIP 等特殊旅客,客运服务人员需根据其不同要求做好服务工作。

训练提示:

对特殊旅客的服务水平是体现客运服务人员服务水平的一个重要方面,做好特殊旅客的服务需要更多的细心和耐心。

【模拟训练 3-14】 候车室检票服务

一名旅客拿着红色纸质票放入自动检票机中,结果不能使用,影响其他旅客正常检票进站的秩序,客运服务人员该如何处理?

训练提示:

(1)客运服务人员发现旅客错误使用车票进站检票时,应及时引导,告知红色纸质票不能使用自动检票机,可用旁边人工检票口进站。

(2)安抚其他排队旅客的情绪,及时恢复正常的检票秩序。

(3)在检票口的客运服务人员应做好宣传工作,告诉旅客持磁质车票时经自动检票机检票进站,持红色纸质票时经人工检票进站。

四、站台服务作业技能技巧

(1)客运值班员应负责引导旅客进出站安全的相关服务工作,为列车正常运行提供有效地保障。

(2)做好车门验票上车工作。

(3)解决和协调旅客现场存在的问题,并及时逐级汇报。

(4)及时配合公安人员清理闲杂人员,维持好站内安全秩序。

(5)负责协助值班员做好晚点列车的处置。

(6)负责做好旅客乘降工作,确保安全。

(7)协助值班员做好站车交接工作及突发事件的应急处理。

(8)完成上级交办的事项。

【模拟训练 3-15】　站台服务

一名旅客在站台安全线以外拿摄像机拍摄车站,站台客运值班员该如何处理?

训练提示:

(1)站台客运值班员应及时制止旅客,组织旅客站在安全线内,向旅客说明选择安全且候车人较少的位置进行拍摄。

(2)做好站台安全宣传和防护工作。

(3)随时注意旅客动态,防止旅客钻车、爬车及横越股道。

【模拟训练 3-16】　站台服务

一名旅客推着坐轮椅的另一名旅客在站台上焦急地寻找对应的车厢,由于站台人多,看不清站台地面上的车厢位置标记,站台客运值班员该如何处理?

训练提示:

(1)重点旅客重点照顾,疏散人群,带领旅客在第一时间找到车厢位置。

(2)维持站台秩序,安排好其他旅客排好队,先下后上。

(3)帮助特殊旅客拿行李或辅助其顺利上车。

五、出站服务作业技能技巧

1.出站引导

(1)多数旅客刚下车时,很难辨别方位,应通过广播适时宣传引导。在站台、地下通道、出站口等处设置完善的引导装置,通过电子指示牌,"无声"地引导旅客出站。同时,客运服务人员应服务在刚下车的旅客身边,随时为旅客指明简洁、正确的出站方向。

(2)随时保持地下通道的宽敞、明亮和站台的平坦、干净。积极疏导出站队伍,对一些携物较多或行走不便的旅客,应主动帮助、扶持,以保证队伍能井然有序和快捷出站。

2.验收票

负责出站旅客验收票工作,验收票时,客运服务人员应着装整洁、精神饱满地站在岗位上,向旅客微笑致意,同时主动伸手去接车票,认真看清票面内容。不要等旅客把票递到你胸前你再去接或干脆让旅客举到你面前让你查验,这样做是对旅客的怠慢和不尊重。

3.补票

(1)当发现旅客没有车票想混出车站时,客运服务人员不应大喊大叫、尖酸刻薄地训斥、挖苦,也不要用劲地拉拽或推搡旅客,可以用手或身体礼貌地挡住他,声音平和缓和、语气委婉地告诉他到补票处去补票。

(2)当看到旅客拿的包很重很大、背着都吃力有可能超重时,客运服务人员不能生拉硬拽非让他去补费,而是应主动走上前去,帮他抬着走,唠家常式地说"先生,您从哪里来呀,就你自己拿这个大包,可够重的。"然后,再切入主题"先生,您拿的这包好像有点超重了,上车时怎么没去托运呢？我帮您拿去称下重量，好吗？”如果确实超重，应及时向旅客指出“先生，您看，您的包都超 10kg 了，应该补收运费。”如果没有超重，客运服务人员应及时向旅客道歉“对不起，给您添麻烦了，有人接您吗？我可以帮您叫一辆出租车。”

(3)遇见儿童超高补票的情况，客运服务人员应注意一定要量过以后才能确定儿童是否超高。有家长在身边，一定要先说服家长，不要自行拉着儿童去补票。例如，看见有带儿童的旅客时，你可以主动走到他们的身旁，弯下腰关切地问儿童“你叫什么名字？今年多大了？从哪里来呀？”，以消除儿童害怕和紧张情绪，让他感到你很亲切。然后，再询问这小孩的家长“他有多高？几岁了？”如果家长不愿意说，你可以拉着儿童的手说“小朋友，叔叔(阿姨)领你去量一下身高好吗？”如果儿童确实超高了，就应跟他的家长说：“您看，您的小孩才×岁就长这么高了，该买大人票了。”

(4)当遇旅客需补费时，客运服务人员应和颜悦色地用通俗易懂的语言描述相关的补费规定，并准确地说出应收费用，该补多少就补多少，不能含糊其词。

(5)当旅客没钱补票或不愿意补票时，客运服务人员应注意避免与旅客争吵，更不能拿旅客的物品做抵押或接受旅客的赠品，对确实没钱补票的旅客按国务院的相关规定办理。碰上蛮不讲理的旅客，可把他请到值班室，耐心和蔼地向他解释，等到他心平气和时再补票(补费)。必要时可由公安值勤人员出面，尽量避免与旅客之间产生摩擦，激化矛盾。

4. 其他

(1)做好晚点列车的通告工作。

(2)做好旅客到站后的安全宣传工作，保证旅客安全有序地出站。

(3)协助客运值班员做好突发事件的应急处理。

(4)及时配合公安人员清理闲杂人员，维持好站内安全秩序。

(5)监督保洁人员做好站区卫生清洁工作。

(6)完成上级交办的事项。

【模拟训练 3-17】 出站服务作业

一名旅客带着一个 1.3m 的儿童出站，查票时发现儿童无票，出站口客运值班员该如何处理？

训练提示：

(1)客运值班员应向旅客宣传儿童乘车规定，身高在 1.2～1.5m 的儿童乘车时，需购买半价客票、加快票和相应的空调票。

(2)务必要测量以后才能确定儿童是否超高。

(3)有家长在身边，一定要先说服家长，不要自行拉着儿童去补票。

(4)与儿童交谈时，应注意方法，消除儿童害怕和紧张情绪，让他感到你很亲切。

【模拟训练 3-18】 出站服务

一名旅客持磁质车票不能放入自动检票机，无法验票出站，由于后面排队的旅客较多，引起很多旅客的不满，严重影响验票出站的秩序，出站口客运值班员应如何处理？

训练提示：

(1)出站口客运值班员应查明情况，如果为自动检票机故障，则应引导旅客到人工验票口验票出站。

(2)如果发现旅客所持车票为无效车票,则应先安抚其他旅客情绪,再带领该旅客到补票处补票。

(3)与旅客或其他沟通对象交流时,一定要注意语气、语言,有些问题本身很简单,如果因为态度问题,可能会变得复杂起来。

【模拟训练 3-19】　出站服务

一名旅客在出站口查票时无票,旅客声称自己是铁路企业职工,却无法提供有效证件证明,态度恶劣,与工作人员发生争执,不配合工作,出站口客运值班员该如何处理?

训练提示:

(1)出站口客运值班员应查明旅客是否冒充铁路企业工作人员无票乘车。

(2)遇个别比较蛮横的旅客无理纠缠,需要公安人员出面时,最好不要当旅客的面通信联系。

(3)待旅客情绪平静后,带其到补票处进行补票。

六、"三品"检查服务技能技巧

(1)检查前,应主动说"谢谢您的合作",并主动伸手帮旅客把包放到检测仪上或抬到桌上进行例行检查。如果旅客较多,应手脚利索地协助旅客进行检查,同时提醒后一位旅客做好准备,以加快速度。

(2)检查中,对旅客携带物品有疑问时,最好不要当着其他旅客的面检查包内的违禁品,应把包拿到一旁,协助公安值勤人员开包检查。发现了违禁品,应保持平和的心态,向旅客详细指出哪些物品属于违禁品,严禁带进站、带上车,同时没收违禁品。若未发现违禁品,应当立即向旅客表示道歉,以示诚意。

(3)检查过后,应向旅客表示感谢"对不起,给您添麻烦了,祝您旅行愉快,再见。"

【模拟训练 3-20】　行李安检服务

一名旅客携带一大旅行包过机检查,行李安检机发出警报,安检员要求旅客配合开包检查,遭到旅客拒绝,并发生争执,安检员该如何处理?

训练提示:

(1)安检员应耐心向旅客解释铁路对旅客携带品的安全规定,希望旅客配合检查,保证旅行安全。

(2)注意语言技巧,减少对周围旅客的影响,不扰乱其他旅客正常的进站秩序,必要时可带到值班室进行沟通。

(3)对于不听工作人员劝阻,辱骂工作人员,并经调解仍无法平息之间的矛盾时,应及时报告值班站长,由站长决定是否需要车站公安人员协助,旅客是否可以继续旅行。

【案例 3-4】　服务热情周到,待老人如亲人

20××年 2 月 15 日,G7213 次列车缓缓驶入余杭站。客运值班员小戴在站台上正在组织旅客有序下车,这时,她发现人群中有一对母女走得很慢,好像还在相互议论着什么,目光却一直关注着无障碍电梯。母亲是位老奶奶,虽白发苍苍,但身板硬朗精神好。当列车驶出站,站台上寒风瑟瑟,小戴正准备回值班室时,发现这对母女还在原地徘徊,便主动上前询问："您好，这位奶奶需要乘坐无障碍电梯吗？"她们点头微笑。电梯里，老奶奶闭眼紧握扶手，低声说："电梯太高了，可怕。"一边的女士对小戴说："同志，你别看我妈年纪大，生活中一般不麻烦人，刚才一下车就在担心怎么出站，看到手扶电梯又长又陡心里害怕，你看她刚才紧张的样子就明白了。"小戴送走这对母女，刚回到值班室坐下，门又被推开了，居然还是刚才那对母女。那位女士一边出示车票一边急促地说："同志，真不好意思，我妈把一只环保袋忘在刚才的列车上了，里面有一盒心脏病药，是她今天要吃的，由于来余杭也没带上应急药品，麻烦您帮忙找找。那只环保袋很不起眼，里面都是些杂七杂八的东西，最底下有一药盒。我倒不担心有人拿走，就怕工作人员以为是垃圾，直接扔掉了。"小戴立即拨通了杭州站客运值班室的电话，将物品特征完整地描述了一遍，请求帮忙寻找。挂完电话，小戴突然想起 G7213 次列车上还有她的两位同事，于是拿起手机又拨通了同事的电话，要求她们转告列车长，并帮忙一起查找。8min 后，杭州站客运值班室传来了好消息，环保袋找到了，药物也在其中。小戴将这一好消息及时转告了这对母女，并告知环保袋转交过来的车次及时间。30min 后，小戴亲手将环保袋交到这对母女手中，老奶奶握着小戴的手久久不肯松开。

【案例 3-5】 短暂十分钟，一生泰州情

20××年 12 月 25 日，客运值班员小戴跟往常一样，怀着愉快的心情在候车大厅巡视。这时，一位老爷爷手提行李步履蹒跚地走过来问道："同志，请问开往上海的 D2268 次列车在哪里候车？""在二楼，D2268 次列车现在已经开始检票了"，小戴不假思索地回答道。这位老年旅客明显感到有些着急，努力加快了脚步，由于腿脚不是很灵活，况且还提着一大包行李，行走非常缓慢。小戴看了看时间，距离开车还有 10min。"我送您上车吧"，小戴接过这位老年旅客的行李，这位老年旅客先是一愣，然后不好意思地说："同志，这样太麻烦你了，还是我自己来吧！""没关系的，大爷。"小戴并没有停下脚步，引导这位老年旅客通过检票口，再通过天桥往 5 号站台走去，再下楼梯时，小戴还特意放慢了脚步，一只手拿行李、一只手搀扶着老年旅客，并嘱咐道："大爷，下楼梯要慢点，注意脚下！""好，好！"老大爷稳了稳步子回答道。老大爷的车票是 15 车 5D 座位，小戴一直将老人送进车厢门口。当小戴正准备离去时，老爷爷突然紧握住小戴的手，热泪盈眶地说道："同志，你真是好人啊，我是第一次来泰州火车站坐车，没想到就遇到你，你们的服务真是太好了！"小戴摇了摇手，微笑地说："没关系，这是我们应该做的，祝您旅途愉快！"

【案例 3-6】 守望心灵之约，自觉服务旅客

时光飞逝，小徐在"赵红卫服务总台"已经工作一年有余了，服务过各种各样的旅客，渐渐地与他们之间有了心灵之约。这天有两位旅客陪同一位坐轮椅的旅客到总服务台寻求帮助，小徐接待了他们。他们要乘坐 G52 次列车到南京南站，由于当时离开时间尚早，小徐便写好重点旅客联系单，带他们先到第一候车室稍做休息，等列车抵达站台前，她再安排人员一起将他们送上火车。列车到达站台后，小徐正准备送他们下站台时，那位坐轮椅旅客的陪护人急匆匆地跑到服务台说他们有一人的身份证找不到了。小徐听了心里不禁着急起来，立即和那位残疾旅客的同伴一起寻找，随身携带的小包、衣服口袋和卫生间、售票大厅、候车室等所有能想到的地方都找了一遍，还是没有找到。眼看列车已经开始检票了，为了不耽误

旅客行程，小徐提议先上车后再派人去寻找，在征得旅客的同意后，小徐立即将他们送下站台，与值乘列车长办理了交接，并将他们送上了火车。小徐回到总服务台，不禁感到有些遗憾，这时有一位旅客交来一张捡来的身份证，恰好是那位残疾旅客丢失的身份证，此刻离开车时间还剩5min。小徐拿起身份证就向通往G52次列车站台的通道跑去，跑到9号站台时离开车只剩1min了。当时小徐所在位置是8号车厢，而残疾旅客在4号车厢，直接送过去估计时间来不及，小徐立即将身份证交给8号车厢列车员，要求其转交给4号车厢的残疾旅客。8号车厢列车员通过对讲机告知了4号车厢列车员，让4号车厢列车员先告知旅客，等开车后再将身份证送过来。一切交接妥当后，列车慢慢起动了。当4号车厢经过小徐时，小徐透过车窗看到残疾旅客在车厢内正不停地向他挥手……

复习思考题

1. 问讯处服务有哪些基本的服务技能技巧？
2. 售票服务有哪些基本的服务技能技巧？
3. 候车服务有哪些基本的服务技能技巧？
4. 站台服务有哪些基本的服务技能技巧？

第四章 动车组列车服务工作

本章描述

本章介绍了动车组列车服务质量规范、服务用语、服务工作的技能技巧、客运服务人员应急预案处置流程。高铁旅客运输服务的高质量，意味着旅客的高满意度，所以提高高铁旅客运输服务质量的关键在于使旅客满意。由于不同的旅客对服务的需求不尽相同，因此必须针对旅客的不同需求采取相应的服务策略，提供针对性的服务，尽最大努力满足旅客的不同需求。

教学目标

1. 能力目标

(1)能够运用动车组列车服务质量规范高质量服务旅客。

(2)掌握动车组列车客运服务的技能技巧。

(3)掌握动车组客运服务人员应急预案处置流程。

2. 知识目标

(1)掌握动车组列车服务质量规范，能正确运用服务用语服务旅客。

(2)掌握动车组列车客运服务的技能技巧。

(3)掌握动车组客运服务人员应急预案处置流程。

3. 素质目标

培养客运服务人员在旅客运输服务工作中应急处置意识。

相关案例

【案例4-1】 真诚沟通，礼貌待客

20××年7月22日，G36次旅客列车商务车，列车员小郑收拾好一位女士用过的午餐用具后，含笑问道："女士，请问还有什么需要效劳的吗?""我需要休息，请中途不要来打扰我"女士说。"好的"小郑欣然应允。可是不一会，这位女士突然站了起来，生气地对着小郑喊道："你们商务座这么吵，让我怎么午休，你赶紧让后面那男的把声音关掉。"原来后面的男旅客正在看电影，可能声音大吵到她休息了。"先生，对不起，声音调小一点可以吗?"小郑连忙与那位先生商量能否把声音调小一些，先生显得有些不乐意。不一会儿，女士又生气地把小郑叫过去，说："你能不能让他使用耳机，吵得我无法休息。""对不起，打扰到您休息了，我再和那位先生协商一下。"等小郑再跟那位男士商量的时候，那位先生有点不耐烦地对小郑嚷道："这声音还叫大啊，我自己都听不到，何况她呢！我不喜欢用耳机。"小郑情急之下灵机一动；"这位先生，要不我帮您拿行李，移到后面几排的位置上，那样，您就可以安心地看电影了。"看到后排人少，无人打扰，那位男士满口答应。等小郑把那位男士安顿好，又微笑着来

到女士面前:“这位女士,现在没有人打扰您休息了,您好好休息吧,有问题可以随时叫我。”女士终于对小郑露出了微笑:“谢谢您!”

【案例 4-2】　应急预案在心中,启动热备不慌乱

20××年 11 月 20 日,9:52,福厦北三组列车长张某接到了上海虹桥高铁二队值班室的电话:“接调令,由你们班组担当热备任务,上海虹桥站开往北京南站方向的 D320 次列车以及返程 D317 次列车,请立即启动热备。”列车长张某回答:“好,明白。”由于热备车底车型和原车型不一致,列车长张某立即组织四名列车员召开了启动热备方案,并提醒乘务员重点注意以下三点:一是由于 D320 次列车原使用 CRH2E 型卧铺代替座位车,热备车底为 CRH380BL 车型,列车员要掌握所负责车型旅客的安排方案,做好旅客引导工作;二是广播员要反复播放列车座位的安排方案,引导旅客有序地寻找座位;三是各车厢列车员要加强车厢巡视,发现旅客重号或座位等级不符的情况及时报告列车长,同时要实时掌握所负责车厢旅客的安排情况,为后续调整座位做好准备。10min 后,热备车底驶入上海虹桥车站,车站开始放客,车班按照张车长热备方案有序地开展车厢引导工作,列车广播宣传,旅客们都很配合及谅解。就这样,列车一路顺利地到达了北京南站。次日,班组到达北京南站接车,值乘 D317 次,站方值班员向列车长张某提交了一份座位调整方案。可是,列车从北京南站开出不久,1 ~4 号车厢列车员发现部分旅客座位重号,随后,9 ~ 12 号车厢列车员也反映了同样的情况。没想到北京南站售出了两种车型的车票,造成后面沿途站重号的旅客很多。面对此情况,车班按照“重点照顾,满足基本需求”的原则,一方面列车员耐心地做好解释工作,安抚旅客情绪,积极为重点旅客安排座位。同时,及时向客运调度员反映列车状况,请求前方停靠站尽可能控制客流,做好前期安排和引导。列车员始终坚持服务在旅客周围,并对因乘坐座席不同造成产生票价差额的旅客进行登记、统计、与站方办好交接。列车终到上海虹桥车站,旅客情绪稳定,班组克服困难,顺利完成此次热备任务。

第一节　动车组列车服务质量规范

本节说明

本节主要学习动车组列车服务质量规范,是从事动车组列车旅客运输服务岗位职工及管理人员必须要掌握的知识部分。本节内容主要包括动车组列车对安全秩序、设备设施、服务备品、整备、文明服务、应急处置、列车经营、高铁快件、人员素质和基础管理等方面的要求。

教学建议

本节教学建议教师理论部分采用课件,用多媒体辅助教学,宜大量采用案例教学,学生分组讨论分析为辅。

任务实施

通过学习本节知识,教师可将学生分小组,运用相关理论知识进行角色扮演模拟现场演

练,各小组进行总结汇报,小组互评,教师进行适当点评。切实做到教、学、做一体化,提高学生运用知识做好客运服务的能力。

相关理论知识

一、适用范围

《铁路旅客运输服务质量规范(列车)》对中国国家铁路集团有限公司所属铁路企业的动车组列车旅客运输服务提出了质量要求。

二、术语和定义

(1)动车组列车:由若干带动力和不带动力的车辆以固定编组组成、两端设有驾驶室的一组列车。

(2)重点旅客:老、幼、病、残、孕旅客。特殊重点旅客是指依靠辅助器具才能行动等需特殊照顾的重点旅客。

三、安全秩序

(1)防火防爆、人身安全、食品安全、现金票据、接合部等安全管理制度健全有效。

(2)出、入动车所前,由车辆、客运服务人员对上部服务设施状态进行检查,办理一次性交接;运行途中,发现上部服务设施故障时,客运服务人员立即向列车长报告,并通知随车机械师共同确认、处理。

(3)各车厢灭火器、紧急制动阀(手柄或按钮)、烟雾报警器、应急照明灯、防火隔断门、紧急门锁、紧急破窗锤、气密窗、厕所紧急呼叫按钮及车门防护网(带)、应急梯、紧急用渡板、应急灯(手电筒)、扩音器等安全设施设备配置齐全,作用良好,定位放置。客运人员知位置、知性能、会使用。

(4)安全使用电源,正确使用电器设备。电器元件安装牢固,接线及插座无松动,按钮开关、指示灯作用良好;不乱接电源和增加电器设备,不超过允许负载。配电室(箱)、电气控制柜锁闭,无堆放物品。不用水冲刷车内地板、连接处和车内电器设备。

(5)餐车配置的微波炉、电烤箱、咖啡机等厨房电器符合规定数量、规格和额定功率,规范使用,使用中有人监管,用后清洁,餐车离人断电。

(6)执行车门管理制度:

①列车到站停稳后,司机或随车机械师开启车门,并监控车门开启状态。开车前,列车长(重联时为运行方向前组列车长)接到车站与客运有关的作业完毕通知后,按规定通知司机或随车机械师关闭车门。

②动车组列车停靠低站台时,到站前客运人员提前锁闭辅助板指示锁并打开翻板,开车后及时将翻板及辅助板指示锁复位。

③餐车上货门仅供餐车售货人员补充商品、餐料时使用,无旅客乘降。

④列车运行中,车门、气密窗锁闭状态良好。定期巡视,保持通道畅通。发现车门未锁闭或锁闭状态不良时,指派专人看守,并及时通知随车机械师处理。

(7)安全标志设置齐全、规范,符合标准。采用广播、视频、图形标志、服务指南等方式,宣传安全常识和车辆设备设施的使用方法,提示旅客遵守安全乘车规定。

(8)运行中做好安全宣传和防范,车内秩序、环境良好,无闲杂人员随车叫卖、拣拾、讨要;发现可能损坏车辆设施和影响安全、文明的行为及时制止。

(9)全列各处所禁止吸烟,加强禁烟宣传,发现吸烟行为及时劝阻,并由公安机关依法查处。

(10)行李架、大件行李存放处物品摆放平稳、牢固、整齐。大件行李放在大件行李存放处,不占用席(铺)位,不堵塞通道。锐器、易碎品、杆状物品及重物等放在座(铺)位下面或大件行李存放处。衣帽钩限挂衣帽、服饰等轻质物品。使用小桌板不超过承重范围。

(11)发现旅客携带品可疑及无人认领的物品时,配备乘警(或列车安全员,下同)的列车通知乘警到场处理;未配备乘警的由列车长按规定处理,对危险品做好登记、保管及现场处置,并交前方停车站(公安部门)处理。

(12)发现行为、神情异常的旅客时,重点关注,配备乘警的列车通知乘警到场处理;未配备乘警的由列车长按规定处理,情形严重时交列车运行前方停车站处理。

(13)发生旅客伤病时,提供协助,通过广播寻求医护人员帮助;情形严重的,报告客运调度员。

(14)办理站车交接,短编组动车组列车在4、5号车厢之间;长编组动车组列车在8、9号车厢之间;重联动车组列车在列车运行方向前组第7、8位车厢之间。

(15)客运人员进出车站和动车所(客技站)时走指定通道,通过线路时走天桥、人行地道,走平交道时做到"一停二看三通过",不横越线路,不钻车底,不跨越车钩,不与运行中的机车车辆抢行。进出车站时集体列队。

(16)客运人员在接班前充分休息,保持精力充沛,不在班前、班中、折返站饮酒。

四、设备设施

(1)车辆设备设施齐全,符合动车组出所质量标准。

①乘务员室、监控室、多功能室、洗脸间、厕所、电气控制柜、备品柜、储藏柜、清洁柜、衣帽柜、大件行李存放处、软卧会客室等不挪作他用或改变用途。多功能室用于照顾重点旅客。

②车辆外观整洁,内外部油漆无剥落、褪色、流坠;车内顶棚不漏水,内外墙板及车内地板无破损、无塌陷、不鼓泡;渡板及各部位压条、压板、螺栓不松动、无翘起;脚蹬安装牢固,无腐蚀破损;手把杆无破损、松动。各部位金属部件无锈蚀。

③广播、空调、电茶炉、饮水机、照明灯具、电子显示屏、电视机、车载视频监控终端、控制面板、电源插座、车门、端门、儿童票标高线、地板、车窗、翻板、站台补偿器、窗帘、座椅、脚蹬、小桌板、靠背网兜、茶桌、座席号牌、衣帽钩、行李架、垃圾箱、洗手盆、水龙头、梳妆台、面镜、便器、洗手液盒、一次性坐便垫盒、卫生纸盒、擦手纸盒、婴儿护理台、镜框、洗脸间门帘、干手器,商务座车小吧台、呼唤应答器、阅读灯,软卧车铺位号牌、包房号牌、卧铺栏杆、扶手、呼叫按钮、沙发、报刊栏,餐车侧门、餐桌、吧台、冰箱、展示柜、微波炉、电烤箱、售货车等服务设备设施齐全,作用良好,正常使用,外观整洁,故障、破损及时修复。

④车厢通过台外端门框旁设儿童票标高线。儿童票标高线宽 10mm、长 100mm,距地板面分别为 1.2m 和 1.5m,以上缘为限,距内端门框约 100mm。

(2)车内各种服务图形标志型号一致,位置统一,安装牢固,齐全醒目,符合规定。

(3)车厢外部的电子显示屏显示列车运行区间、车次、车厢顺号等信息,车内电子显示屏显示列车运行区间、车次、车厢顺号、停站、运行速度、温度、中国铁路客户服务中心客户服务电话(区号 + 电话号码)、安全提示等信息,显示及时、准确。

五、服务备品

(1)服务备品、材料等符合国家环保规定,质量符合要求,色调与车内环境相协调。

(2)服务备品齐全,干净整洁,定位摆放。布制、易耗备品备用充足,保证使用。布制备品按附录规定的时间使用和换洗,有启用时间(年、月)标志。

①软卧车(含高级软卧车)。

a. 包房内有被套、被芯、枕套、枕芯、床单、垫毯、卧铺套、靠背套、茶几布、一次性拖鞋、衣架、不锈钢果皮盘、带盖垃圾桶、热水瓶、面巾纸盒及服务指南、免费读物。

b. 备有托盘、热水瓶和一次性硬质塑料水杯。

②软卧代座车。

a. 包房内有卧铺套、靠背套、不锈钢果皮盘。

b. 包房门框上原铺位号牌处有座席号牌。

c. 备有热水瓶和一次性硬质塑料水杯。

③商务座车。

a. 提供小毛巾,就餐时提供餐巾纸、牙签。

b. 有耳塞、靠垫、鞋套、一次性拖鞋、清洁袋和专项服务项目单、服务指南、免费读物。

c. 备有防寒毯、耳机、眼罩、托盘、热水瓶和一次性硬质塑料水杯。

④特等、一等、二等座车。

a. 有清洁袋、免费读物和服务指南,放置在座椅靠背袋内或其他指定位置。

b. 有座椅套、头枕片;特、一等座车座椅有头枕。

c. 电茶炉配有纸杯架的,有一次性纸杯。

d. 乘务组备有热水瓶、耳塞和一次性硬质塑料水杯。

⑤餐车。

a. 有座椅套。

b. 有售货车、托盘、热水瓶、一次性硬质塑料水杯。

c. 备有餐巾纸、牙签。

⑥洗脸间有洗手液、擦手纸(或干手器)。

⑦厕所内有芳香盒和水溶性好的卫生纸、擦手纸,坐便器有一次性坐便垫圈,小便池内放置芳香球。

(3)贴身卧具(被套、床单、枕套)和头枕片干燥、清洁、平整,无污渍、无破损,已使用与未使用的折叠整齐,分别装袋保管。卧具袋防水、耐磨,干净,无破损。贴身卧具与其他布质备品分类洗涤;洗涤、存储、装运及更换不落地、无污染。

(4)卧车垫毯、被芯、枕芯等非贴身卧具备品干燥、清洁,无污渍、无破损,定期晾晒。被芯、枕芯先加装包裹套,再使用被套、枕套。包裹套定期清洗,保持干燥整洁。

(5)布制备品定位存放在储物(藏)柜内。无储物(藏)柜或储物(藏)柜容量不足的,软卧车定位放置在3、7、11号卧铺下。

(6)有厕所专用清扫工具,与车内清扫工具分开定位存放在清洁柜内;无清洁柜的定位隐蔽存放。商务座、特等座、一等座车厢客室内不存放清洁工具。清扫工具、清洁剂材质符合规定。

(7)清洁袋质地、规格符合规定,具有防水、承重性能。

(8)每标准编组车底配备2辆垃圾小推车,垃圾小推车、垃圾箱(桶)内用垃圾袋,垃圾袋符合国家标准,印有使用单位标志,与垃圾箱(桶)规格匹配,厚度不小于0.025mm。

(9)列车配有票剪、补票机、站车客运信息无线交互系统手持终端和GSM－R通信设备;客运服务人员配置具备录音功能的手持电台及音视频记录仪。设备电量充足,作用良好。站车客运信息无线交互系统手持终端在始发前登录,途中及时更新信息。

六、整备

1.出库标准

(1)车厢内外各部位整洁,窗明几净,四壁无尘,物见本色。

①外车皮、站台补偿器内外、窗门框及玻璃、扶手干净、无污渍。

②天花板(顶棚)、板壁、边角、地板、连接处、灯罩、座椅(铺位)、空调口、通风口、电茶炉、靠背袋网兜内等部位清洁卫生,无尘、无垢、无杂物。

③热水瓶、果皮盘、垃圾箱(桶)、洗脸间内外洁净。

④餐车橱、柜、箱干净无异味,分类标志清晰,商品、餐、饮品和备品等分类定位放置。

⑤厕所无积便、积垢、异味,地面干净无杂物。污物箱内污物排尽。

(2)深度保洁结合检修计划安排在白天作业,范围包括车厢天花板、板壁、遮阳板(窗帘)、灯罩、连接处、车梯、商务座椅表面、座椅(铺位)缝隙、座椅扶手及旋转器卡槽、小桌板、脚踏板、暖气罩缝隙、洗手液盒、车厢边角、电茶炉以及饮水机内部。

(3)布制品、消耗品和保洁工具等服务备品配备齐全,定位放置,定型统一。

①卧具叠放整齐,摆放统一,床单、头枕片、座席套、茶几布等铺设平整,干净整洁。

②清洁袋、洗手液、卫生纸、擦手纸、一次性坐便垫圈、服务指南、免费读物、商务座专项服务等备品补足配齐,定位放置。服务指南中含有旅行须知、乘车安全须知、本车型的设备设施介绍、主要停靠站公交信息、铁路12306手机客户端和微信公众号二维码及本趟列车销售的商品价目表、菜单。

③垃圾小推车等保洁工具及售货车等备品定位放置,不影响旅客使用空间。

(4)可旋转式座椅转向列车运行方向。

(5)定期进行“消、杀、灭”,蚊、蝇、蟑螂等病媒昆虫指数及鼠密度符合国家规定。

2.途中标准

(1)使用垃圾小推车和专用工具适时保洁,保持整洁卫生。旅客下车后及时恢复车容。

①各处所地面清扫及时,干燥、干净;台面、桌面、面镜擦抹及时,干净、无水渍。

②洗脸(手)池、电茶炉沥水盘清理、擦抹及时,无污渍,无残渣,无堵塞,无积水;垃圾车、垃圾箱(桶)、清洁袋、靠背袋网兜、果皮盘清理及时,无残渣;厕所畅通无污物,无异味,按规定吸污。

③餐车餐桌、吧台、工作台、微波炉及各橱、箱、柜内保持洁净。

(2)清洁袋、洗手液、卫生纸、擦手纸、一次性坐便垫圈等备品补充及时;卧具污染更换及时。

(3)垃圾装袋、封口、无渗漏,定位放置,在指定站定点投放;不向车外扫倒垃圾、抛扔杂物。

3. 终到标准

终到站时车内无垃圾、污水、粪便、异味;垃圾装袋、封口、无渗漏,到站定点投放。

4. 到站立即折返标准

(1)站台侧车外皮、门框、车窗干净,无污物、无积尘。

(2)车内地面清洁,行李架、大件行李存放处、扶手及座椅(铺位)、窗台上和靠背网兜内干净整洁;垃圾箱(桶)内无垃圾、无异味。

(3)热水瓶、果皮盘内外洁净,垃圾箱(桶)、洗脸间四周洁净。

(4)餐车橱、柜、箱干净无异味,分类标志清晰,商品、餐、饮品和备品等分类定位放置。

(5)洗脸间、厕所面镜洁净,洗脸(手)池、便器无污物、无异味。电茶炉沥水盘洁净。

(6)布制品、消耗品和保洁工具等服务备品配备齐全,定位放置,定型统一。

①卧具叠放整齐,摆放统一,床单、头枕片、座席套、茶几布等铺设平整,干净整洁。

②清洁袋、洗手液、卫生纸、擦手纸、一次性坐便垫圈、服务指南、免费读物、商务座专项服务等备品补足配齐,定位放置。

③保洁工具、售货车等备品定位放置,不影响旅客使用空间。

(7)可旋转式座椅转向列车运行方向。

七、文明服务

(1)仪容整洁,着装统一,整齐规范。

①头发干净整齐、颜色自然,不理奇异发型、不剃光头。男性两侧鬓角不得超过耳垂底部,后部不长于衬衣领,不遮盖眉毛、耳朵,不烫发,不留胡须;女性发不过肩,刘海长不遮眉,短发不短于7cm。

②面部、双手保持清洁,身体外露部位无文身;指甲修剪整齐,长度不超过指尖2mm,不染彩色指甲。

③女性淡妆上岗,唇线与口红的颜色一致;眉毛修剪整齐,眉笔和眼线为黑色或深棕色;眼影的颜色与制服一致;使用清香、淡雅型香水。工作中保持妆容美观,端庄大方。补妆及时,在洗手间或乘务间进行。不浓妆艳抹。

④乘务组换装统一,衣扣拉链整齐。着裙装时,丝袜统一,无破损。系领带时,衬衣束在裙子或裤子内。外露的皮带为黑色。佩戴的外露饰物款式简洁,限手表一只、戒指一枚,女性还可佩戴发夹、发箍或头花及一副直径不超过3mm的耳钉。不歪戴帽子,不挽袖子和卷裤脚,不敞胸露怀,不赤足穿鞋,不穿尖头鞋、拖鞋、露趾鞋,鞋的颜色为深色系,鞋跟高度不

超过3.5cm,跟径不小于3.5cm。

⑤佩戴职务标志,胸章牌(长方形职务标志)戴于左胸口袋上方正中,下边沿距口袋1cm处(无口袋的戴于相应位置),包含单位、姓名、职务、工号等内容。臂章佩戴在上衣左袖肩下四指处。按规定应佩戴制帽的工作人员,在执行职务时戴上制帽,帽徽在制帽折沿上方正中。除列车长外,其他客运服务人员在车厢内作业时可不戴制帽。

⑥餐车加热、供应餐食时,客运服务人员戴口罩、手套;女性穿围裙。

(2)表情自然,态度和蔼,用语文明,举止得体,庄重大方。

①使用普通话,表达准确,口齿清晰。服务语言表达规范、准确,使用"请""您好""谢谢""对不起""再见"等服务用语。对旅客、货主称呼恰当,统称为"旅客们""各位旅客""旅客朋友",单独称为"先生、女士、小朋友、同志"等。

②在旅客问询时,面向旅客站立(工作人员办理业务时除外),目视旅客,有问必答,回答准确,解释耐心。遇有失误时,向旅客表示歉意。对旅客的配合与支持,表示感谢。

③坐立、行走姿态端正,步伐适中,轻重适宜。在旅客多的地方,先示意后通行;与旅客走对面时,要主动侧身面向旅客让行,不与旅客抢行。列队出(退)勤(乘)时,按规定线路行走,步伐一致,箱(包)在同一侧。

④立岗姿势规范,精神饱满。站立时,挺胸收腹,两肩平衡,身体自然挺直,双臂自然下垂,手指并拢贴于裤线上,脚跟靠拢,脚尖略向外张呈"V"字形。女性可双手四指并拢,交叉相握,右手叠放在左手之上,自然垂于腹前;左脚靠在右脚内侧,夹角为45°呈"丁"字形。

⑤列车进出站时,在车门口立岗,面向站台致注目礼,以列车进入站台开始,开出站台为止。办理交接时行举手礼,右手五指并拢平展,向内上方举手至帽檐右侧边檐,小臂形成45°角。

⑥清理卫生时,清扫工具不触碰旅客及携带物品。挪动旅客物品时,征得旅客同意。需要踩踏座席、铺位时,戴鞋套或使用垫布。占用洗脸间洗漱时,礼让旅客。清洁厕所时,作业人员戴保洁专用手套。

⑦夜间作业、行走、交谈、开关门要轻。进包房先敲门,离开时应倒退出包房。

⑧不高声喧哗、嬉笑打闹、勾肩搭背,定时定点分批用乘务餐,其他时段不在旅客面前吃食物、吸烟、剔牙齿和出现其他不文明、不礼貌的动作,不对旅客评头论足,接班前和工作中不食用异味食品。餐车对旅客供餐时,不在餐车逗留、闲谈、占用座席、陪客人就餐。

(3)温度适宜,环境舒适。

①通风系统作用良好,车内空气清新,质量符合国家标准。始发前对车厢进行预冷、预热,空调温度调节适宜,体感舒适,原则上保持冬季18~20℃,夏季26~28℃。

②车内照明符合规定。夜间运行(22:00~次日7:00)时,座车照明开关置于半灯位;始发、终到站和客流量大的停站,以及列车途经地区与北京时间存在时差时自行调整。

③广播视频。

a.广播常播内容录音化。使用普通话。经停少数民族自治地区车站的列车可根据需要增加当地通用的民族语言播音。过港列车可增加粤语播音。直通列车可增加英语播报客运作业信息。

b.广播语音清晰,音量适宜,用语准确,不干扰旅客正常休息;自动广播系统播报正确。

c. 视频系统性能良好，使用正常，始发前开启系统播放节目，播放内容符合规定并定期更新。

d. 广播、视频内容以方便旅行生活为主，介绍宣传安全常识和车辆设备设施的使用方法，提示旅客遵守安全乘车规定，播报前方停站、到站信息等内容，可适当插播文艺娱乐、文明礼仪、沿线风光、民俗风情、餐食供应和广告等节目。

(4)用水供应。

①饮用水保证供应，途中上水站按规定上水。

②运行途中为有需求的重点旅客提供送水服务；售货车配热水瓶，利用售货时为有需求的旅客提供补水服务。

(5)运行途中，厕所吸污时或未供电时锁闭厕所，其他时间不锁厕所。厕所锁闭时，为特殊情况急需使用厕所的旅客提供方便。

(6)公共区域的电源插座保证符合标示范围的旅行必需的小型电器正常使用。

(7)通过图形符号、电子显示、广播、视频、服务指南等方式宣传旅客运输服务信息，引导旅客自助服务。

(8)卧具终点站收取，贴身卧具一客一换。到站前提醒卧车旅客做好下车准备，不干扰其他旅客。夜间运行，卧车乘务员在边凳值岗，并定时巡视车厢。始发后和夜间客运乘务人员对卧车核对铺位。列车剩余铺位在列车办公席或指定位置公开发售，公布手续费收费标准。

(9)发现旅客遗失物品妥善保管，设法归还失主，无法归还时编制客运记录交站处理。无法判明旅客下车站时交列车终到站处理。

(10)根据旅客乘坐列车等级和席别提供相应服务。

①商务座车配有专职人员，主动介绍专项服务项目，提供饮品、餐食、小食品、小毛巾、耳塞等服务。

a. 饮品有茶水、饮料，品种不少于6种，茶水全程供应。

b. 逢供餐时间的，免费供应餐食。供餐时间：早餐8:00以前，正餐11:30～13:00、17:30～19:00。

c. 正餐以冷链为主，配用速溶汤，分量适中，可另行配备面点、菜品、佐餐料包等。品种不少于3种，配有清真餐食，定期调整。

d. 选用非油炸类点心、蜜饯类、坚果类等无壳、无核、无皮、无骨的休闲小食品，品种不少于6种，独立小包装。

②"G"字头跨局动车组特、一等座车提供饮品、小食品、送水等服务。

(11)全面服务，重点照顾。

①无需求无干扰。通过广播、电子显示屏等方式宣传服务设备的使用方法，方便旅客自助服务。

②有需求有服务。在各车厢电子显示屏公布中国国家铁路集团有限公司客户服务中心客户服务电话(区号+电话号码)。实行首问首诉负责制。受理旅客咨询、求助、投诉，及时回应，热情处置，有问必答，回答准确；对旅客提出的问题不能解决时，指引到相应岗位，并做好耐心解释。

③重点关注，优先照顾，保障重点旅客服务。

a. 按规范设置无障碍厕所、座椅、专用座席等设施设备，作用良好。

b. 对重点旅客做到“三知三有”，即知座席、知到站、知困难，有登记、有服务、有交接；为有需求的特殊重点旅客联系到站提供担架、轮椅等辅助器具，及时办理站车交接。

④尊重民族习俗和宗教信仰。经停少数民族自治地区车站的列车可按规定在图形标志增加当地通用的民族语言文字，可根据需要增加当地通用的民族语言播音。

八、应急处置

(1)火灾爆炸、重大疫情、食物中毒、空调失效、设备故障和列车大面积晚点、停运、变更径路、启用热备车底等非正常情况下的应急处置预案健全有效，预案内容分工明确，流程清晰。日常组织培训，定期组织演练，培训演练有记录，有结果、有考核。

(2)配备照明灯、扩音器、口笛等应急物品，电量充足，性能良好。灾害多发季节增备易于保质的食品、饮用水和应急药品，单独存放。

(3)遇火灾爆炸、重大疫情、食物中毒、空调失效、设备故障和列车大面积晚点、停运、变更径路、启用热备车底等非正常情况时，及时启动应急预案，掌握车内旅客人数及到站情况，维持车内秩序，准确通报信息，做好咨询、解释、安抚、生活保障等善后工作。

①列车晚点15min以上时，列车长根据调度、本段派班室(值班室)或车站的通报，向旅客公告列车晚点信息，说明晚点原因、预计晚点时间。广播每次间隔不超过30min，可利用电子显示屏实时显示。

②遇列车空调故障时，有条件的，将旅客疏散到空调良好的车厢；需开启车门通风的，按规定安装防护网，有专人防护。在停车站，开启站台一侧车门；在途中，开启运行方向左侧(非会车侧)车门。运行途中劝阻旅客不在连接处停留，临时停车严禁旅客下车。在站停车须组织旅客下车时，站车共同组织。按规定做好旅客到站退还票价差额时的站车交接。

③热备车底的列车乘务员、随车备品和服务用品同步配置到位。遇启用热备车底时，做好宣传解释，配合车站组织旅客换乘其他列车，或者按照车站通报的席位调整计划组织旅客调整席位，按规定做好站车交接。

④遇变更径路时，做好宣传解释，配合车站组织不同径路的旅客下车，按规定做好站车交接。

⑤车门故障无法自动开启时，手动开启车门，并通知随车机械师处理；无法关闭时，由专人看守并通知随车机械师处理。使用车门紧急解锁拉手后，及时复位。

⑥发生烟火报警时，随车机械师、列车长和乘警根据司机通知立即到报警车厢查实确认，查看指定车厢的客室、卫生间，随车机械师重点查看电气设备。若发生客室或设备火情，列车长或随车机械师立即通知司机按规定实施制动停车，并启动应急预案进行处理；若确认因吸烟等非火情导致烟火报警时，由随车机械师做好恢复处理，乘警依法调查，并向旅客通告。

⑦发生人身伤害或突发疾病时，积极采取救助措施，按规定办理站车交接，客运服务人员不下车参与处理。必要时可请求在前方所在地有医疗条件的车站临时停车处理。

九、列车经营

1. 餐饮经营

(1)餐饮经营符合有关审批、安全规定，证照齐全有效；食品经营单位的食品安全管理制度健全。

(2)餐车销售的饮食品符合国家有关规定。销售的商品质价相符,明码标价,一货一签,价签有"CRH"标志,提供发票。餐车明显位置、售货车、服务指南内有商品价目表和菜单,无只收费不服务行为。

(3)餐车整洁美观,展示柜布置艺术,与就餐环境相协调;厨房保持清洁,各种用具定位摆放。商品、售货车等不堵通道,不占用旅客使用空间。售货车内外清洁,定位放置,有制动装置和防撞胶条。

(4)商品柜、冰箱、吧台、橱柜不随意放置私人物品(客运服务人员随乘携带的餐食等定位存放)。餐食、商品在餐车储藏柜、冰箱内定位放置,不占用旅客使用空间。

(5)餐车配置的微波炉、电烤箱、咖啡机等厨房电器符合规定数量、规格和额定功率,保持洁净。

(6)经营行为规范,文明售货,不捆绑销售商品。非专职售货人员不从事商品销售等经营活动。餐车实行不间断营业,并提供订、送餐服务。餐售人员不在车内高声叫卖、危险演示,销售过程中主动避让旅客。夜间运行时,不得进入卧车销售,座车可根据情况适当延长或提前销售时间,但不得超过1h。

(7)供应品种多样,有高、中、低不同价位的旅行饮食品。尊重外籍旅客和少数民族的饮食习惯。盒饭以冷链为主,热链为辅,常温链仅做应急备用,有清真餐食。

(8)餐饮品、商品有检验、签收制度,采购、包装、贮存、加工、运输、销售符合食品卫生安全要求。

(9)不出售无生产单位、生产日期、保质期和过期、变质,以及口香糖、方便面等严重影响列车环境卫生的食品。超过保质期限的食品单独存放、回收销毁。

(10)一次性餐饮茶具符合国家卫生及环保要求。

2. 广告经营规范

广告发布的内容、形式、位置等符合有关规范,布局合理,安装牢固,内容健康,与列车环境协调,不挤占铁路图形标志、业务揭示、安全宣传等客运服务内容或位置,不影响安全和服务功能,不损伤车辆设备设施。

十、高铁快运

(1)高铁快运使用专用箱、冷藏箱、集装袋等集装容器以集装件的形式在高铁车站间运输,集装件应装载在列车指定位置,载客动车组列车可将集装件装载大件行李存放处、二等车厢最后一排座椅后空档处、集装件专用存放柜、动卧列车预留包厢等位置;一节车厢内大件行李存放处和最后一排座椅后空档处预留不少于三分之一的空间供旅客使用;集装件码放在车厢内最后一排座椅后的空档处时,不影响座椅靠背后倾;需中途换向的列车,不使用最后一排座椅后的空档处。利用高铁确认列车运输时,集装件还可码放在二等座车座椅间隔处等位置,但不得码放在座椅上;装载重量不超过列车允许载重量。

(2)有押运员跟车作业的列车,列车长要对押运员的证件检查和登记。无押运员跟车作业的列车,列车客运人员在运行途中巡视、检查高铁快运集装件码放、外包装、施封等状况。发现高铁快运集装件短少或外包装、施封破损立即报告列车长。列车长到场确认后,组织查找，必要时报警。上述异常情况列车长开具客运记录，载明现有集装件数量、编号或内装物品实际情况，到站时交快运公司工作人员处理。

(3)遇列车故障途中需更换车底或终止运行时，由列车长通知押运员，由押运员负责集装件换乘和后续处置。无押运员时，列车长报告被换乘车所在地铁路局高铁客服调度员(客运调度员)高铁快运装载情况，乘务组临时看管集装件。换乘地点在车站时，原列乘务组在车站协助下组织集装件换乘，不具备换乘条件时集装件随原列回程或交车站临时看管；换乘地点在区间时，集装件随原列回程；列车长在换乘或交车站前开具客运记录附于集装件上。

十一、人员素质

(1)身体健康，五官端正，持有效健康证明。

(2)具备高中(职高、中专)及以上文化程度，保洁人员可适当调整。

(3)持有效上岗证，经过岗前安全、技术业务培训合格。从事餐饮服务的人员有卫生知识培训合格证明。广播员有一定编写水平，经过广播业务、技术培训合格。

(4)列车长从事列车乘务工作满 2 年。列车值班员从事列车乘务工作满 1 年。列车长、商务座、软卧列车员能够使用简单英语。

(5)熟练使用本岗位相关设备设施，熟知本岗位业务知识和职责，掌握担当列车沿途停站和时刻，以及上水、吸污、垃圾投放等作业情况。熟悉本岗位相关应急处置流程，具备应对突发事件能力。

十二、基础管理

(1)管理制度健全，有考核、有记载。定期分析安全和服务质量状况，有针对性具体整改措施。

(2)按规定配置业务资料，内容修改及时、正确。除携带铁路电报、客运记录外，车上不携带其他纸质资料台账。

(3)各工种在列车长的领导下，按岗位责任各负其责，相互协作，落实作业标准，有监督，有检查，有考核。

(4)业务办理符合规定，票据、台账、报表填写规范、内容准确、完整清晰。配备保险柜，营运进款结算准确，票据、现金及时入柜加锁，到站按规定解款。

(5)客运服务人员配备统一乘务箱(包)，集中定位摆放；洗漱用具、茶杯等定位摆放。

(6)库内保洁作业纳入动车所一体化作业管理，动车所满足一体化吸污、保洁等整备作业条件。

(7)备品柜、储藏柜按车辆设计功能使用，备品定位摆放。单独配置的备品柜与车身固定，并与车内环境相协调。

(8)定期开展职业技能培训，培训内容适应岗位要求，评判准确。

复习思考题

1. 动车组列车服务质量规范对安全秩序有哪些要求？

2. 动车组列车服务质量规范对设备设施有哪些要求？

3. 动车组列车服务质量规范对服务备品有哪些要求?

4. 动车组列车服务质量规范对文明服务有哪些要求?

第二节　服务用语

本节说明

本节主要学习高铁旅客运输服务中常用的服务用语和英语语句,是从事动车组列车旅客运输服务岗位职工及管理人员必须要掌握的知识部分。本节内容主要包括列车常用的服务用语和广播通告、引导座位、车厢服务、餐车服务以及情境服务等场合中常用的英语服务用语。

教学建议

本节教学建议教师将学生进行分组,小组数量根据本节各任务工作场景需要设置。尽量模拟现场各场景需要的服务用语进行角色预想教学,提高学生理论联系实际的能力。

任务实施

通过学习本节知识,教师可将学生分小组,运用相关理论知识进行角色扮演模拟现场演练,各小组进行总结汇报,小组互评,教师进行适当点评。切实做到教、学、做一体化,提高学生运用知识进行客运英语服务的能力。

相关理论知识

一、列车服务用语

1. 迎接旅客服务用语

迎接旅客时,列车乘务员应面带微笑主动向旅客点头问好。最常用的迎接旅客服务用语如"您好,欢迎乘坐我们的列车。""请出示您的车票,请大家排好队,不要拥挤,把车票拿在手上。"等。

2. 整理行李服务用语

整理行李时应带好垫布,挪动旅客行李时,应事先征求旅客同意。最常用的整理行李服务用语如"旅客们,为了给大家创造一个安全舒适的旅行环境,现在开始车内整容,请予协助。谢谢!""请问这是谁的行李,可以放到座位下面吗?""(麻烦往旁边挪一挪)谢谢!""这是谁的包,请放到行李架上(座位下面)。""衣帽钩是挂衣服和帽子的,谢谢!"等等。

3. 清扫卫生服务用语

清扫时,不得将清扫工具接触旅客、物品,移动旅客物品时,应事先征求旅客同意,并对旅客的配合表示谢意。最常用的清扫服务用语如"请您抬抬脚,谢谢!""谢谢您的配合。"等等。

4. 查验车票服务用语

查验车票最常用的服务用语如"旅客们,现在查验车票啦!请您把车票准备好,谢谢。""请出示您的车票。”“请收好您的车票,谢谢！”对吸烟旅客婉言制止时最常用的服务用语如“请不要在车厢里吸烟。”“这是无烟车厢,请您到通过台吸烟。”“请您协助我们保持车内卫生。”等等。

5. 迎客服务用语

迎接旅客时列车乘务员应面带微笑主动向旅客点头问好:“您好,欢迎乘坐我们的列车。”不能满足旅客需要时:“非常抱歉,我们这里没有。”当旅客向你致谢时:“不客气,很高兴为您服务。”当旅客征求你的帮助时:“当然可以,让我来帮助您。”

6. 自我介绍服务用语

各位旅客,××列车由××站开出了,我们欢迎大家乘坐本次列车,并向旅客们问好！

您乘坐的这节车厢是××号车厢。我是本车厢的列车乘务员,我的胸章号码是××号。我对班号码是××号,我们将陪同您度过旅行生活。大家在旅途中有什么困难和要求,请提出来,我们将尽力帮助解决,为了广泛征求旅客们的意见,车厢两端挂有旅客意见簿,您看到我们的工作有哪些不足之处,请批评指正,以便改进工作,更好地为您服务。

预祝大家旅行愉快,身体健康！

7. 巡视车厢服务用语

当不能答应旅客的要求时:“很抱歉,这是违反规定的,我们不能这样做。”

接受投诉或批评时:“感谢您对我们工作的支持,请接受我们的歉意。”(我马上去查清情况,给您一个满意的答复)

由于旅客的原因而其面露不好意思时:“别着急,慢慢来,我来帮助您。”

旅客吸烟时:“对不起,先生(女士)动车组列车是无烟列车,请您不要吸烟。”

旅客按了呼唤铃,列车乘务员应立即到车厢询问旅客:“请问您需要什么吗?”然后灭掉呼唤铃。禁止出现列车乘务员直接按灭呼唤铃,不询问旅客需要什么帮助,或直接质问旅客“有事吗?”“按错了吧?”等不礼貌的行为或语言出现。

二、服务英语

1. 广播通告

1)开车前5min通告

Ladies and gentlemen: Welcome to take the No. ×× train from ×× to ××. Please take your seats according to the number on the ticket, and take good care of the belongings with you. The train is leaving. Wish you a happy journey.

女士们、先生们:欢迎您乘坐由××开往××方向的××次列车。请您对号入座,妥善保管随身物品。列车就要开车了,祝您旅途愉快。

2)始发后通告

Ladies and gentlemen: Welcome to take this train, we will stop at following stations: ×× station, ×× station... For safety reasons, No smoking is allowed in any of multiple units during the whole course, and it's strictly prohibited to take any dangerous articles on this train. Thanks for your cooperation.

女士们、先生们:欢迎您乘坐本次列车,列车途中停站有:××站……为确保您的安全,动车组列车实行全程禁烟,严禁携带危险品乘车。谢谢您的合作。

3)中途站开车后通告

Ladies and gentlemen: the next stop is × × station.

女士们、先生们:列车前方停车站是××站。

4)中途站到站前通告

Ladies and gentlemen: the next stop is × × station, please be ready to get off.

女士们、先生们:列车前方停车站是××站,请您提前做好下车准备。

5)终到站通告

Ladies and gentlemen, the train has arrived at Beijing Station. Thank you for taking our train. Hope to see you again.

女士们、先生们:列车已经到达××站,感谢您乘坐动车组列车,再见。

6)用餐宣传广播

Ladies and gentlemen, it is the time for meal now. This train will provide with nutritious food, made by Shuangrui catering Company of Shenyang Railway Bureau, the main designated fast food supplier of the Twelfth PRC National Games. All the food is processed in the central kitchen would one hundred thousand grade purification. Please come to the restaurant carriage in the middle of the train for meals, or dial 024-95105688 and we will send you the meals as required.

女士们、先生们:现在是就餐时间,本次列车为您供餐的是全国第十二届运动会主要指定快餐供应商——沈铁双瑞餐饮公司的营养套餐,套餐全部由十万级净化的中央厨房加工而成,欢迎您到列车中部餐吧车用餐或在座位上拨打024-95105688,我们会按照您的需求,将套餐送到座位上。

2. 引导座位

A:Good evening, sir, can you tell me where is my seat? I can't find it.

晚上好,先生,麻烦你告诉我,我的座位在哪里?我找不到。

B:OK. Show me your ticket, please.

好的,请让我看看您的车票。

A:Sure. Here you are.

好的。给您。

B:Oh, your seat number is 8C. It's in the middle of this carriage. Follow me, please.

您的座位号是8C,在车厢的中间。请跟我来。

A:OK. Thank you.

好的,谢谢。

B:Here it is.

这是您的座位。

A:Thanks. By the way, can I change seats with my neighbor? One of my friends is nearby. I hope he can sit by my side for a chit – chat.

谢谢。顺便问一下,我可以跟邻座换一下座位吗?我的一个朋友就在附近,我想让他坐在我的旁边一起聊天。

B:It's a good idea. But I have to ask your neighbor whether he could accept your request.

这主意不错,但我要问问您的邻座,看他是否接受您的要求。

A:That’s very thoughtful of you.

你想得真周到。

B:(After a while) Your neighbor is kind enough to accept your request.

(过了一会儿)您的邻座是个大好人,他同意了。

A:Thank you very much.

非常感谢。

B:Not at all.

不用客气。

3. 车厢服务

1)安全宣传

A:Excuse me, madam. Can I smoke here?

打扰一下,女士。我可以在这儿抽烟吗?

B:Sorry, you can’t. Smoking is not allowed on the train.

抱歉,不行。列车上不允许吸烟。

A:But I can smoke in a restricted area between compartments in an ordinary train.

但在普通的列车车厢连接处,我却可以抽烟。

B:You are right. But this is a high - speed train. Smoking is prohibited in any section of the train. There are devices on this high - speed train. They are sensitive enough to detect any tiny amount of smoke. Once the alarm goes off, the train stops automatically in that case, we will face long delays en route.

您说得没错。但这是高铁列车。高铁列车是全车禁烟的。车厢装有探测仪器,这些烟雾探测器非常灵敏,一点点烟雾都会引起报警。一旦警报拉响,列车立刻自动刹车。这样一来,路上就要耽误不少时间。

A:I see. I have to play the waiting game. Thank you for your explanation.

我明白了。我得耐着性子,等下了车再说。感谢您的指教。

B:My pleasure.

愿意为您效劳。

2)车内服务

A:Good evening, sir. This small table is a little dirty. May I tidy it up?

晚上好,先生。这张小桌子有点儿脏,我能把它整理一下吗?

B:OK. Thank you.

好的,谢谢。

A:Not at all. Here is a plastic trash bag. You can put fruit peel, eggshells and sunflower seed shells into it.

不用客气。给您一只塑料垃圾袋,您可以把水果皮、蛋壳和葵花籽壳倒在里面。

B:I see. Where can I get water to drink?

我明白了。请问在哪里可以倒水喝?

A:It's at the end of this car. The water – storage electric heater is over there.

在车厢的顶头。储水式电热水器就安置在那边。

B:Thank you. By the way, can I buy any tea on the train?

谢谢。顺便问一下,列车上有茶叶卖吗?

A: Yes, once in a while, a train attendant pushes a handcart with light refreshments back and forth in the corridor.

有的。客运服务人员有时推着装满饮料和零食的小推车,在车厢走廊来回走动。

B:That's great. Thanks again.

太好了。谢谢了。

A:You are welcome.

不用客气。

3)行李引导

A:Excuse me, whose handbag is this?

打扰一下,请问这是谁的手提包?

B:It's mine. What's the matter?

是我的,怎么啦?

A: I'm afraid it's not safe to hang it on the hook by the window. Besides, the hook is for caps, coats, towels and so on.

我觉得放在窗边的挂钩上不安全。再说,挂钩是用来挂帽子、外套、毛巾之类的物品的。

B:Thank you for your advice.

谢谢您的建议。

A:(To another passenger) Excuse me, sir. Whose suitcase is this?

(对另一位旅客)打扰一下,先生,请问这是谁的旅行箱?

B:It's mine. What' s the matter? Do you want to open it for security check?

是我的。有什么问题吗?您是要我把它打开做安检吗?

A:No, You misunderstood. It might fall down from the luggage rack at any time. It is a hidden danger. I suggest you take it down and put it under your seat.

不,您误会了。我的意思是那个箱子太大,搁在那里不合适。它随时可能从行李架上滑落下来,构成安全隐患。我建议您把它取下来,放在您的座位底下。

B:Thank you very much. You are so considerate.

非常感谢。您考虑得很周到。

A:Don't mention it. You' re welcome. Let me help you.

不必客气。行了,让我来帮你一把。

B:No, thanks. I can do it.

不用了,谢谢。我一个人能行。

4.餐车服务

1)点餐服务

A:Good morning, sir. What can I do for you?

您好,先生。您想吃点什么?

B:I'd like to have lunch here.

我想吃午饭。

A:How many people, please?

请问一共有几位?

B:Four.

四位。

A:This way,please.

请走这边,我带您过去。

B:Thank you.

谢谢。

A:Not at all. Here you are. Take a seat,please.

不用客气。这儿就是。请坐。

B:Have to wait for a long time?

需要等很久吗?

A:No. I'll bring it over right away.

不用等太久。我马上拿来。

B:Can you tell me what you serve for lunch?

请问你们中午有什么套餐?

A:We serve almost ten kinds of meals. Here is the menu. Which one do you prefer?

我们供应的套餐大约有十种。这儿是套餐的简介。请问你们喜欢哪一种?

B:We are from Sichuan. So hot food is agreeable.

我们是四川人。辣味菜符合我们的口味。

A:I see. May I have your order now?

我明白了。现在选好了吗?

B:Fried meat with green pepper, four meals.

青椒炒肉套餐,四份。

A:OK. Would you like something to drink?

好的。请问您想喝点什么吗?

B:Two bottles of beer.

两瓶啤酒。

A:Wait for a moment, please. You'll be served soon.

请稍候。一会儿就端上来了。

2)早餐服务

A:Good morning,can I help you?

早上好,请问您想要点什么?

B:Can I have breakfast now?

现在可以吃早餐吗?

A:Yes, of course.

当然可以。

B:Fifty-five Yuan.

55 元。

A:I'm afraid there is a mistake here.

我觉得计算有点问题。

B:Let me check. (A few minutes later) Sorry, it's should be Forty-five Yuan.

让我再核实一下。(过了一会儿)对不起,您的收费应该是 45 元。

A:Do you accept checks?

你们收支票吗?

B:Sorry, we don't.

对不起,我们这儿不收支票。

A:That's all right. Here is a 100-Yuan bill.

没关系。给你 100 元。

B:Here is the change. See you next time.

找您零钱。欢迎下次光临。

A:Thank you.

谢谢。

5. 情景服务

1)方位引导

A:Excuse me, sir. Where is the washroom?

打扰一下,乘务员。请问洗手间在哪里?

B:There is a washroom at the end of the carriage. But I'm sorry to say you can't use it now.

洗手间在每节车厢的前端。但很抱歉,您现在不能用。

A:Why?

为什么呢?

B:Because the washroom is locked up when it is out of order.

因为出了故障,洗手间被暂时锁闭。

A:I see. When can I use it?

我明白了。那什么时候才能使用呢?

B:It is available after it has been repaired. Just wait for a little while or you can go to another washroom.

修好后就可以使用了。请稍等。要不您去其他的洗手间。

A:Thank you.

谢谢。

2)晚点解答

A:Excuse me, when will the train arrive at the temial?

打扰一下,请问火车什么时候到达终点站?

B:It is due to arrive at six o'clock in the evening.

预计在傍晚 6 点。

A:But that's not the way I see it. I must say there is little hope(of that)now.

我不这样看。我得承认现在这样的希望变得很渺茫了。

B:There is reason in what you say. Due to technical incidents, the train has been delayed for 20 minutes. Please don't worry, everything will be fine, furthermore, they are organizing to speed up.

您讲得很有道理。由于技术故障,火车已经延误了 20min。但不要为此灰心丧气,一切都会好起来,再说他们正在组织加快运营。

A:Wonderful!

棒极了!

B:Let's hope for the best and prepare for the worst.

让我们做最好的打算,做最坏的准备。

A:Good point.

说得非常好。

复习思考题

1. 如何在车厢使用服务用语自我介绍?
2. 动车组列车开车前 5min 广播通告用英语如何表达?
3. 动车组列车始发后广播通告用英语如何表达?
4. 动车组列车用餐宣传广播用英语如何表达?

第三节　动车组列车服务工作的技能技巧

本节说明

本节主要学习动车组列车旅客运输服务技能技巧,是从事动车组列车旅客运输服务岗位职工及管理人员必须要掌握的知识部分。

教学建议

本节教学建议教师将学生进行分组,小组数量根据本节各任务工作场景需要设置。尽量模拟现场各场景进行服务技能技巧训练,提高学生理论联系实际的能力。

任务实施

通过学习本节知识,教师可将学生分小组,运用相关理论知识进行角色扮演模拟现场演练,各小组进行总结汇报,小组互评,教师进行适当点评。切实做到教、学、做一体化,提高学生运用知识做好客运服务的能力。

相关理论知识

动车组列车旅客运输的服务对象是来自四面八方的旅客,不仅有国内的,也有国外的,同一个国家又有不同民族的旅客。不同的旅客有着不同的性格脾气、风俗习惯。在动车组列车乘务员服务过程中解决旅客旅途中的各种问题,是体现“旅客至上”服务理念的重要环节。一切从旅客出发,做到人性化服务。面对旅客的不同要求,运用服务工作的技能技巧,最大限度地满足不同旅客的合理需求。

动车组列车上要备有《全国地图册》《中国高速列车时刻表》以及家居小用品、常用药品。

一、始发准备作业技能技巧

1)二等车

(1)在带有书报杂志架的列车上,整齐插上各类报刊。

(2)检查洗手液是否注满,喷头是否拧开。

(3)检查空调设备。

(4)将车厢内电源插座外盖扣好。

(5)旅客上车前应对服务间、座椅进行清理,保持座椅、地面、台面整洁。

(6)如果车厢空气不够清新,在旅客上车前列车乘务员可在座椅侧面、帘子上喷洒少许香水,车厢内喷洒少许空气清新剂,洗手间内除喷洒香水外,还可将固体香水取下直接对准通风口,能有效起到法除异味的作用。

(7)列车乘务员的行李物品尽量不要占用旅客行李架。

(8)及时擦净行李架、壁板等处的污迹。

(9)合理分配各车厢服务用具、车供品、清洁用品。

(10)清除车厢过道及所有无法固定的障碍物品。

2)一等车

(1)检查洗手液是否注满,喷头是否拧开。

(2)冰镇啤酒、香槟、干白、干红等时,为了防止商标遇水破烂或字迹模糊,可用塑料袋包裹后冰镇,仍需食用的冰块必须用塑料袋包装,置于饮料上冰镇,避免污染。

(3)在服务间内的格子里放少量清洁袋备用。

(4)提前掌握 VIP 旅客的座位分布。

(5)在旅客上车前先检查电视荧屏、旅客的座位、小桌板、脚踏板是否干净,枕头摆放整齐,徽标正对旅客。

(6)放行前应清理服务间,对座椅进行清理,保持座椅、地面、台面整洁。

(7)保证每个一等车座位口袋里配备的杂志种类齐全,并确保摆放顺序一致。

(8)遇到列车晚点、等待时要及时当面说明原因,表示歉意并讯问需求。

(9)喷洒空气清新剂和香水,保持车厢、洗手间空气清新。

(10)一等车行李架避免放置车组行李物品,保证旅客有足够的行李存放空间。

(11)提前为 VIP 旅客准备好干净的被褥,放在服务间内。当 VIP 旅客有需要时,可以马上提供。

【模拟训练4-1】 始发准备

按始发准备要求，完成准备任务。

训练提示：

(1)检查各种设备实施是否齐全、作用是否良好。

(2)检查车内是否清洁、整洁。

二、始发站作业技能技巧

1. 迎客

1)二等车

(1)迎客前，再次整理好个人仪容仪表。

(2)迎客前封锁洗手间，避免把旅客餐食、行李箱等放入洗手间内。

(3)主动问候旅客，遇老人等特殊旅客上车时应主动上前搀扶，协助提拿行李；儿童旅客上车时弯腰问候，可抚摸儿童头部或肩部表达对孩子的关爱。

(4)及时提醒旅客座位号位于行李架边缘，要求旅客对号入座，同时向旅客介绍扶手内小桌板的使用方法。

(5)委婉地提醒旅客找到座位后将过道让开，以便后面旅客通过，但不得吆喝、推搡旅客，随时注意自身在疏通过道或协助旅客安放行李时是否堵住过道。

(6)提醒旅客将大件物品存放在大件行李架上，小件物品(如水果、小推车)及放不下的物品可放前排座椅底下。

(7)及时整理旅客行李架，加快旅客行李放置速度。

(8)协助老弱病残及手提行李过多、过重的旅客安放行李。

(9)当发现旅客自带旅行茶杯时，应主动询问旅客是否需要添加茶水。当旅客正在食用自带的食品(含药片)时，可询问是否需要帮助。

(10)安全检查需从上至下，按照“行李架—衣帽钩—座椅靠背—小桌板—车厢通道”顺序，不漏检。

(11)列车运行前禁止旅客使用洗手间，特殊情况必须使用时，应有专人看守。

(12)仔细观察旅客，对神色表现异常、感觉不舒服的旅客及时给予关心和帮助。

(13)吧台乘务员在吧台值守，时刻准备为旅客服务。

(14)提前安排好守口站位和退场秩序，正常鞠躬角度为30°，列车晚点致歉时为45°。

2)一等车

(1)旅客上车时列车乘务员应委婉地确认旅客座位号码，安排入座。

(2)向列车长汇报旅客是否完全按座位号码就座，是否有改变座位旅客。

(3)主动为旅客安排行李，脱下的衣服需及时挂于衣帽钩上。

(4)向车站接待员了解一等车厢VIP旅客在车站(或目的地)用餐情况。

(5)使用姓氏尊称服务，列车乘务员简单致欢迎词，做自我介绍，事先通报列车运行时间、预计到达时间以及途经主要城市和风景名胜的预计时间，以及列车上的一些基本设备，并祝旅客旅途愉快。

【模拟训练 4-2】 自我介绍

分组完成开车后的迎宾词,做自我介绍。

训练提示:

(1)致迎宾词时,应两眼看着旅客,沉着自信,面带微笑,语言清晰,声音的高低以确保绝大多数旅客都能听到为度。

(2)一等车厢的旅客层次相对较高,致辞声音不要太大,尽量做到甜美柔和。

(3)若有外国旅客,应用英语重复一遍。

【模拟训练 4-3】 迎接旅客

按照作业要求,完成组织旅客上车的各项工作。

训练提示:

工作重点是引导并帮助重点旅客找座位,安放行李。在做这项工作中应面带微笑,运用好服务用语。

【模拟训练 4-4】 迎客时有旅客提出其他服务

模拟旅客上车,向动车组列车乘务员提出为其看管大件行李的要求。

训练提示:

(1)加强服务意识,动车组列车乘务员应该站在旅客角度考虑旅客需求的重要性。提高服务技巧,当旅客提出特殊需求,尽可能立即办理。

(2)有其他原因不能及时办理,应立即在记事本上记录,或委托其他列车乘务员及时办理(也可委托他人提醒自己办理),并要及时跟踪处理情况。

(3)如果因客观条件无法及时提供的,应先向旅客说明理由,并稍后办理。

(4)如果因客观条件无法提供的,应及时向旅客做好解释工作。

2. 座位安排

(1)尽量为座位不在一起的朋友或家人调换座位。

(2)在保障安全、不违反政策的前提下,适当为特殊旅客、身材高大的旅客、常客和宾客调整舒适的座位。

(3)列车开动前如旅客尚未就座,应上前提醒。

【模拟训练 4-5】 处理旅客纠纷

模拟旅客上车,因抢占座位发生争执时,列车乘务员应如何调解?

训练提示:

(1)列车乘务员应先安抚旅客,并了解事情的起因,同时报告列车长和乘警。

(2)尽可能为旅客调整座位,协助旅客妥善放置好随身物品,调解、缓解旅客间的矛盾,注意语言技巧,减少对周围旅客的影响。

(3)在运行途中,要加强监控,以避免矛盾的再次激化。

(4)列车乘务员提供优质服务,比照重点旅客照顾,消除旅客不愉快的记忆,缓解矛盾。

【模拟训练 4-6】 安排重座旅客

20××年2月1日D6次(沈阳北—北京)动车组旅客列车,沈阳北站上车的两名旅客持当日当次车票,座位号均是5车3D,列车乘务员应如何处理?

训练提示：

(1)遇到重号的旅客,应认真核对两位重号旅客车票。如果确认是重复的座位号码,应先向旅客致歉,听取两名旅客的意见,观察哪一名旅客有想要调换其他座位的意向。

(2)动车组列车乘务员应及时报告列车长,列车长根据旅客人数判断同等级车厢是否有空座,尽量安排旅客尽快就座,并委婉地告诉旅客如果有旅客就座的话,我们再协助他调整其他座位,不要让旅客自行在车厢内找空位就座,以免造成旅客座位号码再次重复而引起不满,甚至导致投诉等。

(3)遇到满员情况,动车组列车乘务员可以帮助重号旅客(或后到的重号旅客)提拿行李,等全部旅客上齐后,让重号旅客在相同车厢等级的基础上,选择空余座位入座。

(4)确定旅客人数不是很多的情况下,列车乘务员可征求旅客意见,喜欢就座靠过道还是靠窗口的座位,尽量满足旅客的需求。

3. 行李安排

1)二等车

(1)将特殊旅客的行李安排在他们可以看见或方便提取的位置。

(2)提醒旅客不要把容易滴洒的液体放在行李架上,密码箱不可在一起放置。

(3)在旅客人数较多时,乘务组可取下车组行李,存放在衣帽间或服务间可固定的位置。

(4)提醒旅客保管好笔记本电脑等贵重物品或易碎物品。

(5)在帮旅客摆放行李时,要先经旅客同意,摆放旅客行李需轻拿轻放。

(6)尽量不要替旅客保管物品,如有特殊情况需要保管,应提醒旅客取出贵重、易碎物品,并让旅客亲自确认行李存放位置,提醒下车时不要忘记拿取。

(7)及时整理行李架,加快旅客行李放置速度。

(8)洗手间内及车厢连接处禁止堆放行李物品。

(9)大件行李较多,行李架放置不下时及时向列车长汇报,并说服、协助旅客将大件行李放到大件行李架内。

(10)当旅客座位上方行李架已满时,列车乘务员与旅客协商将行李放在其他行李架上,并让旅客确认存放位置,提醒旅客提取贵重物品,下车时不要忘记拿取。避免将行李存放在离旅客座位过远的行李架上,尤其是老年旅客的行李,列车乘务员要尽量放置在其座位上方或前排座椅下,避免因本人无法照看而造成不安。

(11)检查行李架时,应注意物品不得超过规定的尺寸,以免滑落。

(12)当发现旅客座椅前放置的行李物品过大影响就座时,列车乘务员可主动协助旅客安放行李或调整旅客座位。

2)一等车

(1)如果座椅后需要放置行李物品时,必须保证前排座椅靠背能自由调节。

(2)需主动协助一等车厢旅客或VIP旅客安排行李,轻拿轻放。

(3)列车乘务员有责任对一等车厢旅客的行李进行托管,提醒旅客取出贵重物品,并妥善保管,防止弄脏和破损。

4. 报纸服务

1)二等车

(1)为防止弄脏列车乘务员衣服,可在报纸底下垫上干净防滑纸。整理书报杂志时需戴一次性手套。

(2)主动介绍报纸品种,用眼神浏览,并征询每位旅客的意见。

(3)报纸数量不足时应委婉向旅客做好解释工作,要求相互传阅。

(4)发报纸避免走形式。发完后勤洗手,避免污染其他物品。

(5)检查报刊日期,避免发放过期报纸。

(6)当发现对中国高铁有负面影响的报纸时应立即停止发放,并通知上级停止对该报纸的配发。

(7)列车乘务员在车厢中走动时动作要轻,避免碰撞正在阅读报纸杂志或休息的旅客。拉帘子动作要轻、要规范。

2)一等车

(1)准备10份完整的中文报纸和2份英文报。

(2)在旅客人数较多时可整齐插于其报刊杂物袋里,在旅客人数较少时可单独提供,同样告诉旅客插于您前排座椅口袋里。

(3)注意观察旅客身份国籍,及时提供外文报纸杂志。

(4)检查报刊日期,避免发放过期报纸。

(5)所有一等车厢座位报刊品种需保持一致。

5. 发拖鞋(一等车)

如果旅客需要可为旅客提供拖鞋。

(1)列车乘务员需用手发送拖鞋,禁止将拖鞋插于前排座椅口袋内,禁止用大、小托盘送拖鞋,送拖鞋时一次最多拿4双,无须备份一双。

(2)送拖鞋时需要在旅客面前打开,放置在靠过道侧旅客脚边。

(3)列车乘务员蹲下、用于撑开拖鞋鞋面并将拖鞋整齐摆放在旅客靠过道的脚边。

6. 播放录像

1)二等车

(1)提前安排好录像播放顺序,并做好充分准备。

(2)列车乘务员随时在车厢感受音量大小,并做适当调整。

(3)随时观察播放情况,播完后立即更换。

(4)在节目更换期间和电影节目中间可穿插播放指定内容。

(5)车厢设备介绍等要有声播放。

(6)广播内容与列车乘务员实际工作保持一致。

2)一等车

(1)了解旅客对录像节目的反应,及时更换不受欢迎的节目。

(2)观察旅客对个人电视的使用情况,及时进行指导。

(3)为休息的旅客,收起电视屏幕。

三、途中作业技能技巧

1. 饮料服务(一等车)

(1)主动协助旅客打开小桌板。

（2）旅客喝咖啡，单独放糖包、奶包时，及时清理用完的包装袋。

（3）热饮在旅客放行前送至一等车厢。

（4）需添加咖啡时，应将杯子擦拭干净或重新更换咖啡杯。

（5）铺完餐巾布后仍需垫杯垫。

（6）提供饮料时需检查并确认餐食饮料的质量以及用具是否干净，使用一等车厢玻璃器皿时，应用餐巾纸拿取，避免留下手印。

（7）不要等到饮料全部喝完后再为旅客添加。

（8）热饮需保持一定的温度，禁止为旅客提供“温吞水”，热饮提供时间过长发生变冷或沉淀现象时，需主动为旅客更换。

（9）提供茶水、咖啡、米饭或汤时，为了避免烫着旅客，可在杯子、饭碗、汤碗与下面垫盘之间垫张纸巾。

（10）旅客饮用完牛奶后如提出需要柠檬红茶，应提醒旅客不宜混饮。

（11）为一等车厢旅客送茶和咖啡时，杯托上无须垫杯垫或餐巾纸，杯垫仅垫在玻璃杯下。

（12）为一等车厢旅客送水果时应提供叉和刀。

（13）在提供餐饮前，对于存放在坐椅扶手内的小桌板或位于车厢壁板上的小桌板，列车乘务员在征得旅客同意后，将相连的小桌板全部都打开放平，再统一提供餐饮服务。注意随时观察一等车厢的旅客，使服务能够在旅客提出需求之前提供，如旅客杯中饮料快喝完时应主动询问是否需要添加。

2. 餐食服务

1）二等车

（1）旅客预定的特殊餐食要优先提供。

（2）为特殊旅客（如老人、盲人等行动不便的旅客）提供餐食服务时，要征求旅客意见，是否需要为其打开刀叉包。

（3）为旅客冲泡奶粉时，需同时送上餐巾纸或湿纸巾。

（4）如果旅客的小桌板在坐椅扶手里，为旅客提供餐饮服务时要主动协助旅客取出桌板。

（5）送热食、热饮时提醒旅客小心烫手。

（6）如果有旅客在餐饮服务时提出其他的需求，要尽可能及时满足。如果当时无法满足，为了避免遗忘，要求将旅客的需求及座位号记录下来，并尽快提供。

（7）禁止将餐饮或杂物从旅客头顶上方掠过，旁边旅客协助递送时需及时向旅客致谢。

（8）协助旅客打开小桌板后再递送餐饮，遇到前排旅客放下座椅靠背，后排旅客位置很小不方便用餐时，主动提醒前排旅客调直椅背并表示谢意。

（9）服务过程中需及时提醒旅客注意安全，阻止儿童在过道上或座椅上玩耍。

（10）收餐时可在餐车的抽屉内备份一些餐巾纸和清洁袋，带上干净的湿毛巾，随时擦拭旅客小桌板上的汤汁。

（11）注意礼貌用语，对旅客提出的需求尽可能满足，确实无法满足时应委婉向旅客说明原因，取得旅客的谅解。

（12）掌握好服务节奏，减少旅客等待时间。

2)一等车

(1)一等车厢餐具需提前预热,热食必须保持一定的温度。

(2)主动介绍餐食品种,汤的温度过高时及时提醒旅客。

(3)随时监控一等车厢旅客用餐情况,确保餐食供应及时。

(4)主动协助旅客打开刀叉包,铺好餐巾布。

(5)旅客使用后的清洁袋应及时更换,如果遇到旅客需要使用,主动为其将封口打开。

(6)列车变速阶段,要固定饮料车和餐车内的服务用具、储物格、整理餐具餐盘等,避免发出较大的声响以及减少餐具的磨损。

【模拟训练4-7】 动车组乘务服务员损坏或弄脏旅客衣物

模拟列车在运行途中,弄脏旅客的衣物,旅客情绪激动,列车乘务员应如何面对?

训练提示:

(1)动车组列车乘务员在服务过程中,由于自身或其他原因损坏或弄脏旅客的衣物,应马上向旅客致歉(态度要诚恳,语言要亲切,语气充满关心),尽量帮助旅客做整理、清洗等弥补工作,将损失降到最低。

(2)对于弄脏的衣物,动车组列车乘务员应主动提出帮助旅客清洗,如果在车上无法清洗,应将旅客的联络方式留下,待衣物清洗干净后,以邮寄等方式送还旅客。

(3)对于损坏程度较大,需要赔偿的衣物,动车组列车乘务员应酌情给予赔偿(原则:尽量平息旅客的怒气,以尽快解决问题为首要),返回向单位主管部门汇报。

(4)如损坏或弄脏的衣物是由不可抗拒的原因引起,动车组列车乘务员应向旅客解释并由单位有关人员协调解决。

3.回收杂物

1)二等车

(1)餐车上备份一些清洁袋,提供给有需要的旅客。

(2)清理垃圾时应戴一次性手套。

(3)主动擦拭旅客小桌板上的污渍,清理地面杂物。

(4)禁止回收杂物时无礼貌用语。

(5)旅客丢弃在车厢通道上的杂物,包括报纸、纸巾、包装纸等,即使是非常小的牙签、碎纸屑等也要及时清理干净。

(6)随时清理车厢中旅客阅读过的报纸。

(7)随时清理车厢通道或者旅客座椅上的杂物。

(8)主动擦拭弄脏的壁板、行李架、旅客小桌板等。

2)一等车

(1)监控旅客用餐情况,及时回收旅客用完的餐盘,避免将餐食汤汁或碎末溅落在旅客身上。

(2)主动协助旅客收起小桌板。

(3)及时更换旅客座椅口袋中的清洁袋。

4.盖毛毯(一等车)

(1)检查被子、毛毯是否干净整洁,在服务间取下包装袋。

(2)根据车厢温度,主动为旅客盖上棉被或毛毯。

(3)毛毯上的动车组标志应正面朝上,盖到旅客腰腹部为宜,被子上部对折,旅客可根据需要自行拉至肩部。

(4)动作轻缓,避免打扰旅客休息。

5.为睡觉旅客服务

1)二等车

(1)协助旅客关闭阅读灯、窗帘。

(2)根据车内温度,替旅客轻轻盖上毛毯。

(3)根据旅客休息情况调暗车厢灯光,告知列车长适当将车厢温度调高一些。

(4)列车乘务员在车厢中走动时动作要轻,避免碰撞正在阅读报刊或休息的旅客,拉窗帘的动作要轻。

(5)当旅客躺卧休息时,列车乘务员应主动提醒旅客头朝窗户方向,避免餐车或行人碰撞其头部。

(6)当旅客休息时,列车乘务员应及时收走小桌板或座椅口袋中的杂物,避免影响旅客休息,对于有水的水杯应及时收走以避免弄倒,等旅客醒后再为其提供。

(7)给旅客发放报纸时,如遇到一排旅客睡觉无应答,列车乘务员可将报纸插在C、D座口袋内各一份,供旅客醒后阅读。

(8)当旅客睡觉时,实行“零干扰”服务。主动在旅客座椅前方贴上“休息卡”,随时关注该旅客,待旅客醒后,及时询问旅客的需求。

(9)对于旅客睡着时未使用的餐食,列车乘务员需要将旅客的热食先拿回服务间,做好标记之后放置在烤箱中保温,为该旅客贴上休息卡,列车乘务员之间要做好信息沟通。当旅客睡醒后问及餐食去向时,列车乘务员需要向旅客做好解释并及时提供餐饮服务。

2)一等车

(1)根据车厢温度,轻轻盖上毛毯。

(2)在不影响旅客情况下整理好地面、桌面及前排口袋中的物品,并收走旅客饮料杯,防止洒落。

(3)随时观察旅客是否醒来,旅客睡醒后列车乘务员应马上为其提供热毛巾及一杯矿泉水,然后再问其需要喝什么饮料。

(4)根据旅客休息情况调暗车内灯光、关闭车厢音乐。

(5)实行“零干扰”服务,委婉阻止二等车厢旅客上一等车厢。避免列车乘务员及餐车频繁进出一等车厢。列车乘务员说话、动作要轻,避免碰撞休息旅客。

(6)旅客用洗手间时及时迅速地整理一下旅客的座位,枕头、毛毯放整齐,待其用完洗手间后主动送上热毛巾。

(7)打扫洗手间时需关上洗手间的门,避免冲水的噪声打扰旅客休息。

(8)列车乘务员在单独回答一等车厢旅客问讯时,可以采取蹲式服务,音量以不影响其他旅客休息为宜,委婉地提醒大声交谈的一等车厢旅客,避免影响其他旅客休息。

(9)避免光线干扰。当旅客休息时,列车乘务员要及时拉上旅客旁的窗帘,不留缝隙,避免服务间光线过亮影响旅客休息。

(10)避免异味干扰。列车乘务员需保持口腔清新,避免口腔异味,可携带口香糖执行乘务任务(禁止在车厢中咀嚼口香糖)。保持洗手间卫生,打开通风口,及时喷洒香水,如部分车厢马桶异味较大,需及时盖好马桶盖。

(11)避免碰撞旅客。巡视车厢时避免碰撞看报或休息的一等车厢旅客,如果不小心碰撞到旅客,应及时真诚的道歉;加强服务规范性,避免饮料、餐食等物品洒落旅客身上。禁止在一等车厢旅客身上递送物品。为旅客拉窗帘、盖毛毯等服务工作时动作要轻柔,避免碰撞旅客。

6. 巡视车厢

1)二等车

(1)旅客排队上洗手间或旅客把报纸伸出过道阅读时,列车乘务员需经过时应委婉要求旅客把过道让开,并及时向旅客道谢。

(2)根据列车运行时间的长短,在巡视车厢时准备几杯水,提供给旅客。

(3)委婉提醒大声喧哗的旅客,保持车厢的宁静。

(4)加强与旅客的沟通交流。通过与旅客交谈,发放娱乐用具及“旅客征询意见表”等表格,消除旅途寂寞,更多发展动车组常客。发放表格时,除简明介绍外,同时为旅客打开阅读灯,提供圆珠笔。

(5)等待部分旅客上车时车厢始终保持有乘务员巡视,询问阅读书报杂志的旅客是否需要打开阅读灯。

(6)当洗手间洗手水出现故障时,列车乘务员应主动为旅客提供湿纸巾。

(7)为旅客准备一些方便袋,供旅客放置未使用的餐盒及其他物品。

(8)在车上供旅客使用的服务设施出现故障时,列车乘务员可以提前在出现故障的位置贴上一些有提示性并表示歉意语言的粘贴纸。

(9)尽量满足旅客的合理需求。

(10)及时处理旅客呼叫。

(11)列车乘务员在车厢服务时,面对旅客应使用礼貌用语。

(12)应及时问候常客,表示感谢,提供准确、及时的相关信息服务。

(13)保持良好的精神风貌和训练有素的举止。

(14)耐心倾听旅客的各种抱怨,力所能及地满足他们的要求。

(15)避免谈论有争议的话题。避免与旅客长谈。

2)一等车

(1)目光始终不离开一等车厢的旅客,做到旅客开口前服务。

(2)当旅客上洗手间时,列车乘务员应主动整理好报纸、毛毯、枕头、座椅口袋、鞋子、过道等,始终保持整洁的车厢环境。

(3)在不影响旅客休息或办公的情况下,可加强与旅客的沟通与交流,满足旅客的心理需求,加深对列车服务的深刻印象。

(4)在进行到站广播之前及时将到达地的时间、天气、温度告知一等车厢旅客。如果旅客正在休息,醒来后需为其单独预报。

(5)注意开关阅读灯、通风孔、窗帘,帮助调节座椅靠背及脚踏板,及时提供毛毯。

(6)尽量避免二等车厢旅客到一等车厢用洗手间打扰旅客,并注意进出服务间时拉门帘的动作一定要轻,服务时动作要轻、说话声音要轻,禁止列车乘务员在服务间或一等车厢大声喧哗。

(7)旅客不用的毛毯及时折叠整齐放在其座椅边缘;看完丢弃的报纸及时收走,未看丢弃在旁的报纸及时插在旅客座椅前面口袋里。

(8)为一等车厢旅客准备《旅行小管家》上所列各种家居小用品,供旅客所需,增加眼罩、耳塞,使旅途用品更为完善。

(9)发现戴眼镜的旅客眼镜片、鞋子等物品较脏时,主动为其擦拭干净。

(10)到站时,列车乘务员提醒旅客,手机、眼镜等小件物品注意放好。

(11)从列车乘务员座椅起身时应用手轻轻按压座椅,避免座椅猛烈弹起发出声响。

【模拟训练4-8】　车厢空调发生故障

模拟列车在运行途中,因车厢空调发生故障,旅客意见很大,情绪激动,列车乘务员应如何面对?

训练提示:

(1)列车乘务员做好旅客的安抚解释工作。

(2)立即报告列车长和列检,尽快修复。

(3)无法修复时,把旅客尽量安排到其他车厢,并做好服务工作。

(4)由此产生的票价差,由列车长编制客运记录交旅客到站退款,若人数较多时,列车长应先向旅客到站拍发电报。

【模拟训练4-9】　拒绝拍摄

由学生分别扮演旅客和列车乘务员,旅客对列车乘务员进行摄像、拍照,被列车乘务员发现,列车乘务员应该如何对待?

训练提示:

(1)列车乘务员适当采取回避的态度,避免正对镜头。

(2)委婉地提示旅客除对列车乘务员进行拍摄外,可自由在车厢内进行拍摄留念,列车乘务员服务工作结束后,有时间的话可以一起合影。

(3)列车乘务员在做好自我防护的同时应注意讲话方式和态度,有礼有节,不得强夺旅客摄像器材进行删除或曝光。

7.清扫卫生

(1)清扫卫生前应首先宣传"旅客们,为了给大家创造良好的旅行环境,我开始打扫卫生,请大家给予协助,谢谢!"

(2)清扫时,动作要轻,需要旅客帮忙时要说"劳驾,请您抬一抬脚""麻烦,挪一挪您的包行吗,免得弄脏""打扰,请把茶杯拿一下,我给您清理一下茶几"等。清扫后,要把旅客物品或行李放回原处摆放好。

(3)当清扫厕所,旅客正在使用时,列车乘务员不要敲门催喊,要耐心等待他使用完毕后再清扫。

(4)当清扫工具碰脏了旅客或物品时,列车乘务员要主动道歉,并想办法帮旅客擦干净。

(5)当旅客对车厢状况不满意时,列车乘务员要及时清扫和整理,并主动说明原因"抱歉,今天超员,打扫卫生不方便,请您谅解,我会尽力清扫干净。"

(6)清扫干净后,还要及时整理车厢两端的垃圾袋,装满以后及时收取换新;还要不断地收集茶几或果盘里的垃圾,清理软卧车厢里的垃圾桶;对于团体旅客,可为他们专门准备一个垃圾袋和果盘。

(7)注意随时提醒旅客讲究卫生,见有旅客随地扔果皮、纸张,可轻声提醒旅客“请把杂物放在茶几上好吗?我马上过来清理。”见有旅客往地上倒茶水,应劝告他“请不要把茶水洒在地上,免得滑倒他人。”或不妨屈身帮他拣起乱扔的果皮、纸张,用拖布拖干净茶水。卫生不好的车厢中旅客乱扔垃圾的频率大,卫生清洁的车厢里旅客不太乱扔垃圾,因此,要做到不厌其烦地随脏随扫,细心照顾需要帮助的旅客,使“互动服务”架起与旅客沟通的桥梁,用优美环境约束旅客,营造文明舒适的车厢环境。

8.列车验票

(1)列车验票前,列车乘务员要事先做好口头宣传“旅客们,现在开始验票(核对车票),请大家把车票准备好,谢谢!”

(2)验票时,列车乘务员应亲切客气地对旅客说“请出示您的车票。”认真仔细查验完毕后,要有礼貌地将车票还给旅客,同时说“请收好您的车票,谢谢!”切忌使用“查票啦,把车票拿出来”“为什么不买票”“补票去”等生硬、冷漠的语言对待旅客。

(3)碰上不理不睬、不配合的旅客,无论他出于什么原因,都不能计较,列车乘务员可略提高音量,态度和蔼地说“先生(女士),请出示您的车票,如果您没来得及买票,可以办理补票手续。”

(4)对无票乘车或是以没钱等各种托词不愿补票的旅客,列车乘务员可在乘警的协助下向他指出“先生(女士),您实在无法补票?列车将按章编制客运记录,请您在前方大站下车,由车站协助当地政府为您解决困难。”变“查票”为“验票(核对车票)”,变换一下列车乘务员和旅客的角色,体现以人为本的人文关怀,体现铁路为旅客服务的思想,旅客也更能接受。

【模拟训练4-10】 动车组列车上验票旅客不理解的情况

模拟动车组列车在运行途中,列车上验票,旅客不理解不配合,列车乘务员应如何面对?

训练提示:

(1)列车乘务员要注意宣传用语:“为了了解旅客的去向,更好地为旅客服务,现在开始核对席位”,并对旅客的配合表示感谢。

(2)个别旅客不理解时,列车乘务员要注意站在旅客的立场上解释:“先生,您讲的是对的,席位核实是为了我们了解您的乘车信息,方便为您提供更准确的提示服务,请您理解和配合,谢谢!”

(3)如这样处理,个别旅客仍不理解的话,就大度一点,放过去,不要为一个人把自己的工作情绪破坏。

(4)对个别旅客不理解,并且不能确定他有票,在解释无效的情况下,列车乘务员不能发火,等一会儿请乘警和列车长亲自来查验。

四、终到站及折返站作业服务技能技巧

1.归还衣物

1)二等车

及时归还旅客寄存的衣物,严禁错拿错还。

2)一等车

(1)在服务间取下衣架,逐件归还,严禁错拿错还。

(2)如果到达站天气炎热,可征求旅客意见,大衣、外套等衣物是否可以折叠好后装入干净的毛毯袋中或协助旅客装入随身行李袋中。

(3)根据外部天气状况,提醒旅客是否需要更换衣物。

2. 送客

1)二等车

(1)旅客下车时,列车乘务员主动为个别手捧行李、物品的旅客提供毛毯袋,方便提取。

(2)主动搀扶老弱病残旅客下车,并与车站做好交接工作。

(3)提醒旅客携带好随身物品。

(4)旅客提取塑料兜下车时,列车乘务员应主动提供毛巾,避免旅客勒手。

(5)送客时对行李较多的旅客列车乘务员应提供适当的帮助。当其堵住车厢通道时,主动迎上前帮助提拿行李,若是旅客的小包肩带掉落,应帮忙扶好。

2)一等车

提醒旅客是否已带齐所有的行李和随身物品,主动协助旅客提取行李物品。

五、重点旅客服务技能技巧

1. VIP 旅客

(1)了解 VIP 旅客职务、服务喜好等信息,提供个性化服务。

(2)旅客上车时,列车乘务员及时为旅客挂好衣物,注明座位号、到达站。

(3)列车长代表车组向旅客致欢迎词,表示为其服务深感荣幸,并竭诚为其服务。

(4)主动询问随行人员了解 VIP 旅客饮食喜好及用餐情况。

(5)主动介绍供餐程序和餐食品种,征求旅客意见,确定用餐时间。

(6)旅客需要休息时,应主动提供帮助。旅客睡醒要及时送上热毛巾和茶水。

(7)在乘车中,尽量减少对客人的不必要打扰。如果旅客不需要提供服务,列车乘务员之间应做好交接工作,避免重复询问。

(8)就座二等车厢 VIP 旅客,列车乘务员仍应提供服务,主动提供热毛巾、报纸及告知到达站的信息。

(9)送客时列车乘务员帮助旅客提拿行李,交接给接站人员或随行人员,并真诚道别,期待以后能够继续为其服务。

(10)与 VIP 旅客聊天时,话题避免涉及商业机密或政治方面的话题。

2. VIP 随行

(1)不要忽视 VIP 旅客随行人员,各项服务应优先于普通旅客。

(2)随行为 VIP 旅客关系密切的人时,征得列车长同意,有空座的情况下可征求 VIP 旅客意见,安排其在一等车厢就座。

(3)主动为随行人员提供报纸、饮料等服务。

(4)随时与随行人员沟通,适时为 VIP 旅客提供相应的服务。

(5)列车长及列车乘务员需随时观察和询问随行人员对列车服务质量的满意度。

(6) VIP 的随行人员下车时列车长也需主动与接站人员做好交接工作。

3. 孕妇

(1) 孕妇上车时,主动帮助提拿、安放随身携带物品,注意调节通风口。

(2) 提供毛毯垫在小腹下,应多提供几个清洁袋,主动询问孕妇乘车感受,随时给予照顾。

(3) 下车时,列车乘务员可协助旅客提取行李,并送至车门口。

4. 儿童(5~12 岁)

(1) 儿童上车时需弯腰,表示欢迎及爱护,对于首次乘车的儿童,要告知其陪同人在列车运行期间不要让孩子随便跑动,以免发生危险。

(2) 根据车上现有条件提供一些儿童喜欢和感兴趣的读物、玩具等。

(3) 主动为婴儿提供枕头垫其头部,关闭通风孔防止吹风。

(4) 主动帮助带婴儿的陪同人提拿随身携带物品并安放(事先提示旅客把婴儿要用的物品取出,放在便于拿取的位置)。

(5) 用餐时,提醒旅客注意小桌板上的饮料(尤其是热饮),避免泼洒到婴儿身上。同时,主动询问大人是否需要为婴儿准备食物,需不需要冲奶粉,什么时候冲,有无特殊要求等,用小毛巾或餐巾纸将冲好的奶瓶包好,递给婴儿的母亲。

(6) 提供饮料服务时需提供给监护人后再转给儿童或婴儿,冷饮服务需同时提供吸管。

(7) 带婴儿的旅客需要列车乘务员的时刻关注,但除非旅客请列车乘务员帮忙,否则列车乘务员不要主动去抱婴儿。

(8) 帮助旅客在洗手间给婴儿换尿布,如果没有婴儿护理台可以在坐椅上换。为了不影响其他旅客,可在列车乘务员座椅上铺上毛毯,准备好清洁袋。换完后请母亲洗手或用热毛巾擦手。

(9) 到站后,帮助婴儿的陪同人员整理好随身携带物品并帮助提拿送下列车。

5. 老人

(1) 老年旅客上车时,需主动上前搀扶并送到座位上。

(2) 老年旅客腿部容易怕冷,应主动提供毛毯,帮助盖毛毯时应注意把脚、腿盖上或适当垫高下肢。

(3) 由于老年人听觉较差,对于广播经常听不清楚,列车乘务员应主动告诉广播内容和介绍车厢服务设备、洗手间的位置。

(4) 为老年人提供饮料时,应适当提高声音,主动介绍饮料品种,提醒旅客哪种饮料含糖分。老年旅客需要橙汁时,应主动提醒旅客橙汁是微酸的。

(5) 老年旅客在用餐时,主动为其打开餐盒及刀叉包。

(6) 旅途中,经常看望,主动问寒问暖。工作空余时多与他们交谈,消除老人寂寞。

(7) 主动帮助老人或没带老花镜的旅客填写意见卡等。

(8) 到达目的地提醒老人别忘记所携带的物品,搀扶其下车,与接站人员做好交接。

(9) 如果老人需要用洗手间,应及时满足并帮助放好马桶垫纸。

6. 肥胖旅客

(1) 上车时安排其先入座,列车乘务员主动协助安放行李。

(2) 在条件允许的情况下,列车乘务员主动为其调换到比较宽松的座位。

(3)肥胖旅客一般比较怕热,列车乘务员需主动调节车厢通风孔,提供湿毛巾或冰水,降低其体温。

(4)尽量避免安排肥胖旅客在靠近过道的座位,以免影响周围旅客进出。

7. 伤残旅客

(1)将旅客安排在离车门口较近的位置,主动搀扶协助其坐好。

(2)旅客就座后,应主动送上枕头或毛毯,垫在受伤者的胳膊下。

(3)对于有脚伤、腿伤以及其他下肢伤残旅客,就座时应及时用小纸箱等物品协助垫高下肢,尽量使其感觉舒适。

(4)列车乘务员在为残疾旅客(特别是刚受伤的旅客)服务的时候应保持正常的心态,以免伤其自尊心,可通过同行的旅客来了解旅客的需要。

(5)在供应饮料和餐食时,帮助放好小桌板,在征得旅客同意后,主动帮助将肉食、水果等切成小块,让他用叉子吃。

(6)旅客用洗手间时应主动搀扶。

(7)征询旅客意见,下车是否需要轮椅,待旅客下车并交接给接站人员时服务才算结束。

8. 晕车旅客

(1)轻声询问他们乘车前后的情况及有无晕车史,并加以安慰。

(2)主动提供热毛巾、温水(漱口)及清洁袋,建议解开过紧的领带或衣领扣。

(3)下车时,主动帮助提拿行李并搀扶下车。

9. 聋哑旅客

(1)了解旅客到达站,及时提醒旅客已到目的地,并将目的地车站名称、到达时间、换乘车次及时间等信息通过手势或写字的方法告诉旅客。

(2)将车上设备使用方法、洗手间位置、餐饮品种等内容用手势或写字的方法告诉旅客。

(3)随时观察旅客需求,适时为旅客提供服务。

10. 初次乘车旅客

(1)主动介绍车上设备、洗手间等位置及使用方法。

(2)旅途中随时了解并询问需求,适时提供帮助。

(3)在为旅客提供餐饮时,向旅客介绍餐具是在餐盒里的。

11. 无人陪伴儿童

(1)为儿童旅客提供玩具、儿童图书及扑克牌、象棋、跳棋等文化娱乐用品。

(2)指派专人服务,随时关注并帮助儿童旅客。

(3)到站时,叫醒正在睡觉的小旅客并妥善照料。

(4)无人陪伴旅客的行李物品,下车时需与接站人员做好交接工作。

12. 使用拐杖乘客

要留意观察,当发现旅客要站立行走或上洗手间时,应尽快将拐杖递给他并热情搀扶引导。

13. 生日旅客

如果旅客提出要在列车上过生日,可为其致祝福广播,点播《祝你生日快乐》歌曲。

【模拟训练4-11】 回答旅客提问

由学生分别扮演旅客和列车乘务员，旅客对列车乘务员进行提问，列车乘务员该如何对待？

训练提示：

在乘务工作中，列车乘务员经常遇到旅客提问，回答旅客提问时要站稳，面向旅客回答，耐心而热情，解答时简洁准确，要注意礼貌、得体，讲究回答技巧，切忌给人一种不友好、不平等、不耐烦的感觉。

【模拟训练4-12】 劝告与说服旅客

由学生分别扮演旅客和列车乘务员，遇到一些持不同意见的旅客，列车乘务员该如何对待？

训练提示：

动车组列车乘务员面对的旅客来自各行各业，难免遇到一些持不同意见的旅客，这就需要劝导或说服对方。劝导时要换位思考，了解对方的心理状态，明了对方的心思，采取立足对方的劝说方法，尽量把列车乘务员的大度、诚意和善意说到对方的心坎，起到增强理解的目的。否则，无法说服他人，甚至会因曲解而产生误会和矛盾。

【模拟训练4-13】 接待投诉的旅客

由学生分别扮演旅客和列车乘务员，面对旅客的投诉，列车乘务员该如何对待？

训练提示：

(1)认真倾听并表示感谢。

(2)说明感谢的理由。

(3)马上真诚的道歉，立即复述并认同。

(4)做出承诺，立刻改进。

(5)遵循旅客的必要意见。

(6)迅速改进并回应。

(7)确认旅客的满意度。

【模拟训练4-14】 重点旅客的服务

模拟列车在运行中，分别有老人、孕妇、带小孩的旅客、VIP旅客、晕车的旅客等重点旅客乘车，列车乘务员需根据不同的要求做好服务工作。

训练提示：

做好重点旅客的服务，列车乘务员应付出更多的细心和耐心。

复习思考题

1. 始发准备作业技能技巧有哪些？
2. 途中作业的技能技巧有哪些？
3. VIP旅客服务的服务技能技巧有哪些？
4. 为老年旅客服务的技能技巧有哪些？
5. 动车组列车上清扫卫生的服务技能技巧是什么？

第四节　动车组列车乘务员应急预案处置流程

本节说明

本节主要学习动车组列车乘务员应急预案处置流程的相关知识，是从事动车组列车旅客运输服务岗位职工及管理人员必须要掌握的知识部分。因动车组列车各车型设备设施不同，各铁路局集团公司对列车发生应急处理方案会有所不同，但各局对同一车型应急处理预案大同小异，教师可根据实际情况组织教学。

教学建议

本节教学建议教师将学生进行分组，小组数量根据本节各任务工作场景需要设置。尽量模拟现场各场景进行应急预案处理流程训练，提高学生理论联系实际的能力。

任务实施

通过学习本节知识，教师可将学生分小组，运用相关理论知识进行角色扮演模拟现场演练，各小组进行总结汇报，小组互评，教师进行适当点评。切实做到教、学、做一体化，提高学生运用知识做好客运服务的能力。

相关理论知识

在动车组旅客列车运行中可能会发生各种非正常情况，在面对紧急特殊情况，高铁客运服务人员运用各项应急预案处置项点及流程和各方面知识，是体现“旅客至上”服务理念的重要环节。

一、发生火灾、爆炸时应急处理流程（见表4-1）

发生火灾、爆炸时应急处理流程　　表4-1

序号	处置项点	处置流程	具体内容	负责人	监控人
1	停车处理	迅速停车	立即通知司机停车或使用紧急制动阀停车（停车时避开桥梁、隧道、长大下坡道，选择便于疏散旅客和组织救援的地点停车）	司机	列车长
		关闭通风	接到火灾爆炸警报后，立即停止车内通风，坚守岗位，做好停车疏散准备工作。司机立即向列车调度员请示扣停邻线列车	司机	列车长
		切断电源	随车机械师在列车停车后，立即切断列车电源，启动应急照明，防止电器设备起火	机械师	列车长

续上表

序号	处置项点	处置流程	具体内容	负责人	监控人
2	迅速扑救	车厢疏散	列车长指挥现场的客运、餐售、保洁员及群众代表进行救援，疏散起火车厢旅客到邻近的安全车厢	全体人员	列车长
		组织扑救	列车长、乘警、机械师和乘务员就近携带、传递灭火器迅速到达起火车厢实施扑救	全体人员	列车长
		确保安全	列车长、机械师、乘警应立即判明起火原因、部位，根据现场实际情况就地取材，用灭火器和可以灭火的物品，采取有效的灭火方案和措施迅速扑救，火情无法控制时及时撤离车厢	全体人员	列车长
		关防火门	迅速将起火车厢与相邻车厢一端的内端门和防火隔断门关闭。在整个处理过程中不能打开起火车厢的车窗、车门，以保证该车处于密闭状态	全体人员	列车长
3	疏散旅客	扣停列车	司机在接到列车调度员已扣停邻线列车的口头指示后，立即通知列车长，列车长接到司机通知后应立即指挥列车工作人员打开车门，根据需要安装好应急梯，做好疏散准备	司机	调度
		停车疏散	列车长根据车内和车下的安全情况，由机械师、乘务员手动开启车门，向地面安全地带疏散旅客。未能及时接到扣停邻线列车的命令，列车长应会同司机，组织列车工作人员打开运行方向左侧车门（非会车侧），结合现场实际，确定旅客疏散方向和疏散方式，列车工作人员应做好旅客安全宣传和防护，严禁旅客跨越线路。在疏散通道被封堵时，可使用安全锤砸开逃生窗玻璃，向车下疏散旅客	全体人员	列车长
		照顾重点	疏散旅客过程中，列车长要指派乘务员对重点旅客进行帮助，发动旅客积极进行自救	乘务员	列车长
4	切断火源	分离车体	重联时，司机、机械师将动车组列车分解	机械师	司机
5	报告救援	报告位置	汇报动调（客调）、段调，包括车次、时间、地点、火势、伤亡人数，旅客人数等简要情况	列车长	调度
		请求支援	根据现场情况请求增派人员，提供药品、饮食、衣物、120 救护、车辆等救援	列车长	调度
6	抢救伤员	寻医救护	积极寻找医务工作人员，列车长组织乘务员和旅客中的医护人员积极抢救伤员，并指定列车“红十字救护员”负责掌握伤亡人员数量、伤情等情况	全体人员	列车长
		组织抢救	对伤势较重旅客立即抢救，对伤员要根据具体情况采取止血、简易固定、包扎等救护措施	全体人员	列车长
		关注重点	将伤情严重的旅客提前安置在便于救护车停车的地点，有医生时要重点看护，列车长要指派专人负责，为医院快速救治创造条件	全体人员	列车长

续上表

序号	处置项点	处置流程	具 体 内 容	负责人	监控人
7	设置防护	专人防护	动车组发生火灾爆炸，在区间停车需要防护时，机械师、乘务员在动车组司机统一指挥下，迅速做好列车（包括列车分解后区间遗留的车辆）防护工作	全体人员	司机
8	保护现场	寻找证人	乘警、列车长走访第一发现人、起火部位临近人，调查取证，追查监控当事人，初步认定火灾原因，收集目击证人不少于2份的证实材料	乘警	列车长
9	调查取证	协助取证	乘警、列车长要及时进行调查取证，证实材料要客观、翔实，为现场勘察、认定火灾原因创造有利条件。列车乘务人员要积极帮助公安人员了解情况，提供线索。同时，要积极协助公安机关调查事故情况	乘警	列车长

二、发生自然灾害时应急处理流程（见表4-2）

发生自然灾害时应急处理流程　　表4-2

序号	处置项点	处置流程	具 体 内 容	负责人	监控人
1	及时汇报	掌握概况	列车因自然灾害受阻时，列车长立即向司机了解所处位置，掌握车内旅客情况，通过调度了解受阻原因、灾害程度、航空及公路交通情况	列车长	司机
		汇报准确	报告动调（客调）、段调。报告内容：列车停留地点、时间、原因、影响范围、旅客情况、已经采取的应急处置措施、需要协调解决事项等	列车长	调度
2	分工准备	广播通告	（1）通过广播向旅客通报解释受阻原因、所处位置、灾害程度、航空及公路交通情况，以及铁路采取的应对措施，提示旅客注意人身财产安全，号召旅客与工作人员共同抗击自然灾害。列车断电无法使用广播时，使用扩音器逐车厢向旅客口头宣传。 （2）遇有旅客问讯时，耐心细致回答，不得使用“不知道”“不清楚”等不负责任的语言或有不耐烦表现；遇有旅客情绪激动时，列车长做好解释工作，安抚旅客情绪，防止发生过激行为	全体人员	列车长
		统一指挥	（1）列车长要及时召开会议（不具备集中条件时可通过对讲机部署），组织有关人员分工负责、密切配合，做好应急处置工作。列车长、乘警、乘务员重点加强对车厢的巡视，做好解释和安抚工作，稳定车内秩序。 （2）随车机械师做好受阻车体维护工作，确保空调系统、照明系统正常运转，厕所正常使用	全体人员	列车长
3	安全把控	防火安全	加强防火监控，对吸烟旅客进行有效制止，列车断电时，应使用车辆部门配备的应急照明设备，严禁旅客使用打火机、火柴等明火照明，防止发生火情	全体人员	列车长

续上表

序号	处置项点	处置流程	具体内容	负责人	监控人
3	安全把控	治安安全	加强车内治安巡视，发现盗窃旅客财物、故意扰乱秩序或破坏列车设备等违法行为立即制止，必要时请求公安人员处理，防止事态扩大，坚持杜绝受阻列车发生治安事件	乘警	列车长
		人身安全	要尽量避免旅客集体移动，防止拥挤而引发人身安全问题。如果滞留时间较长，旅客要求下车活动时，列车长要向所在局动调（客调）汇报，确定开车时间，向旅客宣传安全注意事项，告知旅客不要远离站台，随时听从铁路工作人员的指挥。区间停车时严禁旅客下车	全体人员	列车长
		车门安全	列车在站内停车时，列车长可在请示上级同意后通知乘务员打开车门进行自然通风，列车区间停车时按调度（司机）指令开启车门，保证车厢内空气畅通，寒冷季节同时兼顾车内保温。列车（区间）开启车门时必须使用安全防护网，并有专人在车门处防护	全体人员	列车长
		撤离安全	列车停留地点受自然灾害威胁，不能保证列车和旅客安全时，列车长会同司机、机械师请求调度命令，将列车或旅客疏解到安全地带。需要组织旅客撤离列车时，要保证旅客人身安全	全体人员	列车长
4	报告救援	报告位置	汇报动调（客调）、段调。汇报内容：车次、时间、地点、伤亡人数、旅客人数等	列车长	调度
		报告需求	并根据现场情况请求药品、饮食、衣物、120 救护、车辆等救援	列车长	调度
5	抢救伤员	寻找医生	积极寻找医务工作者，乘务员和旅客中的医护人员积极抢救伤员，并指定列车“红十字救护员”负责掌握伤亡人员数量，伤情等情况	全体人员	列车长
		组织抢救	对伤势较重的旅客要首先抢救，对伤员要根据具体情况采取止血、简易固定、包扎等救护措施	乘务员	列车长
		关注重病	将伤情严重的旅客提前安置在便于救护车停车的地点，在有医生时要重点看护，列车长要指派专人负责，为医院快速救治创造条件	乘务员	列车长
		组织自救	发动旅客抗灾，积极组织自救。必要时成立由旅客当中的党团员、学者、医务工作者、军人、公安干警、武警战士、路内职工参加的抗灾自救组织，发动广大旅客在统一指挥下全面开展自救工作。以列车乘警、军人及警务人员为主体成立治安组；以旅客中医务工作者为主体成立医疗救护组（列车长要对参与医疗救护的医务工作者，逐个进行姓名、单位、职称、身份证号码登记备案）	全体人员	列车长

续上表

序号	处置项点	处置流程	具体内容	负责人	监控人
6	维护秩序	加强巡视	列车长、乘警和乘务员加强巡视，列车长每30min对全列、乘务员每15min对责任车厢巡视一次，维护治安秩序，平息情绪激动的旅客，保证秩序可控	全体人员	列车长
		随时通告	列车长时间受阻时，乘务员30min要向旅客通报一次列车受阻晚点基本情况，包括目前自然灾害的影响、组织救援情况及预计晚点时间等，不得随意预测开车时间等情况	乘务员	列车长
7	补充食品	超前预想	列车长要结合受阻影响情况预测车上饮食是否充足，将饮用水、食品需求及时向调度汇报。及时在指定车站(处所)补充饮水和食品，保证旅客饮食需求。列车因断电致使空调、电茶炉不能使用时，列车要及时为旅客免费发放瓶装水	列车长	调度
		定门补货	列车补充饮水及食品时，列车长要提前与车站或有关人员联系，确认补充食品的车门位置，指派专人提前在车门口等候交接（补充食品时最多不得超过三个车门），要求乘警到场配合维持秩序，防止发生哄抢事件	乘警	列车长
8	全力服务	服务重点	列车乘务员要对老、幼、病、残、孕等重点旅客重点照顾	全体人员	列车长
		保证如厕	列车因断电等情况致使卫生间不能正常使用时，应实行人工掏厕，必要时使用垃圾桶套垃圾袋等容器供旅客使用	乘务员	列车长
9	统计交接	换乘报告	报告换乘需求。乘务员对需中转换乘的旅客进行登记，及时将中转旅客的人数和所乘车次告知所在局动调(客调)，相关车站提前做好旅客换乘安排	乘务员	列车长
		中途移交	因列车受阻，旅客要求中途下车或终止旅行时，列车长应按《铁路旅客运输规程》规定为旅客办理相关手续，要对旅客的车票票号、到站、姓名、联系电话进行登记，并由旅客本人签字确认，与车站办理移交手续	列车长	调度
		办理转运	因线路中断停止运行的列车，列车长应在旅客车票背面注明原因、日期、返回站，并加盖列车长名章，作为旅客免费返回、办理退票、换车、延长有效期的凭证	列车长	调度
		终到移交	(1)中途站和终到站到站前，列车长编制客运记录与车站签字交接。如果有群体性旅客情绪激动，可能导致列车终到处理困难时，列车长提前与车站联系，转达旅客意见和要求，与车站做好到站处理准备工作。 (2)列车乘务组在旅客没有全部离开或没有接到上级命令时不得擅自退乘，入库车体仍有滞留旅客时，要随车入库协助处理善后事宜	全体人员	列车长

续上表

序号	处置项点	处置流程	具体内容	负责人	监控人
10	食品供应	停售商品	列车受阻时间超过2h或车上饮水和食品无法得到及时补充时，列车长要责令餐售人员停止营业，统一调配所有餐售食品和商品，优先保证重点旅客需求	餐车长	列车长
		有序分发	列车受阻超过1h且逢用餐时间，列车要向旅客免费发放饮水及食品。根据实际情况对分发人员、发放顺序、分发数量等进行详细部署，必要时请旅客代表共同参与发放，保证分发有序，防止哄抢	乘务员	列车长
11	疏散救援	停车疏散	如有危及列车和人身安全时，列车长应根据车内和车下的安全情况，由乘务员手动开启非会车侧的车门，向地面安全地带转移旅客（情况特别紧急时，列车长通知司机集控激活车门），并做好旅客安全宣传和防护，严禁旅客跨越线路	全体人员	列车长
		动态把控	掌握负责车厢旅客情况，并随时观察动态 ，防止明火照明，同时做好服务工作，等待救援	全体人员	列车长

三、发生区间换乘时应急处理流程（见表4-3）

发生区间换乘时应急处理流程　　表4-3

序号	处置项点	处置流程	具体内容	负责人	监控人
1	接令确认	掌握情况	立即确认命令。确认内容：转乘车站、转乘站台、车体号码、转乘时间、整备情况、备品情况、运行路线等。命令确认后，立即组织转乘准备	列车长	调度
2	转乘准备	人员分工	列车长根据车内人数按照车厢进行分工，掌握重点旅客位置，车内做好宣传	全体人员	列车长
		整理备品	列车长票据整理，乘务员备品整理，时间不允许的情况下，可以电话通知转乘车站补充	乘务员	列车长
		整理商品	餐售人员商品装箱，做好转乘准备，有旅客购买时，不得拒绝销售	售货员	列车长
3	宣传致歉	广播致歉	晚点15min以上时，应通过广播向旅客致歉，做好解释工作。遇有旅客问询时，要积极主动向旅客解释，不得使用“不知道”“不清楚”等不负责任的语言	列车长	调度
		通告转乘	掌握时机向旅客进行换乘通告，广播模板：“女士们、先生们，我是××次列车长，因××原因，列车不能继续运行，请旅客整理好携带的物品，听从工作人员指挥，准备在前方站换乘××次列车，我代表铁路部门对列车晚点及换乘给您带来的不便表示歉意”	乘务员	列车长

续上表

序号	处置项点	处置流程	具体内容	负责人	监控人
4	巡视安抚	按时巡视	列车长每30min对全列、乘务员每15min对责任车厢巡视一次,热心地为旅客服务,维持好车内秩序	全体人员	列车长
		安全宣传	加强安全宣传,加强对卫生间等重点部位的禁烟管理,防止发生危险	全体人员	列车长
		全力服务	积极为旅客服务,帮助解决实际困难	全体人员	列车长
5	有序转乘	站车协作	列车长与车站联系,交接重点注意事项和列车所需帮助,加大警力和工作人员,帮助转移商品、备品,帮助重点旅客有序转移,确保转乘时的治安秩序,必要时列车长可协调车站增加警力随车乘务	列车长	调度
		安全防护	列车长、乘警、乘务员、保洁员要按照车厢分工进行安全防护,做好乘降组织,确保乘降安全	全体人员	列车长
		有序转移	在列车长的统一指挥下,工作人员在车门口组织转乘,按照原座位车厢号登车,如果车厢定员发生变化,先组织登车后进行调整	全体人员	列车长
		重点引导	对"老、幼、病、残、孕"等旅客重点照顾,解决转乘时的困难,保证安全转移	全体人员	列车长
6	转乘确认	检查遗失	旅客转乘完毕后,乘务员要对原车体进行检查,检查有无旅客和遗失物品,确认完毕后,向列车长进行汇报	乘务员	列车长
		确认乘降	乘务员确认旅客乘降完毕后向列车长汇报,列车长和转乘站工作人员进行确认后,通知司机关闭车门	乘务员	列车长
7	逐级汇报	掌握情况	汇报动调(客调)、段调。汇报内容:到站时间、转乘时间、旅客人数、突发情况、处理情况等	列车长	调度

四、发生长时间晚点时应急处理流程(见表4-4)

发生长时间晚点时应急处理流程　　表4-4

序号	处置项点	处置流程	具体内容	负责人	监控人
1	宣传致歉	掌握情况	列车长及时掌握晚点情况,联系调度了解晚点原因等,报告车内情况和请求协助解决的问题,组织乘务员积极主动做好服务	乘务员	列车长
		广播致歉	列车晚点15min以上时,应通过广播向旅客致歉,做好解释工作。遇到旅客问询时,要积极主动向旅客解释,不得使用"不知道""不清楚"等不负责任的语言	乘务员	列车长

续上表

序号	处置项点	处置流程	具体内容	负责人	监控人
2	保证秩序	按时巡视	列车长、乘警和乘务员加强巡视,列车长每30min对全列、乘务员每15min对责任车厢巡视一次,热心为旅客服务,维持好车内秩序	全体人员	列车长
		维持秩序	列车长、乘务员可选聘"旅客代表"(军人、武警、警察、机关干部等主动配合人员),帮助维持车内秩序	乘务员	列车长
		安全管理	乘务员加强安全宣传,尤其对卫生间加强禁烟管理,防止发生危险	全体人员	列车长
3	做好服务	安抚解释	遇有动车组列车晚点发生旅客情绪激动等情况,列车长应做好安抚解释,并向终到站所在局客调(动调)报告	全体人员	列车长
		照顾重点	对"老、幼、病、残、孕"等重点旅客重点照顾	乘务员	列车长
4	报告需求	列车需求	根据列车晚点情况,联系列车补水、吸污等工作。不能判明晚点时间时或逢用餐晚点1h以上时向调度申请补充餐食	列车长	调度
		旅客需求	(1)统计旅客换乘需求,统计同时做好登记。登记内容:姓名、电话、车次、票号、发站和到站。中转时和车站办理交接。超过10人以上或特殊情况及时和所在局客调进行汇报。 (2)掌握旅客其他困难和需求,按照规定尽量帮助解决,必要时及时向所在局客调汇报	乘务员	列车长
5	及时汇报	详情汇报	汇报动调(客调)、段调。汇报内容:车次、晚点时间、客流、车内旅客及换乘情况等	列车长	调度
		请求协助	列车晚点时间30min以上时,请求调度协调前方停站,增加客运人员组织乘降	列车长	调度
6	站车协作	中途交接	旅客情绪激动时,列车长和前方停站提前联系,增加人员组织乘降,做好交接,防止发生因为纠纷造成列车继续晚点	列车长	调度
		终到交接	(1)旅客下车时,列车长对全列旅客下车情况进行检查,发现滞留旅客引导下车,防止发生将旅客带入库内。 (2)有旅客情绪激动时,站车工作人员应当说服劝解、诚恳道歉、稳定情绪,与车站办理交接后方可退乘。必要时请求公安部门协助处理	乘务员	列车长

五、发生空调故障时应急处理流程(见表4-5)

发生空调故障时应急处理流程　　表4-5

序号	处置项点	处置流程	具体内容	负责人	监控人
1	及时处理	应急通风	列车长通知机械师对空调故障车厢进行应急通风处理	机械师	列车长
		确认状态	列车长会同机械师确认列车空调故障状态	机械师	列车长
		及时汇报	汇报动调(客调)、段调。汇报内容:故障原因、时间、区段、车内温度、旅客情绪状况等,做好启动预案的准备	列车长	调度
2	疏导旅客	掌握动态	根据列车的实际情况,合理分配车厢客流,尽量使故障车内人员疏导到其他有座位车厢	乘务员	列车长
		照顾重点	帮助"老、幼、病、残、孕"重点旅客做好服务	全体人员	列车长
3	安抚致歉	按时致歉	列车长按规定及时向旅客通报情况并致歉,积极做好各项服务工作,帮助旅客解决困难,必要时经请示,可采取向旅客发放矿泉水等措施,稳定旅客情绪,避免激化矛盾	全体人员	列车长
4	启动预案	汇报启动	列车发生故障20min仍未排除故障,汇报动调(客调)、段调,按调度指示启动预案	列车长	调度
5	安装护网	备品位置	CRH380、CRH5型车每组车8套防护网,CRH5型存放在1号车厢备品柜内,CRH380存放在2号车厢备品柜内	全体人员	列车长
		人员分工	列车长组织相关人员召开会议,根据实际情况,准备开启运行方向左侧(非会车侧)的4~8个车门,安排具体乘务员、保洁员、餐售人员做好安装防护网的准备工作,乘警负责监控车厢动态,列车长监控总体情况	全体人员	列车长
		防护安网	组织列车乘务员、保洁员、售货员安装防护网,按要求安装运行方向车厢的前门,乘警加强监控车厢动态。列车长加强巡视	全体人员	列车长
		安网确认	司机按照规定地点停车后,机械师逐个开启安装防护网的车门并固定,乘务员按车门分工坚守车门,进行安全防护	机械师	列车长
6	挂网运行	专人防护	防护人员站立在距离防护网1m以上,确保车门安全	全体人员	列车长
		条件确认	(1)列车长确认人员防护到位后,向司机汇报。 (2)机械师确认设备具备开车条件后,向司机汇报。 (3)司机向调度确认具备开车条件后,方可开车	司机	列车长
		限速规定	运行速度限速60km/h,通过高站台时限速40km/h	司机	调度

六、启动热备车体时应急处理流程(见表4-6)

启动热备车体时应急处理流程 表4-6

序号	处置项点	处置流程	具体内容	负责人	监控人
1	接令确认	掌握情况	列车长立即对命令进行确认。确认内容:车体号码、出库时间、整备情况、备品情况、运行路线、换乘车站等。命令确认后,立即组织热备人员,检查备品做好登车准备	列车长	调度
2	准备充分	备品补充	备品员为热备车体补充乘务消耗备品,无法补备品时通知站台补充	备品员	列车长
		整备补强	保洁员要对车内卫生进行全面补强,配齐消耗备品,调整座椅方向等	保洁员	列车长
		餐饮准备	餐售人员接令后要立即准备热备商品及备品,按规定时间到指定地点出乘	餐车长	列车长
3	出乘救援	及时登车	热备人员(列车乘务人员、餐售人员、保洁员、乘警)按规定时间及时登车,车站出发救援时在站台登车。库内出发救援时,根据实际情况到动车所登车	全体人员	列车长
		救援准备	登车后,做好应急救援预想,对乘务员进行救援分工,按救援方案检查车体准备情况,按分工整备卫生,设备登记,检查座椅方向等。补充救援食品时做好统计,妥善保管。提前和被救援车长联系,做好救援准备工作	全体人员	列车长

七、发生列车停电时应急处理流程(见表4-7)

发生列车停电时应急处理流程 表4-7

序号	处置项点	处置流程	具体内容	负责人	监控人
1	立即汇报	汇报停电	发现停电车厢乘务人员立即通知列车长	发现人	列车长
2	应急处理	开启应急	列车长立即通知机械师启动应急照明。列车长、乘警立即到场	机械师	列车长
		确认维修	机械师确认停电原因,进行维修	机械师	列车长
3	维护秩序	加强巡视	列车长、乘警巡视车厢,维护车内秩序	乘警	列车长
		分工负责	乘务员、保洁员按照分管车厢维持秩序。乘务员、保洁员对卫生间便器安放垃圾袋,旅客使用后及时更换	全体人员	列车长
		照顾重点	对重点旅客要重点照顾,防止发生危险	全体人员	列车长
		巡视宣传	列车长、乘警、乘务员、保洁员按照车厢分工进行安全宣传,遇有情况向列车长汇报;告知旅客看管好自己的钱、物,防止丢失	全体人员	列车长
		禁止明火	巡视时禁止使用打火机等明火照明,防止发生火险	全体人员	列车长
		禁售商品	餐车工作人员负责酒吧车内的服务工作,禁止推车售货	餐售货员	列车长

续上表

序号	处置项点	处置流程	具体内容	负责人	监控人
4	及时汇报	掌握情况	汇报动调(客调)、段调。汇报内容:停电时间、来电时间、故障或停电原因、旅客人数、突发情况、处理情况	列车长	调度

八、发生车体外显故障时应急处理流程(见表4-8)

发生车体外显故障时应急处理流程 表4-8

序号	处置项点	处置流程	具体内容	负责人	监控人
1	应急处置	关闭外显	发现外显故障时立即通知机械师进行维修;外显错误时立即关闭外显	机械师	列车长
		联系车站	外显故障时,第一时间通知车站或前方停车站做好引导准备	列车长	调度
2	站车协作	协调分工	列车长及时告知乘警、机械师、乘务员、保洁员,统一协调,做好分工	全体人员	列车长
		人工引导	停站时列车长、乘警、机械师、乘务员、保洁员按车门分工与车站共同进行人工引导,组织旅客有序乘降	全体人员	列车长
3	宣传引导	安全宣传	按照车门分工在车门口做好安全宣传,告知旅客车厢号,正确引导,防止发生混乱	全体人员	列车长
		开车致歉	开车后,列车长可用车载广播或人工宣传进行致歉	全体人员	列车长
		错乘调座	列车长加强车厢巡视,对乘车旅客进行安抚解释。发生前后部旅客错误乘车时,列车长积极为旅客安排其他座位,并做好安抚工作	全体人员	列车长
4	及时汇报	及时汇报	汇报段调。汇报内容:车次、故障时间、修复时间、处理情况等	列车长	调度

九、发生旅客急病或伤害时应急处理流程(见表4-9)

发生旅客急病或伤害时应急处理流程 表4-9

序号	处置项点	处置流程	具体内容	负责人	监控人
1	了解情况	迅速到场	遇突发旅客急病时,列车长立即到场,同时通知乘警到场	乘警	列车长
		掌握概况	列车长了解急病或伤害旅客主要症状,了解发病时间、病情,有无同行人时,问询病人病史	列车长	列车长
		广播寻医	利用广播和口头宣传在列车内寻找医务工作人员配合救治旅客	乘务员	列车长
2	积极救治	协同救治	医务人员积极采取措施对急病旅客进行救治,对病人进行初步诊断,随时观察旅客情况	乘务员	列车长
3	请示停车(必要时)	汇报调度	汇报动调(客调)、段调。病情严重危及生命安全时,列车长通知司机,向调度申请在就近具备救治条件车站临时停车,协调提供救护车	列车长	调度

续上表

序号	处置项点	处置流程	具体内容	负责人	监控人
4	记录交站	收集取证	列车长会同乘警勘查现场，收集旁证、物证，调查受伤原因	乘警	列车长
		详细记录	列车长编制客运记录，记录旅客姓名、发病时间、医生姓名、证词材料等内容	乘务员	列车长
		签字交接	与车站工作人员签字交接。（如果情况紧急，记录可在3d补交）	列车长	车站
		拍发电报	列车长拍发电报声明（可在前方站或终到站拍发）	列车长	车站

十、发生食物中毒时应急处理流程（见表4-10）

发生食物中毒时应急处理流程 表4-10

序号	处置项点	处置流程	具体内容	负责人	监控人
1	了解情况	掌握概况	列车长、乘警立即赶赴现场，了解中毒旅客主要症状，掌握中毒旅客人数、发病时间等情况，调查可能导致食物中毒的食物	乘警	列车长
		封存待查	发生集体食物中毒症状时，列车长将疑似中毒人员食用过的食品立即停售，封存待查	餐车长	列车长
2	广播寻医	积极寻医	利用广播和口头宣传在列车内寻找医务工作人员配合救治旅客	乘务员	列车长
3	积极救治	协同救治	医务人员积极采取措施对急病旅客进行救治，对病人进行初步诊断，随时观察旅客情况	乘务员	列车长
	维持秩序	协助乘警	乘警负责保护好现场、维护秩序。乘务员要做好解释工作，稳定旅客情绪，防止造成混乱	全体人员	列车长
4	立即报告	准确汇报	汇报客调、防疫部门、段调。怀疑投毒时，乘警向公安机关报告。 汇报内容：日期、车次、运行区段、发病时间、地点、病人主要症状、发病人数（包括危重人数及死亡人数）、可能引起中毒的食物等	列车长	调度
5	收集取证	收集旁证	列车长和乘警积极收集旁证，保留封存造成食物中毒或可能致食物中毒的食物及其原料，将病人的呕吐物样品留存，等待卫生防疫人员进一步调查	乘警	列车长
	记录交站	详细记录	列车长、乘警收集证据材料，将旅客发病症状、进食情况详细记录形成材料。对中毒旅客的基本情况做好登记，以便协助卫生防疫等部门最终调查确定诊断。列车长及时将记录和有关材料移交车站，以便车站尽快做好善后处置	乘警	列车长
6	拍发电报	到站拍报	列车长按照规定拍发声明电报	列车长	调度

十一、发现精神异常旅客乘车时应急处理流程(见表4-11)

发现精神异常旅客乘车时应急处理流程　　表4-11

序号	处置项点	处置流程	具体内容	负责人	监控人
1	观察掌握	及时发现	开车前,发现无票精神异常患者,严禁上车补票,卡在车下。开车前,车内发现无人护送的有票精神异常旅客,由列车长会同乘警,移交车站,列车不予运送	全体人员	列车长
		掌握动态	发现有疑似精神异常旅客时,要及时向列车长汇报,并注意观察其行为,要掌握所在车厢、有无同行人、有无车票	全体人员	列车长
		立即汇报	当发现精神异常旅客狂躁发作时,要积极发动病人家属和周边旅客帮助,同时立即通知车长和乘警到场,防止发病人伤到他人和自己	发现人	列车长
2	妥善安置	宣传协助	有人护送的精神异常旅客,尽量将旅客调整到车厢的一端,向护送人介绍安全注意事项,并予以协助。不准单独行动,离席上厕所时必须由同行人看护	乘务员	列车长
		全程看护	对无人护送的精神异常旅客没有席位时,列车长、乘警要将其安置至酒吧车前厅,列车长指派乘务员全程看护,同时发动周围旅客帮助	乘务员	列车长
		重点照看	对附近危险性物品进行彻底清理,防止发生意外或随身携带物品散失,涉及挪动其他旅客物品时,要做好解释。看护人要注意防止其打碎门窗玻璃跳车,精神异常患者如厕时,厕所门禁止完全关闭	乘务员	列车长
3	排查隐患	物品检查	病人家属和乘警对病人身上物品进行检查,对发现硬物、锐器、尖物等容易伤害自己和他人的物品要没收,由家属保管;无护送人员时由列车长保管,列车长用客运记录详细记录旅客携带品,乘警在记录上签字。必要时乘警可以采取强制约束措施	乘警	列车长
		保护周边	列车长、乘警、乘务员在巡视时要注意旅客动态,当旅客发病时要积极采取措施,保证发病旅客和周围旅客安全	全体人员	列车长
		强制约束	对严重危害公共安全、本人或者他人安全的精神异常旅客,乘警应制止其危害行为,使用约束带(衣)、胶带、床单等物品实施约束,约束时,应避免约束颈、胸、腹等影响呼吸的要害部位,同时注意随时观察,防止发生意外。精神异常情形消除或生命体征出现异样情形时,乘警负责解除约束	乘警	列车长
4	收集旁证	认真取证	发现精神病狂躁发作时,旅客自身受到伤害或伤害到其他旅客时,列车长、乘警长要做好旅客证词2份及以上,记录旅客发病日期、车次、发病时间、地点、受伤旅客情况、列车采取措施等	乘警	列车长

续上表

序号	处置项点	处置流程	具体内容	负责人	监控人
5	按章交站	交接准备	列车长要提前编制客运记录。记录内容:旅客姓名、家庭住址、个人物品(无同行人时记录携带物品的品名和件数等)、乘车区间。同时提前与下交车站联系增加人员配合	乘务员	列车长
		签字交接	无人护送的精神异常旅客,列车长应编制客运记录会同乘警、看护人共同移交旅客票面到站或中转站处理,必要时拍发电报声明。无人护送的无票精神异常人员,列车长应编制客运记录交县、市所在地车站或三等及以上车站处理。精神异常旅客危及自身及他人安全时,列车长应协同乘警看护,并收集旅客旁证,提前联系前方站,编制客运记录移交车站	列车长	调度

十二、发生群体事件时应急处理流程(见表4-12)

发生群体事件时应急处理流程 表4-12

序号	处置项点	处置流程	具体内容	负责人	监控人
1	站车协作	按章退票	开车前,发现上访人员时,及时与车站值班员和乘警联系,为购票旅客办理退票手续,无票旅客拒绝上车	车站	列车长
2	立即隔离	加强巡视	运行中,验票或巡视发现上访人员,立即通知列车长、乘警到场,调查具体情况	全体人员	列车长
		控制动态	乘警确定上访人员,按照有关信访要求做相应处理。合理安排群体上访人员车厢,尽量远离其他旅客,以免影响其他旅客正常休息	乘警	列车长
3	及时汇报	汇报准确	汇报客调、段调。汇报内容:人数、性别、上车区段、目的地、大约年龄、上访原因等	列车长	调度
4	平息情绪	维持秩序	上访人员扰乱公共秩序时,由乘警按相关规定处理,乘务人员给予协助,同时避免负面影响和干扰旅客	乘警	列车长
5	按章交接	就近下交	列车长配合乘警协助处理事件,以"分散管理、就近下交"为原则,乘警通知前方站和公安部门协助处理,由乘警与站警办理交接手续	乘警	列车长

【案例4-3】 火灾险情处理,沉着冷静有序

D314次列车22:03到达苏州站时,列车员小陆忽然闻到从5号车厢飘过来一股烟味,立刻通知机械师。机械师赶往5号车厢时,列车长小付正在列车中部通知司机(22:05)关门。列车刚启动,得知情况的列车长与乘警急忙赶赴现场,发现在5号车厢5号房间内有烟雾飘出。机械师立即切断电源,列车长与机械师确认后,22:07通知司机要求临时停车处理(列车临停苏州站),并进行全车广播致歉(广播内容:因设备故障,造成列车临时停车,现

进行检修,给您造成的不便,敬请谅解。)列车长通知列车员小陆将5号车厢旅客疏散到临近车厢,疏散时有旅客要求下车,列车员及时安抚旅客情绪,将旅客疏散至8号车厢并递上茶水进行安抚,得到旅客谅解。疏散完毕后,机械师发现电视机显示屏及顶板处有火星,立即使用5车A端的干粉灭火器对火星进行喷射,这时车长与段生产指挥中心联系,汇报车内情况,为避免险情复发,机械师又使用了4号车A端的水基灭火器进行喷射。22:16火情得到控制后,列车长联系客运调度员,汇报车内情况,请求客运调度员安排因晚点造成需中转的旅客转运。列车于22:34启动,经客运调度员联系,列车在23:07到达无锡站临停,机械师下车再次处理,进行外观检查,险情排除后,客运调度员要求使用原车底继续运行。列车安全抵达北京南站,晚点44分钟。在整个扑救、疏散过程中,班组五乘一体,始终保持沉着冷静,列车长和机械师站着抢险第一线,险情排除后,主动面对旅客做好解释致歉工作,并在最短的时间内有序地安排了5号车厢的旅客。

【案例4-4】 车门故障不慌乱,落实预案五确认

20××年7月22日,D97次列车停靠松江南站左侧站台。此时,司机通知机械师,车门开启出现故障,全列左侧车门无法打开。经机械师同意,列车员开启手动方式开门,致使列车晚点5min。机械师又进行检查确认重启,但依然无法消除故障。列车长立即向上海局和南昌局客运调度员以及段值班室、车队汇报:D97次全列左侧车门故障,且中途无法修复,请求列车前方到站时统一停靠右侧站台,以确保旅客乘降安全。班组启动"车门故障"应急处理方案:广播宣传,提前告知,若列车前方站仍停靠左侧站台,立即落实一人一车门,手动开启车门;班组循环广播有关通告,做好引导,确保到站旅客乘降安全有序;班组加强车门巡视,及时了解旅客下车情况,提前组织安排旅客到车门口等候下车;列车到站后,列车长认真执行"五确认",确认旅客上下完毕,准时关门开车。最终列车安全正点到达南昌站。

【案例4-5】 精神异常旅客半途下车,列车长问询妥善处理

20××年7月22日,G204次列车从蚌埠南站开出。列车长小石巡视6号车厢时,看到一名女士满眼泪水坐在车厢连接处,看到小石后赶紧从地上站起来,一把抓住小石恳求说:"请你帮帮我啊,车长!"看到如此举动,小石知道她一定是遇到了困难。原来她是滁州人,丈夫有精神方面的疾病,这次带他去徐州治病。滁州站开车后丈夫精神还很正常,可列车到达蚌埠南站时,车门刚一打开,丈夫就冲了出去,她本想把丈夫拉回来,可是不管用,就在她想将行李拿下车的时候,车门关闭列车启动了。丈夫一人留在了蚌埠南站站台上,担心会出事。小石详细了解情况后,得知她丈夫的病情不太严重,不发病的时候和正常人一样。小石提醒这位女士给丈夫打电话,关照他不要到处走动,留在站台上等工作人员来找他,并提醒他有关注意事项。接着,小石拨通了蚌埠南站值班室的电话,简单介绍了事情的经过,并描述了这位男士的外貌特征和着装,请求值班员帮忙寻找。"别太担心,只要您的丈夫还在站台上,值班员一定会找到他的。"小石小声安慰道。这位女士默默点头。5min后,蚌埠南站值班员打来电话告知已经找到了这位男士。"麻烦你们和这位先生拉拉家常,舒缓一下他的紧张情绪,若这位先生状态良好,请帮忙安排他坐下一趟高铁G264次列车到徐州东站,并和G264次列车列车长办理交接,要求他们途中重点照顾。他的妻子在9号车厢门口接应。"在得到蚌埠南站值班员肯定答复后，小石长吁了一口气，这位女士也抹掉了泪水，悬着的心放了下来。徐州东站到了，小石将这位女士送下了车并和值班员做了交接。

复习思考题

1. 发生火灾、爆炸时的应急处理流程是什么？
2. 发生自然灾害时的应急处理流程是什么？
3. 发生区间换乘时的应急处理流程是什么？
4. 发生长时间晚点时的应急处理流程是什么？
5. 发生空调故障时的应急处理流程是什么？
6. 启动热备车体时应急处理流程是什么？
7. 发生列车停电时应急处理流程是什么？
8. 发生车体外显故障时应急处理流程是什么？
9. 发生旅客急病或伤害时应急处理流程是什么？
10. 发生食物中毒时应急处理流程是什么？
11. 发现精神异常旅客乘车时应急处理流程是什么？
12. 发生群体事件时应急处理流程是什么？

第五章　高速铁路客户服务工作

本章描述

本章介绍了铁路客户服务中心、铁路客户服务员岗位工作职责、高铁客户服务的技能技巧、业务类型及案例分析。在快速发展的市场经济形势下，面对各种运输方式的激烈竞争，铁路客户服务中心的构建，具有极其重要的现实和战略意义。客服中心能够为旅客提供便捷的全程服务，提升高铁客户服务质量的同时，直接或间接地为企业创造价值。

教学目标

1. 能力目标

(1)掌握良好的电话沟通能力。

(2)能够分析及正确区分不同的客户服务业务类型。

(3)能够运用客户服务技能技巧处理实际问题。

2. 知识目标

(1)了解铁路客户服务中心及铁路客户服务员。

(2)掌握不同类型的客户服务业务处理流程。

(3)掌握客户服务员的语言服务技巧、电话沟通技巧及压力缓解技巧。

3. 素质目标

(1)培养学生具有良好的心理素质。

(2)培养学生具备全面的综合素质。

相关案例

【案例5-1】　属实投诉

2018年8月12日宋先生来电投诉：

8月12日宋先生乘坐C1354次白城—长春列车，坐在1车12D(一等座车)。自述松原开车后有2名无座旅客站在1车的过道，自述没有座位，就带着孩子坐在12F。当班列车乘务员告知农安有上车的旅客得把座位让出来，但是并没有将该名旅客请出一等座车，来电投诉一等座车越席乘车列车未制止。

处理过程：经查属实。长春客运段回复，因当日C1354次列车超员，所以乘务员看见有一位女旅客带了一个小孩，违反规定让其在一等座等候，造成宋先生不满。长春客运段对乘务员孙某按考核减10分处理，和旅客电话沟通，取得旅客理解。

【案例 5-2】 部分属实投诉

2018 年 12 月 15 日唐女士来电投诉：

12 月 15 日 10:17 唐女士投诉，其与其爱人携带两名不足 1.2m 儿童，12 月 13 日乘坐哈尔滨西—大连北 G722 次列车，列车验票时，列车长曲某要求其孩子将鞋脱下量身高，并在下面垫了一本很厚的书，唐女士对此有异议，列车长曲某称没钱买票可以直说。现来电投诉该列车长服务态度不好。

处理过程：经查部分属实，沈阳客运段反馈，12 月 13 日 G722 次列车哈尔滨西开车后，列车乘务员于某验票时，发现 6 车一名儿童超高，要求唐女士补儿童票，唐女士说一会找列车长补。乘务员于某随后通知列车长。列车长曲某接到乘务员通知后第一时间来到唐女士座位处，唐女士说："买票时在候车室给孩子量过身高，身高不够买票标准"。曲某请唐女士带着孩子到车厢连接处重新测量，测量结果是已经超出标高线的上面白色外框。（期间唐女士要求孩子脱鞋测量，并拿了一个清洁袋给孩子垫脚下，列车长曲某说："不用脱鞋"，该旅客不同意，最后列车长担心孩子脚下受凉，给孩子拿了一本较旧的杂志《旅伴》垫脚下进行测量，杂志厚度约 1cm。）唐女士看孩子身高已经够补票标准后，称："为什么售票处和车厢里的测量结果不同。"曲某回答："女士，如果您感觉这个标高线不准，我可以陪你带孩子到前面车厢的标高线处重新测量，我们车上每节车厢都有标高线"。而后唐女士把孩子送回座位与列车长曲某到 5 号车厢乘务室门口补票，待到了 5 车后，唐女士说："我再考虑考虑，一会补。"直到 16:30 左右，列车长曲某询问唐女士考虑结果，唐女士仍然称："再等等"。列车长曲某说："女士，您有什么难处你就说，如果真是因为兜里钱不够，这张票钱我给您垫上也行。"直到 17:15 左右唐女士才补完车票。整个过程中与旅客投诉时所述"列车长曲某要求其孩子将鞋脱下量身高，并在下面垫了一本很厚的书"不符，但列车长曲某因与旅客对话时确有语言不当，造成旅客自尊心挫伤，给予责任人曲某联挂考核减 6 分处理。

【案例 5-3】 不属实投诉

2018 年 12 月 24 日陈女士来电投诉：

12 月 24 日 14:46 陈女士使用 G8014 次的列车长（吴某）手机来电投诉：自述一名新加坡籍旅客，24 日 12:00 左右持 2 张长春西—邯郸东的 G1276 次车票，在长春站办理改签，2 窗口售票员拒绝改签，并且态度很差，最后旅客重新购票乘车 G8014 次列车至沈阳北站。现投诉改签窗口售票员态度问题，旅客拒绝提供联系方式，只提供一个新加坡邮箱（peh-ah-lian@ moe. edu. sg），要求长春站赔偿未改签车票票款。

处理过程：经查不实，长春站反馈经查阅录像以及与当事人值班员吕某核实，12 月 24 日 12:50 该旅客来到长春站南二售票室 2 号窗口持长春西站—邯郸东 G1276 次车票（该车票已过点），要求改签去沈阳动车票，按照规定当日车票无法改签变更到站要求，售票员反复解释办理不了，为减少旅客损失，售票员提示旅客可以办理改签当日普通车到邯郸，旅客不同意非要改签至沈阳，售票员又进行提示改签不了，只能重新购票，该旅客购票后又到退票口要求办理退票，售票员又反复解释后找到值班员吕某，要求少退点钱，你当领导有办法，要不给我退，我就投诉，值班员吕某耐心解释，为什么退不了的原因，直至当日 13:00，由于该旅客已购 13:20

高铁到沈阳，值班员吕某提示旅客如果再不走，你购买的这趟也要赶不了，旅客才离开。

【案例分析】

(1)客服中心受理旅客投诉时，要详细问明问题发生的缘由和过程，如果属于旅客违反相关规定引起的，应首先明确告知旅客违反的相应规定内容，提示旅客应遵守有关规定，然后根据情况受理旅客的其他诉求。

(2)客服中心下发投诉工单要写明问题的具体情况，便于现场调查核实。针对客服中心下发的投诉工单，首先对旅客反映问题进行客观、公正、全面的调查核实，对于确因职工按章办事引发的恶意投诉，不予处罚；对处理旅客违反规定过程中存在的工作方式方法等问题，可根据情节酌情处理。

(3)投诉工单仅作为旅客反映问题的调查核实通知单，对投诉工单载明问题调查核实后据实反馈，属于责任投诉的根据责任大小和性质一并反馈，对相关责任人的考核处理，对于无责投诉如实说明情况。客服中心回访旅客时，应与站段反馈信息口径相一致。

(4)加强旅客纠纷和投诉处理技巧的培训教育，在处理旅客纠纷和投诉过程中，必须坚持"有礼有节、不亢不卑"的原则，既要向内分析问题，承认不足，弥补过失，又要坚持原则，分清责任，不能对旅客的无礼和过分诉求无原则让步，不得向旅客提供内部处理决定、通报等方面的书面材料，严禁采取贿赂旅客等"抹事儿"方式变相纵容旅客的不良行为，共同维护铁路的良好形象。

(5)对违反有关规定拒不配合处理或恶意投诉等失信行为的旅客信息，要及时录入中国国家铁路集团有限公司客运征信管理信息系统。站车及时查看客运征信系统中录入的失信旅客信息，有针对性做好工作。

【服务建议】

客服代表应保持良好的心态，准确定位本职工作。答复旅客时不要用高高在上的心理应对，要将帮助旅客放在第一位。旅客的诉求，有些是合理的，可以解决的；有些看似不合理，但不代表今后不能解决。所以对于旅客反映的情况，不能先入为主，合理的、不合理的均为旅客需求，能够帮助解决更好，不能帮助解决，按照建议上报，让旅客感受到尊重，即使不能解决，也不会有太多的情绪。

第一节　铁路客户服务中心

本节说明

本节主要学习铁路客户服务中心的相关知识，是从事高铁旅客运输服务岗位职工及管理人员内容应该了解的知识部分，是铁路客户服务员岗位必须要掌握的知识部分。本节内容主要包括铁路客户服务中心简介、铁路客户服务中心的主要职责和服务职能、铁路客户服务中心的服务流程、铁路客户服务员。

教学建议

本节内容基础理论性知识较多，岗位特征突出，但大多属于基本认知类知识，因此，在教学中建议理论联系实际讲授，主要培养学生现代化的客户服务理念，全面了解铁路客户服务中心的相关知识。

任务实施

通过学习本节知识，学生应能够正确了解铁路客户服务中心的基本情况，掌握铁路客户服务中心职能，对整个铁路客户服务中心的运作有一个全面的认识；掌握铁路客户服务员岗位的各项要求，对铁路客户服务员岗位有一个直观的认识。教师可对学生进行分组，分别讨论铁路客户服务中心的职能，并绘制组织关系图；讨论铁路客户服务员的岗位要求有哪些，并由教师给出问题，学生根据之前学过的客货运知识分析问题，解答问题，锻炼学生的实际动手、动脑能力，最后由教师总结。

相关理论知识

一、铁路客户服务中心简介

1. 铁路客户服务中心设立背景

在市场经济条件下，高铁运输需求呈现多样化，使铁路运输能力的提升为满足运输需求提供了保证，也对客、货运输营销水平、服务质量提出了更高的要求。在当今日益激烈的运输市场竞争环境中，向客户提供优质服务已经成为各个运输企业争取客源、确立竞争优势的重要手段。为此，构建能够提供快速便捷的全程服务、提升工作效率、增加客户满意度的客户服务中心就具有了至关重要的现实和战略意义。

在此背景下，2011 年 1 月 19 日铁路客户服务中心开通试运行。各铁路局在所在地设客户服务中心，铁路总公司铁路客户服务中心与北京局铁路客户服务中心合并设立北京铁路客户服务中心，对其他 17 个铁路局客户服务中心给予业务指导。

2. 铁路客户服务中心的建设意义

铁路客户服务中心的服务宗旨是根据目前国内各大中型铁路车站的实际情况，以铁路现有的客、货信息资源为基础，在国内率先为客户提供智能化、亲情化、高效、优质的车票服务和过程服务，开辟了一种新的服务窗口和服务渠道，同时有助于提高国内铁路部门的现代化管理和服务水平，解决好铁路客运高质量发展过程中面临的问题和挑战，全面地提升了铁路客运供给质量，塑造了铁路部门的新形象，满足了人民日益增长的美好生活需求，提高了其经济效益和社会效益，最终增加销售与增强服务支持，带动铁路运输利润增长。

随着铁路客货运改革的顺利推进，12306 也逐步成为倾听社会各界呼声的温馨热线、关键时刻解客户燃眉之急的快速求助热线。

3. 铁路客户服务中心的组织定位

1）铁路客服中心在铁路系统中的位置

铁路客户服务中心的组织定位明确了其在企业组织中的具体位置、与中国国家铁路集团有限公司相关部门、与铁路局集团公司内各部门、与各基层站段以及不同业务渠道部门之间的相互关系和责任与义务，以便于与各相关部门进行通畅的信息沟通与业务协作。

铁路客服中心在铁路系统组织架构的位置，如图 5-1 所示。

北京铁路客户服务中心作为全路铁路客户服务中心，除承担北京铁路局集团公司管辖范围内的铁路客户服务业务之外，还受中国国家铁路集团有限公司委托，协调处理各铁路局铁路客户服务中心投诉、咨询等业务，对其他铁路客户服务中心进行业务指导、协调，完成中国国家铁路集团有限公司交办的具体事项。

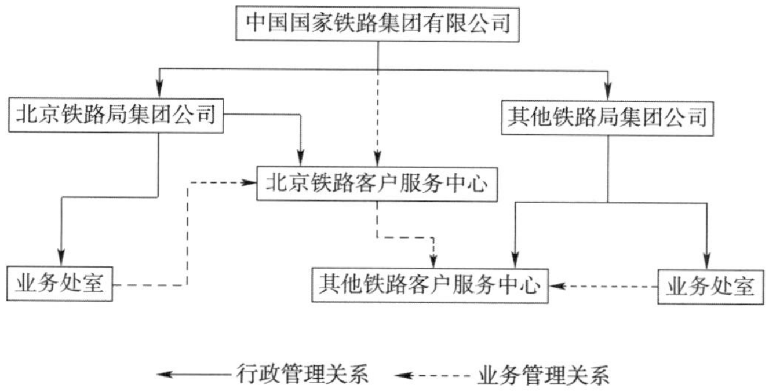

图 5-1 铁路客户服务中心在铁路系统组织架构的位置

2）铁路客服中心与基层站段的关系

基层站段（公司）：负责受理铁路客户服务中心转发的客户服务信息；负责处理铁路客户服务中心转发的投诉、咨询、建议、表扬、求助、物流需求等事项，并及时回复。

铁路客户服务中心与基层站段的关系如图 5-2 所示。

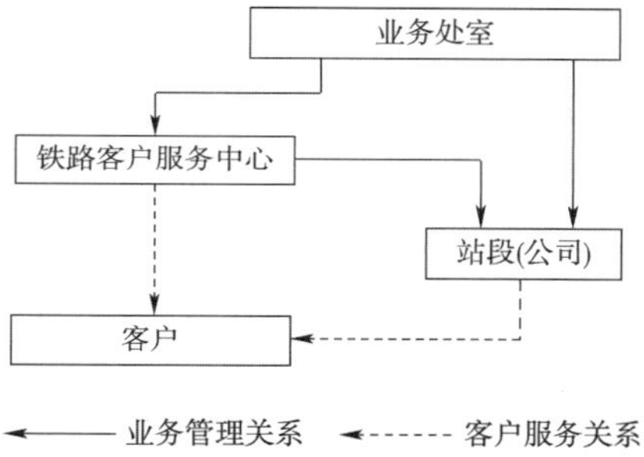

图 5-2 铁路客户服务中心与基层站段的关系

4. 铁路客户服务中心的服务策略

铁路客户服务中心的服务策略主要是要说明客户服务中心应如何理解和区分客户，如何为不同客户提供差异化的服务，如何管理客户满意度、保证客户满意度目标的实现，以建立一个以客户为驱动因素的服务体系，有效实施客户服务，从而不断提升客户满意度、培养客户忠诚度。

铁路运输企业采用以全面客户体验提升为中心的运营策略，强调效率与质量并举，开通了多渠道服务方式。无论开通了多少自助服务分流渠道，人工接通率仍然是铁路客服中心第一要保的指标，同时也是考核各路局客户服务中心工作质量的重要指标。客服中心在日常确保接通率时通常采用以下五种措施：

（1）设定合理的接通率指标。接通率指标的设定首先要考虑的是人力资源，以及未来可预见的资源情况下，可以实际达成的接通率指标是多少。另外，还要综合考虑行业竞争情况、监管情况、对服务质量的影响情况以及客户的满意度反馈情况等。

（2）建立部门间的协同联动机制。客服中心的很多突发“惊喜”话务高峰往往是由于部门间缺乏沟通或协调联动造成的。

（3）不断优化的预测排班能力。预测排班是客服中心日常运营的核心流程之一。更高的预测准确率、人员需求测算准确率、排班准确率都是预测排班团队不断追求与优化的目标。

（4）现场调控与应急。真正的现场运营一定有一些在预测排班阶段没有预料到的情况发生，尤其是突发话务的影响。因此，现场运营的应急预案是必不可少的。常见的现场应急预案一般是层级式的，包含判断要素、启动阈值、调动资源、涉及范围等，根据话务量的累积情况和进线趋势进行相应应急级别的资源调度与调控。

(5)复盘反思。每当有话务量突发变动导致接通率不达标情况发生时,除了实时的应急预案措施把影响降到相对最低之外,事后的复盘反思也是至关重要的。要回顾造成话务量突发变动的原因是什么,这种情况以后还会不会发生,当具备哪些因素后就会发生,应当采取的应急措施是什么,根除措施又是什么,应急预案是否发挥了应有的作用,有没有需要进一步改进的地方,等等。只有不断地总结、反思、修补和改进,才能不断地完善运营规划和响应机制,让更多的事中与事后变成事前。

二、铁路客户服务中心的主要职责和服务职能

1. 客服中心的主要职责

(1)负责受理电话、互联网、信件投诉,以及社会监督机构、上级单位和政府部门转来的投诉。

(2)组织客运站段及运输服务相关单位做好调查处理并反馈结果。

(3)汇总、分析本铁路运输企业管辖范围内的旅客投诉情况,提出改进意见和建议。

(4)定期与基层单位开展客服业务及人员培训交流、征求意见,编制、汇总典型投诉案例,并组织开展客服人员业务培训。

(5)受理职工对旅客投诉处理的申诉。

2. 客服中心的服务职能

铁路客户服务中心是一个综合性的语音服务平台,坚持以客户服务为核心,深入了解旅客心理,维持良好的客户关系,结合电话营销、信息处理、服务质量管理,切实有效地为旅客提供服务。

1)以服务旅客为核心

为旅客提供优质服务是铁路客户服务中心的主要工作内容,“客户满意”是铁路客户服务中心所有工作的最重要目标。准确解答旅客提出的关于客货运输业务的各类问题,认真聆听旅客在乘车后提出的建议,正确对待旅客投诉,及时解决旅客乘车过程中遇到的困难,这些都是完成“旅客满意”这一重要目标需要具备的前提条件。

2)重视客户关系管理

客户服务应以“和旅客建立一个长期而稳定的关系,保证铁路的持续发展”为目标,而不是注重短期利益。为此,铁路开展了“铁路畅行”常旅客会员服务,建立了一个长期的会员关系,采用积分兑换车票的营销形式来吸引客源。

3)电话营销

通过电话、短信、电子邮件、信函、互联网等多种形式和客户进行有效沟通,了解和发现旅客需求,更好地为旅客提供合适产品或服务过程。

4)信息处理

为掌握铁路客运经营管理的情况和旅客需求,有效地改进铁路营销策划、客户服务和内部管理,对客户服务相关信息(如旅客咨询、投诉、表扬、业务办理信息、旅客行为信息、旅客购票渠道偏好、反馈建议、应急求助等)定期汇总和分析,及时、准确地总结铁路部门在运营管理中的经验和存在的问题,并建立信息收集、反馈职能,强化相关部门协调,最终为铁路正确的决策提供依据。

5)服务质量管理

铁路客户服务中心是铁路服务质量管理的重要部门,服务质量管理过程应从建立详细的服务规范与流程开始,在服务过程中应按照监控规范实施过程控制与监督,最后对服务效

果进行跟踪分析与改进,提升服务质量。

三、铁路客户服务中心服务流程

1. 铁路客户服务中心服务受理形式

铁路客户服务中心是通过旅客拨打电话 12306;旅客可以登录网站(http:// www. 12306. cn)/APP(铁路 12306)办理相关服务事项(见图 5-3);旅客可以使用铁路 12306 微信公众号办理相关服务事项(见图 5-4);也可以通过其他方式,如民心网、局长邮箱、国家铁路局监督管理局等进行投诉与建议。

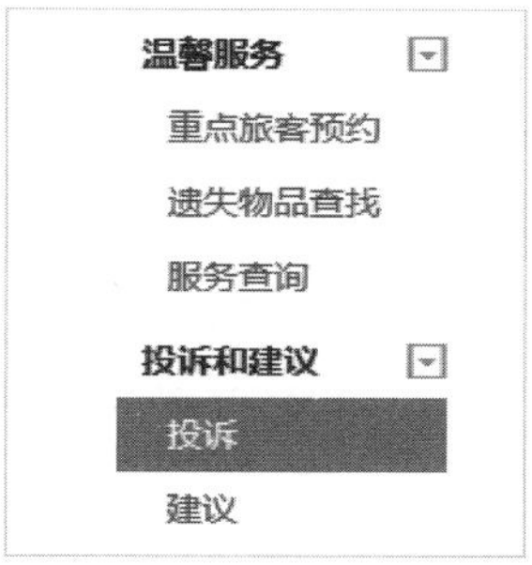

图 5-3　12306 网站服务界面

图 5-4　12306 微信公众号服务界面

2. 铁路客户服务中心受理流程

铁路客户服务中心采用交互式语音应答系统提供自助语音服务,并按照客户需要涉及了语音层级导航,客户通过拨打铁路客户服务中心电话 12306,首先进入语音导航模式,客户根据自身需求选择需要的服务,若选择人工服务则转接人工台,由客户服务员为客户进行语音服务,语音流程如图 5-5 所示。

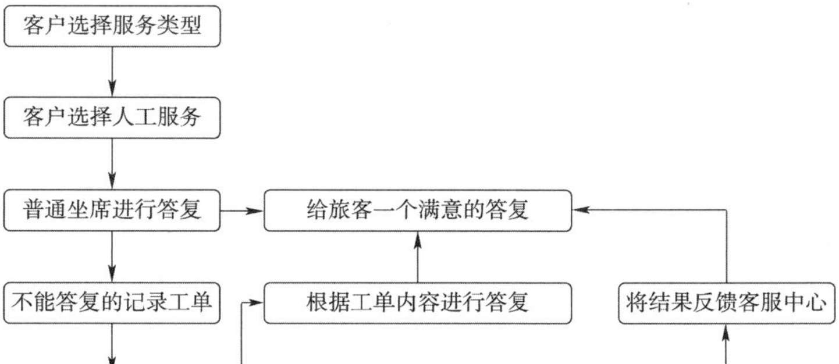

图 5-5　铁路客户服务中心 IVR 语音流程图层级设计图

四、铁路客户服务员

铁路客户服务员(以下简称“铁路客服人员”)是指从事铁路客货运相关业务咨询、信息查询,受理需求、投诉、建议等信息服务及处理的人员。2015 年 7 月,经国家职业分类大典修订委员会审议,“铁路客户服务员”作为铁道行业特有工种纳入 2015 版《中华人民共和国职业分类大典》。工种等级设置为中级、高级和技师。在铁路客服中心工作的服务人员统称为“铁路客户服务员”。铁路客服人员服务流程,如图 5-6 所示。

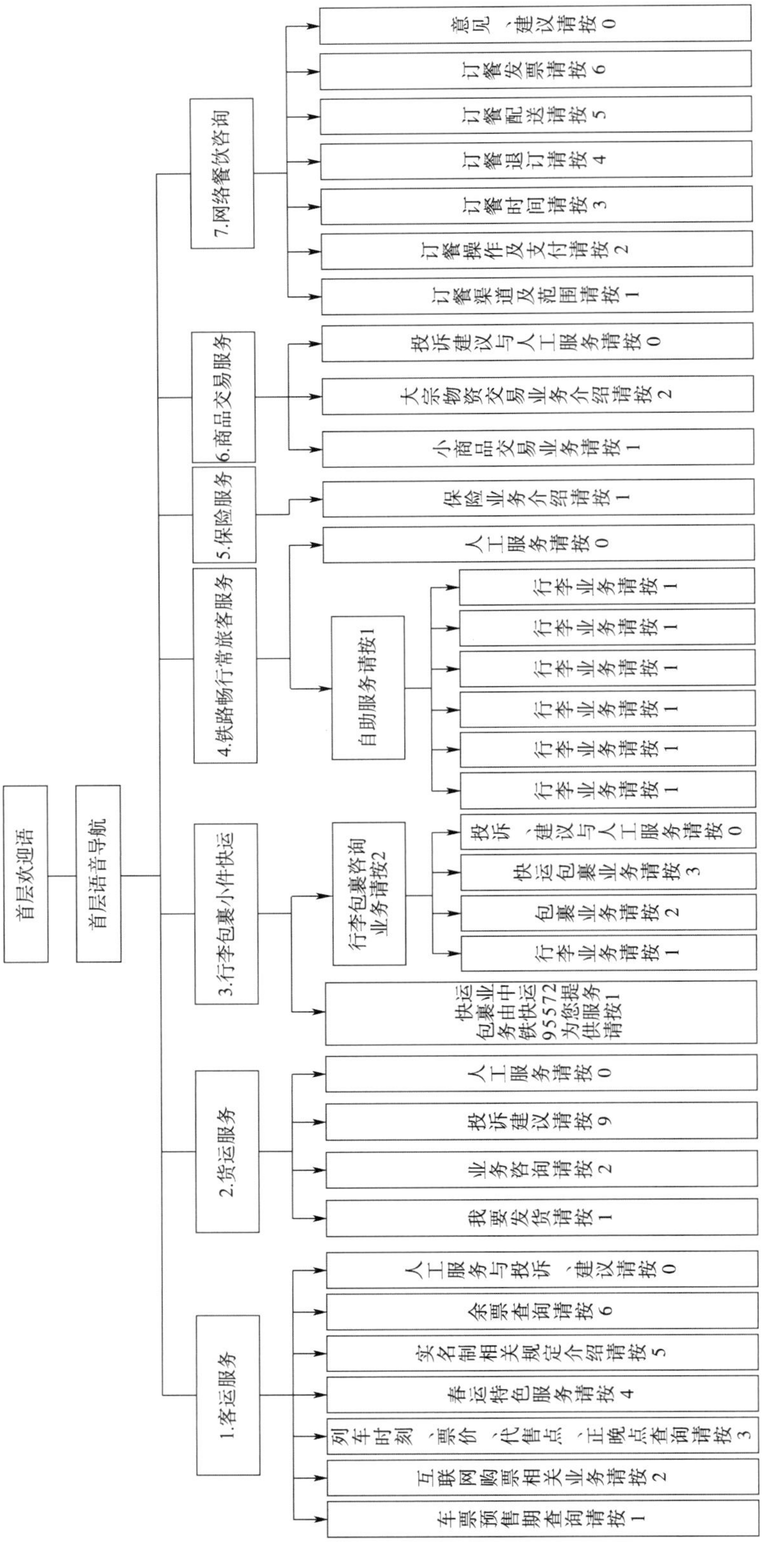

图 5-6　客户服务员服务受理流程图

五、铁路客户服务中心岗位工作职责

1. 岗位分工原则

(1)实行业务专业化管理。

(2)避免不同岗位工作内容的交叉。

(3)提高班组长对现场及班组的管理能力。

(4)对重要业务、管理岗位实行人员冗余制管理。

(5)均衡各岗位工作任务。

2. 各岗位工作职责

1)业务支撑人员(专家席)工作职责

(1)通过电话、网络、信件等渠道受理全局各类旅客投诉、建议、求助等。

(2)指导站段处理客服中心下转的各类旅客投诉、建议、求助等。

(3)向北京铁路客户服务中心汇报有关投诉、建议、求助等的调查处理情况。

(4)定期汇总投诉、建议、求助等业务受理情况,对问题进行分析、总结,为提高客运服务质量提供有关情况及建议,为站车评比提供数据依据。

(5)处理客服代表集中反映的业务问题,形成答复模板。

(6)处理互联网购票故障产生的多扣款、迟退票等各类疑难问题。

(7)对客服代表提交的工单质量进行质检,并指导客服代表提高所提交工单的质量。

(8)处理铁路客户服务中心内部客户投诉,并对客服代表通话质量进行抽检。

(9)制定本工作职能内工作流程和制度办法。

(10)对客服代表进行业务知识、投诉处理技巧等培训。

2)现场管理人员(班长席)工作职责

(1)协助现场管理干部做好客服大厅现场管理工作。

(2)完成铁路客户服务中心日小结分析。

(3)完成铁路客户服务中心例行数据上报工作(特殊安排除外)。

(4)完成铁路客户服务中心数据统计工作(特殊安排除外)。

(5)对铁路客户服务中心整体工作职场进行巡视。

(6)解答客服代表日常问事,帮助客服代表解决疑难问题。

(7)完成班组人员管理与考核,提高本班组客服代表工作质量和能力。

(8)登记铁路客户服务中心值班日志。

(9)管理铁路客户服务中心各场所钥匙和入门监控。

(10)负责现场人员的请销假、换班登记相关工作。

3)营销业务人员(营销席)工作职责

(1)负责接听职工热线,辅助职工热线管理干部做好日常信息收集、上报、整理、汇总工作。

(2)做好订餐、旅游、小红帽、车票、快递等营销业务受理工作。

(3)完成铁路客户服务中心客运电子邮箱邮件回复工作。

(4)辅助铁路客户服务中心营销管理干部做好营销业务拓展工作。

(5)制定本工作职能内工作流程和制度办法。

(6)做好铁路客户服务中心客运微信平台日常管理工作。

4)货运业务人员(货运席)工作职责

(1)负责货运席人员排班工作。

(2)负责做好客服中心货运业务培训工作。

(3)负责做好货运席人员语音监听和工单质检工作。

(4)负责提供每月货运业务考试试题。

(5)负责帮助货运客服代表解决疑难问题和提供问题答复模板。

(6)负责货运投诉处理工作。

(7)负责货运工作分析、总结工作。

(8)负责货运业务资料的收集、整理工作。

(9)负责货运业务台账管理工作。

(10)制定本工作职能内工作流程和制度办法。

复习思考题

1. 铁路客户服务中心在日常确保接通率时通常采用哪些措施?

2. 铁路客户服务中心的主要职责有哪些?

3. 铁路客户服务中心的服务职能有哪些?

4. 简述铁路客户服务员服务受理流程。

第二节　高速铁路客户服务技能技巧

本节说明

本节主要学习高速铁路客户服务的相关知识,是从事高速铁路旅客运输服务岗位及管理人员内容应该了解的知识部分,是铁路客户服务员岗位必须要掌握的知识技能技巧。本节主要内容包括铁路客运服务人员应具备的职业能力特征,客运服务人员应掌握的知识技能,语言服务技巧,电话沟通技巧。

教学建议

本节内容实践性较强,岗位特征突出,因此在教学中建议理论联系实际讲授,主要培养学生相关的技能技巧,可采用情境式教学法和角色扮演法相结合的教学方式。

任务实施

通过学习本节知识,学生应能够掌握铁路客服人员应具备的职业能力特征,正确使用语言服务技巧,熟练掌握电话沟通技巧,能够自如地控制情绪以及有效地释放压力。教师可对学生分组,设置情境,由学生分别扮演铁路客服人员和来电旅客,进行模拟沟通服务训练,教师做最后总结。

相关理论知识

一、高速铁路客服人员的职业能力特征

(1)应具备较强的倾听、表达、沟通能力。
(2)具备较好的理解归纳、分析判断和解决问题能力。
(3)具备良好的信息处理能力和协调合作能力。
(4)心理素质好、抗压能力强。
(5)计算机操作熟练。
(6)口齿清晰,普通话标准,听力辨色力正常,双眼矫正视力不低于5.0。

二、高速铁路客服人员应具备的知识技能

(1)安全知识。
(2)铁路和客户服务基础知识。
(3)铁路客户服务业务类型及流程。
(4)客户服务质量相关知识。
(5)车票实名制相关规定。
(6)售票服务相关知识。
(7)旅客、行李包裹运输相关知识。
(8)铁路保险相关规定。
(9)心理学及市场营销知识。
(10)计算机和客服相关系统操作技能。
(11)业务咨询、受理及投诉处理技能。
(12)法律法规及职业道德修养。

三、易混站名听辨音技巧

铁路车站站名与地域历史文化有着紧密的联系,因此,熟悉和熟记各省名称、简称及大中城市的名称等是铁路客服人员必备的一项基本业务素质。

一些铁路客服人员因缺乏基本的地理知识而不能与客户很好地沟通,如不能区分省名和站名,当客户询问时,无法在系统中查询相关信息。因此,作为铁路客服人员应熟知各省的基本方位、客运运价里程结算站示意图及货运营业站示意图中各铁路线路的途经站及走向,只有这样才能更好地为客户解答相关问题。

我国地域辽阔,截至2019年年底,据不完全统计,我国铁路车站数量达到5752个,难免有读音相同的城市,或者由于地方方言发音不同导致读音相近的情况,而车站名称一般采用"城市名"命名,这样就容易造成铁路车站名称的混淆,为铁路客服人员的工作带来困扰,因此能够正确地辨别和区分易混站名是铁路客服人员必备的业务技能之一。

1.容易混淆的铁路客运车站站名(见表5-1)

易混淆的铁路客运车站站名 表5-1

站名	所属线	混淆区别	站名	所属线	混淆区别
艾河 爱河	京原 滨绥	同音	红山 洪善	南乌 南同蒲	混音
安康 南康	西康、阳安 襄渝、京九	混音	红星 鸿兴	南乌 平齐	同音
巴彦高勒 巴彦郭勒	包兰 集二	混音	花山 华山	鸭大 南同蒲、陇海	混音
白果 柏果	成昆 水红	混音	荒山 黄山	长图 皖赣	混音
萍乡 凭祥	沪昆 湘桂	混音	吉安 集安	京九、吉井 梅集	同音
沧洲 常州	京沪 京沪	混音	集宁 济宁	集二 新石	混音
大巴 大坝	新义 包兰	同音	金城 晋城	沈山 太新	混音
大岗 大港	向乐 胶济	同音	龙华 隆化	石德 京通	混音
大林 大岭	大郑 焦柳	混音	金州 锦州 晋州 靖州	沈大、金城 沈山、魏塔、锦承 石德 焦柳	混音
丹阳 当阳	京沪 焦柳	混音	莱阳 耒阳	蓝烟 京广	混音
东庄 董庄	京原 焦柳	混音	兰棱 兰岭	京哈 林东	混音
略阳 洛阳	宝成、成渝 陇海	混音	林源 凌源	通让 锦承	混音
干塘 甘棠	包兰、干武 皖赣	同音	迁安 乾安	津山 通让	同音
古源 固原	富西 宝中	混音	哈拉海 哈拉黑	长白 白阿	混音

2.容易混淆的铁路客货运站站名的辨别方法

(1)组词法。例如,“吉安—集安”的听音辨析,可采用组词法询问客户:是“吉祥”的“吉”还是“集体”的“集”。

(2)隶属省份法。例如,“沧州—常州”的听音辨析,可询问客户:是河北的“沧州”还是江苏的“常州”。

(3)扩展地域法。例如,“晋州—金州”的听音辨析,可询问客户:是河北石家庄市的“晋州”还是辽宁大连市的“金州”。

(4)除了铁路客运站存在同音、混音站名外,货运站也存在同音、混音站名的情况,而且容易和客运站产生混淆。当遇有客户咨询货运站相关信息时,为了避免混淆货运站名,也可应用客运站站名的辨别方法进行识别。

四、电话沟通技巧

拥有一个亲切柔美的声音,让客户通过声音感觉到你能帮助他,是铁路客服人员做好电话沟通的基础,除此之外,有效地利用倾听和提问技巧,是铁路客服人员做好电话沟通的关键。

1. 通话中的倾听技巧

在铁路客户服务中心里,铁路客服人员都是一对一的在进行服务,容易忽略专心地倾听客户的需求。由于铁路客服人员的工作性质每天会接待很多不同的客户,可能养成职业习惯,只是机械地去听客户说的话,直接进行记录,而没有专心地去倾听客户的心理。

在客户服务中,可能有些客户的思维比较混乱,或者说有些客户是属于跳跃性的思维,有些客户可能在语言表达方面会有一些障碍,有时听他说话特别着急,就急于表明已经听清楚他要说什么了。每个人都渴望有一个倾听的对象,客户服务中一个重要的技巧就是倾听的技巧。

1)站在客户的立场倾听

站在客户的立场倾听,体察对方的感觉。一个人感觉到的往往比他的思想更能引导他的行为,越不注意人感觉的真实面,就越不会进行有效的沟通。如果客户一开始就情绪激动,必然导致无法把事情说清楚,需要运用同理心来处理。例如,遇到客户遗失了贵重物品,客户非常着急,无法清楚地表达。这个时候,铁路客服人员应说:"您着急的心情我非常能理解""我的心情和您一样"等语句,这样可以拉近彼此距离,安抚旅客情绪,使接下来的倾听更有效率。

铁路客服人员只有站在客户的立场上,专注地倾听,才能明白客户的难处以及他们真正的需求,更有效率地帮助客户解决问题,从而提高客户的满意度。

2)及时地回应客户

沟通是相互的,在不打断客户说话的原则下,铁路客服人员需要适时地表达自己的观点,给客户一些积极的回应,一方面可以让客户感受到你是在认真倾听,另一方面也有利于跟上客户的思维,避免走神。

倾听不是简单地听客户说话的过程,铁路客服人员的一言一行,客户从电话中都能够听得出来。在电话沟通中,客户在讲话,你有时默不作声,有时候敷衍的嗯个两声,有时候还忘记客户说的问题。一通电话下来,客户会觉得,你这个人太不懂礼貌了,讲着讲着、把来电时的问题都抛在脑后,最后可能会投诉你的服务态度有问题。而当你表示除你在专注认真地聆听客户说话的时候,如当客户说什么你都会有回应的时候,对方就会觉得你有认真对待他的问题,觉得自己受到了尊重,而这时客户也很愿意主动地述说他的需求,积极配合你。回应客户时,尽量不要一直用"对""是的""啊"等词汇机械回复,而要激励客户在轻松友好的氛围中把他能想到的内容都表达出来,如"我明白,您请继续"等话语。

3)摘要核对客户的话意

在倾听客户对事情的描述之后,铁路客服人员需要进行归纳总结,把客户要表达的意思归纳为几个要点,再征求旅客意见:"您的意思是……,看我的理解是否正确,是否还有需要补充的地方。"这样做可以将客户杂乱的表述总结归纳起来,逻辑清晰,避免产生误解,或者复述客户的原话,给其肯定的回应,使客户产生你同他是一个阵线上的心理,让客户产生认同感,对沟通非常有利。铁路客服人员应养成在倾听客户的标书后,摘要核对的习惯,等得到客户的肯定后,再提出解决方案。复述核对时一定要抓住重点,不要被旁枝末节干扰,语言要简洁明了。

4)倾听客户语言的内涵和外延

铁路客服人员应注意跟客户说话的口吻,如客户带着嘲讽的口吻提问:"我想问一下,你们12306是怎么为客户服务的?",铁路客服人员却完全没有注意到客户的语气态度,一本正经地给客户解答:"我们的服务范围是……"会使自己非常尴尬,也让铁路部门的服务在客户心中一落千丈。因此,在铁路客服人员一旦听出客户语气中的不善时,应马上安抚客户,表示歉意并询问客户发生了什么不愉快的事情,而不是盲目地、机械地回答客户的问题。

铁路客服人员在与客户电话沟通时,如果只听事实,不顾客户的情绪是无法使客户满意的。客户购买的不仅仅是运输产品,还有情绪上的满足。

5)做好重点记录并确认

在通话过程中,有的内容重要,有的内容不重要,所以铁路客服人员在倾听的同时,需要对一些比较重要的信息记录下来,在接下来的电话沟通中将重点信息与客户确认,这样既可以提高自己的工作效率,更精准地把握住客户需求,又能让客户感受到你的重视。

2. 沟通中的提问技巧

在客户沟通的最后阶段,铁路客服人员需要很专业、很得体地提出引导性的问题,帮助客户解决倾听过程中没有能解决的问题,同时帮助自己获得更加详细的客户信息,最终锁定客户真正的需求,得到自己需要的结果。

在客户服务中很多提问的目的都不是为了得到答案,而是为了洞察当时客户的问题,提问的目的只不过是给客户提供一种发泄的渠道而已。通过提问,尽快找到客户想要的答案,了解客户的真正需求和想法;通过提问,铁路客服人员可以理清自己的思路;通过提问,可以让愤怒的客户逐渐变得理智起来。在客户回答问题,陈述的过程中,情绪就会从不理智而逐渐缓解下来。

1)针对性问题

针对性的问题其作用是能让你获得细节,当不指导客户的答案是什么的时候才使用,通过提出有针对性的问题,就这些问题进行了解。例如,客户投诉说,车票不能改签,也不能退票。那么,客服人员就要问:"您是哪天的、什么时间的车票?在哪个车站不能办理改签和退票?"这个问题就是针对性的问题。

2)选择性问题

选择性问题也算是封闭式问题的一种,就是客户职能回答"是"或者"不是",这种提问用来澄清事实和发现问题,主要的目的是澄清事实。例如,"您的车票是找不到了吗?",客户只能回答"是"或者"不是"。

3)了解性问题

了解性问题是指用来了解客户资讯的一些提问,在了解资讯时,要注意有的客户会比较反感提这个问题。例如,"请您说一下姓名、电话、身份证号……"这类涉及个人隐私的问题,这些资讯对客服人员是很有用的,可是客户有时不愿意回答,因此在提出了解性问题的时候，一定要说明原因，“请您留一下姓名、电话，因为要做登记，方便过后给您回访”。

4）澄清性问题

澄清性问题是指正确地了解客户所说的问题是什么。有时候客户会夸大其词，说你们铁路的服务太差了。可是你不知道客户所说的差是到了什么程度，这时可以问：“您说的服务太差，是指哪方面呢，是设备还是人员，请您说一下具体经过好吗？”了解客户投诉的真正的原因是什么，事态有多严重，这叫作澄清性问题。

5）征询性问题

征询性问题是告知客户问题的初步解决方案。例如，“您所说的我都已经记录，我马上转给相关单位进行核实处理，稍后会给您做回访，您看这样行吗？”

6）服务性问题

服务性问题也是客户服务中非常专业的一种提问。这个提问一般是在客户服务过程结束时用的，其作用是超出客户的满意，如“您还有什么需要我为您做的吗？”。服务性问题的提出是体现一个企业的客户服务是否优质的一个标准。

7）开放式问题

开放式问题是用来引导客户讲述事实的，如“您能说说当时的具体情况吗？”，一句话出来，客户就滔滔不绝了，这就是开放式问题。

8）关闭式问题

关闭式问题就是对客户的问题做一个重点的复述，是用来结束提问的。当客户描述完问题以后，客服人员硬说：“您的意思是……，是这样吗”这就一个关闭性的问题。

五、情绪管理及压力调节方法

1. 情绪管理

1）情绪

情绪是个体对外界刺激的主观的有意识的体验和感受，具有心理反应和生理反应的特征。

情绪是身体对行为成功的可能性乃至必然性，在生理反应上的评价和体验，包括喜、怒、忧、思、悲、恐、惊七种。行为在身体动作上表现得越强就说明其情绪越强，如“喜”的表现为手舞足蹈、“怒”的表现为咬牙切齿、“忧”的表现为茶饭不思、“悲”的表现为痛心疾首等，这些都是情绪在身体动作上的反应。情绪是信心这一整体中的一部分，它与信心中的外向认知、外在意识具有协调一致性，是信心在生理上一种暂时的较剧烈的生理评价和体验。

2）情绪管理

情绪管理，就是用对的方法、正确的方式，探索自己的情绪，然后调整、理解和放松自己的情绪。

铁路客服人员情绪的变化不仅影响着客户感知，也带动铁路客户服务中心 KPI 指标的变化，直接关系到服务质量的优劣，因此情绪管理在铁路客户服务中心的现场管理中十分重要。

3）高速铁路客服人员管理情绪的方法

（1）自我暗示。遇到态度恶劣的客户出言不逊，立刻心中默念：“不生气，不跟这种人生气。”对客户要忍耐与宽容。

（2）自我安慰。铁路客服人员要懂得客户发脾气并不是真的针对你。

(3)暂时停顿法。如果有时候实在控制不住要发火,在心里倒数8s。

(4)适度发泄。挂断电话后,通过倾诉,把不良情绪释放出来。

(5)幽默法。多看些幽默的文章,多和幽默的人聊天,同时也要学会从自己的生活和工作中找到一些趣事。

2.压力调节方法

高速铁路客服人员每天的工作量是很大的,本着“服务为本,客户至上”的宗旨为客户服务,却得不到客户的理解,接听的电话中客户讲什么的都有,甚至口出恶言,肆意谩骂,接到这样的电话,铁路客服人员难免会有怨气,觉得委屈,如果这些不良的情绪管理不好,会严重影响到高速铁路客服人员的身心健康、工作和生活。

高速铁路客服人员一定要学会调节自己的心理压力,只有管理好自己的情绪,正确的调节压力,才能够保证正常的工作和自己的身心健康。压力调节方法有很多,下面介绍几种常用的方法:

1)运动解压

运动可以让身体产生的腓肽效应愉悦神经。腓肽是身体的一种激素,被称作“快乐因子”。因为腓肽效应让人感觉到高兴和满足,甚至可以把压力和不愉快都带走,所以运动是一个很好的缓解压力,让人保持良性的、平和的心态的方法。

(1)学会如何运动。运动解压也需要一定的方法,如果方法不对,不但对解压没有帮助,反而可能会导致压力更大,想通过运动缓解压力,可以先参加一些缓和的、运动量小的运动,使心情先平静下来,再逐渐过渡到大运动量的运动。可以参加一些集体运动,如篮球、排球等,在这些运动过程中,可以体会到合作的愉快。

(2)运动环境的选择。运动环境对于解压有关键性的影响,一个好的运动环境,可以让效果更加明显。例如,经常在室内运动的人,到户外去爬山,到小树林里去跑步,会感觉更加的轻松与愉快;在安静的地方,闭目养神几分钟,做几次深呼吸,可以达到最好的放松、减压的效果。

2)冥想解压

通过冥想,想象你所喜爱的地方,如大海、高山等,放松大脑;把思绪集中在想象物的“看、闻、听”上,让自己进入到想象之中,就如同自己置身于大海、高山之中,享受着那一份心灵上的放松。

3)饮食解压

饮食解压也是一个不错的选择,很多人心理压力大时,会通过饮食来调整。如果你心理压力大,不妨多吃一些以下食物:

(1)吃菠萝。在菠萝中含有丰富的维生素B、C,它们都具有消除疲劳、释放压力的功效,除此之外在菠萝中还含有着酵素成分,它能帮助蛋白质进行充分的消化以及分解,从而减轻肠胃的负担。

(2)嗑瓜子。瓜子同样具有很好的消除疲劳的作用,这是由于在瓜子中含有丰富的不饱和脂肪酸、维生素等营养物质。特别是其中的锌元素,还能安抚情绪、消除疲劳。同时,嗑瓜子还能放松你的大脑,从不良情绪与心理压力中摆脱出来。

4)按摩解压

当你的压力过大时,可以试着做一做按摩。我们知道,身体上的紧张与压抑,也会导致心理上的紧张与压抑。当你的身体通过按摩放松后,你的心理压力也会跟着一起放松。

除了以上方法以外，注意合理饮食、远离不良生活习惯、保证充足的睡眠、注意锻炼身体以及拥有阳光的新台阶等都是缓解压力和调节情绪的好方法。

复习思考题

1. 简述高速铁路客服人员的职业能力特征。
2. 容易混淆的铁路客货运站站名的辨别方法有哪些？请举例说明。
3. 电话沟通技巧中倾听技巧有哪些？
4. 电话沟通技巧中提问技巧有哪些？
5. 什么是情绪管理？如何做好情绪管理？

第三节　高速铁路客户服务业务类型及受理流程

本节说明

本节主要学习高速铁路客户服务的相关知识，是从事高速铁路旅客运输服务岗位及管理人员内容应该了解的知识部分，是高速铁路客户服务人员岗位必须要掌握的技能技巧。本节内容主要包括投诉业务、咨询业务、求助业务、表扬业务、建议业务及相关案例分析。

教学建议

本节内容实践性较强，岗位特征突出，因此在教学中建议理论联系实际讲授，主要培养学生相关的技能技巧，可采用情境式教学法和角色扮演法相结合的教学方式。

任务实施

通过学习本节知识，学生应能够掌握高速铁路客服人员应具备的职业能力特征，正确使用语言服务技巧，熟练掌握电话沟通技巧，能够自如地控制情绪以及有效的释放压力。教师可对学生分组，分别设置不同情境，由学生分别扮演铁路客服人员和来电旅客，进行模拟实际业务训练，由高速铁路客服人员记录工单，并提交，教师做最后总结。

相关理论知识

一、投诉业务

1. 基本概念

对客户认为高速铁路运输企业在经营过程中侵犯其合法权益或对提供的服务表示不满，向高速铁路运输企业表达其诉求，给予协调处理的业务。

2. 受理流程

高速铁路运输企业对各类客户投诉的问题应及时受理，将问题记录成工单（涉诉受理工单见表5-2），传达到相关单位，对问题进行调查、追踪，督促相关单位尽快处理，待问题处理好之后对旅客进行回访，并根据投诉问题类型，定期汇总、分析各个工作环节的服务漏洞和薄弱点，对暴露出的突出、重点问题，及时通报、警示全路职工，发挥客户服务职能，提升服务质量。投诉业务受理流程如图 5-7 所示。

高速铁路客户服务中心涉诉受理工单　　表 5-2

<table>
<tr><td colspan="2">受理单号</td><td colspan="2"></td><td colspan="2">受理时间</td><td colspan="2"></td></tr>
<tr><td colspan="2">投诉人</td><td colspan="2"></td><td colspan="2">来电号码/E－mail</td><td colspan="2"></td></tr>
<tr><td colspan="2">投诉方式</td><td colspan="6">电话；电子邮件；网站；App；微信；信函；社会监督机构；上级单位；政府部门；其他</td></tr>
<tr><td colspan="2">涉诉部门(单位)</td><td colspan="6"></td></tr>
<tr><td colspan="2">涉诉对象</td><td colspan="6"></td></tr>
<tr><td colspan="2">事件类别</td><td colspan="6"></td></tr>
<tr><td colspan="2">内容摘要</td><td colspan="6"></td></tr>
<tr><td rowspan="2">责任单位</td><td>主送</td><td colspan="6"></td></tr>
<tr><td>抄送</td><td colspan="6"></td></tr>
<tr><td colspan="2">批转意见</td><td colspan="6">受理单位公章　　　　年　月　日</td></tr>
<tr><td colspan="2">涉诉单位处理结果</td><td colspan="6">一、事情经过
二、调查核实
三、原因分析
四、处理结果
1. 对旅客的回复意见：
2. 对责任人的考核：
五、整改措施</td></tr>
<tr><td colspan="2">回复时间</td><td></td><td colspan="2">回复方式</td><td></td><td>回复人</td><td></td></tr>
<tr><td colspan="2">回访时间</td><td></td><td colspan="2">回访方式</td><td></td><td>回访人</td><td></td></tr>
<tr><td colspan="2">回访情况</td><td colspan="6"></td></tr>
</table>

3. 投诉类型

(1)客运服务类：候车组织、文明服务、制度落实、业务差错、安全检查、设备设施、旅客伤害、运输组织、重点旅客服务、环境卫生、站车秩序等。

(2)售票服务类：售补票差错、售补票态度、制度落实、营业时间、售票组织、售票设备、违规收费、违章违纪、代售点服务等。

(3)公安服务类：安全检查、公安制证、服务态度、制度落实、在岗履职等。

(4)餐饮服务类：餐饮质量、饮食卫生、服务态度、虚假宣传、餐饮收费等。

(5)售货服务类：商品质量、虚假宣传、收费标准等。

(6)保洁服务类：服务态度、卫生清扫、制度落实、违章违纪等。

(7)延伸服务类：行李搬运、小件寄存、收费标准、强制消费、服务态度、错误引导等。

(8)电子支付类：互联网购票、车站 POS 机购票、TVM 购取票等。

(9)行包服务类：服务态度、装卸交付、营业信息、运到期限等。

(10)货运服务类：装卸作业、办理差错、事故理赔、运输时限、物流服务、货运交付、服务态度等。

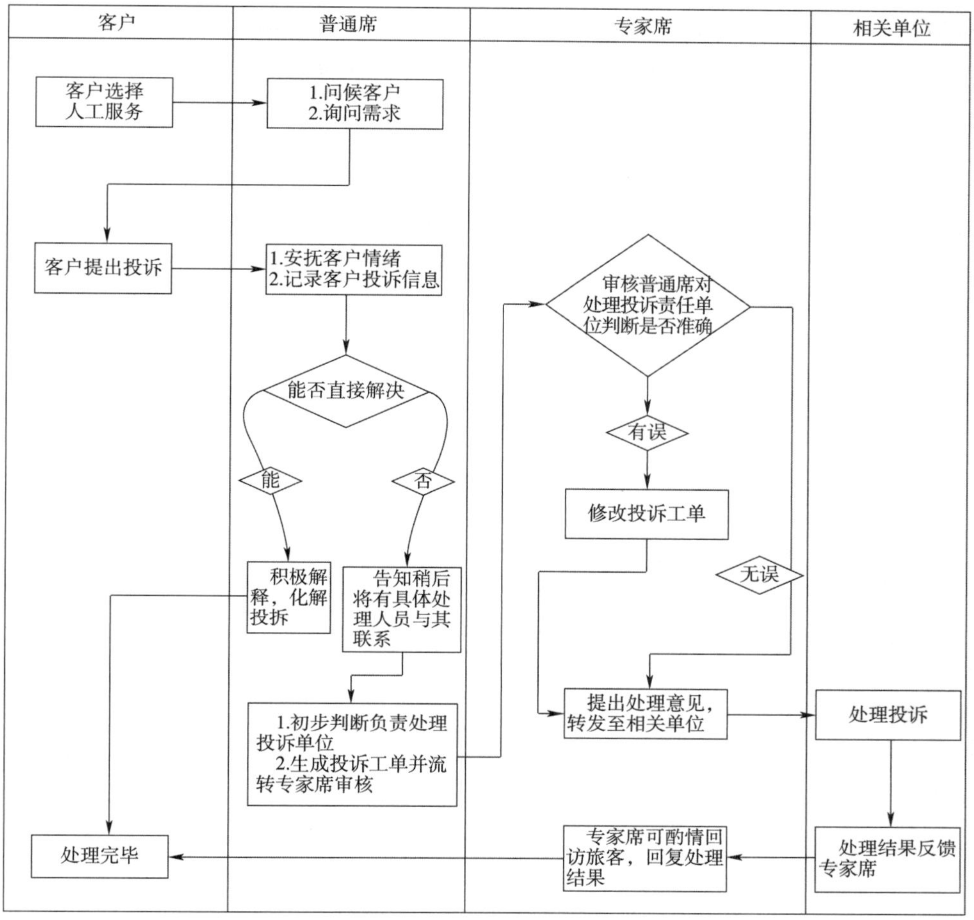

图 5-7　投诉业务受理流程

【模拟训练 5-1】　旅客投诉 1

×年×月×日，一位旅客来电反映，其乘坐 G8126 次列车，长春—大连北，21:00 左右到餐吧想购买矿泉水，男工作人员：“盘点了，不卖了”。旅客质疑离到站还有 1.5h，为什么不卖，工作人员告知盘点了，不卖。旅客之后多次求助工作人员发售一瓶水，但工作人员依然拒绝。22:00 左右，旅客再次返回餐吧车，发现多名工作人员聚在一起聊天，有说有笑。旅客投诉餐吧工作人员服务不作为。高速铁路客服人员应如何处理？

训练提示：

(1)遇到旅客来电投诉，当旅客情绪激动时，应首先安抚旅客，平息旅客情绪。

(2)询问旅客乘坐车次、日期及事情完整经过，并判断旅客投诉是否符合受理条件。

(3)受理旅客投诉，并记录工单。

(4)流转工单，由班长席审核工单是否符合要求，并流转至相关单位。

(5)相关单位提取投诉工单，根据工单内容与相关站车核实情况，并处理。

(6)将处理结果反馈旅客，并询问旅客对处理方式是否满意。

(7)注意使用标准的问候语和结束语。

处理结果：

经查属实。双瑞餐饮公司反馈，对新职餐车长提前结账，给予罚款200元，包线指导××当月安全经营考核100元，处理人员向其说明情况，旅客表示理解。

【模拟训练5-2】 旅客投诉2

×年×月×日，一位旅客尹先生来电反映，自述4日与其父亲到沈阳北站乘坐G1234次列车，因其父亲刚刚手术，检票口的工作人员照顾重点旅客乘坐直梯先下到站台，尹先生咨询站台的一名工作人员1车在哪里？工作人员双腿斜跨，嘴上只重复一句话"所有人回头"。尹先生有些不明白，就又问了一次，该工作人员态度特别烦躁地说：你能不能听懂话？现来电投诉其服务态度恶劣。铁路客服人员应如何处理？

训练提示：

(1)遇到旅客来电投诉，情绪激动时，应首先安抚旅客，平息旅客情绪。

(2)询问旅客事情完整经过，积极解释，尽量化解投诉，并判断旅客投诉是否符合受理条件。

(3)受理旅客投诉，并记录工单，告知稍后将有具体处理人员与其联系。

(4)流转工单，由班长席审核工单是否符合要求，转至相关单位，并提出处理意见。

(5)相关单位提取投诉工单，根据工单内容与相关站车核实情况，并处理。

(6)将处理结果反馈旅客，并询问旅客对处理方式是否满意。

(7)注意使用标准的问候语和结束语。

处理结果：

经查属实。因工作人员吴某服务态度不好，对其考核10分处理。与旅客电话沟通，取得旅客理解。

二、咨询业务

1. 基本概念

咨询业务是指运用客运、货运知识和专业语言技巧，帮助客户解疑释惑的业务。

2. 受理流程

准确解答客户提出的客运相关的各类问题，如铁路常识、12306购票问题、实名制注册等，并根据咨询问题类型，定期汇总、分析客户最关注的问题，及时上报，提出改进工作建议。咨询业务受理流程如图5-8所示。

3. 咨询类型

(1)规章制度类：携带品、儿童票、学生票、残疾人票、互联网购票、TVM\POS机购票、购检票、订取票、改签退票、临时身份证明、挂失补等。

(2)客运业务类：余票信息、预售期、票价信息、车站营业时间、正晚点、列车时刻、积分查询等。

(3)延伸服务类：团体票、车票快递、餐饮等。

(4)行包服务类：运输费用、追踪查询、办理范围、保价运输、变更运输、押运规定、运到期限、到达保管、装卸交付、事故理赔等。

(5)货运服务类：货物受理、办理限制、包装要求、运输收费、保价运输、保险运输、事故理赔、变更运输等。

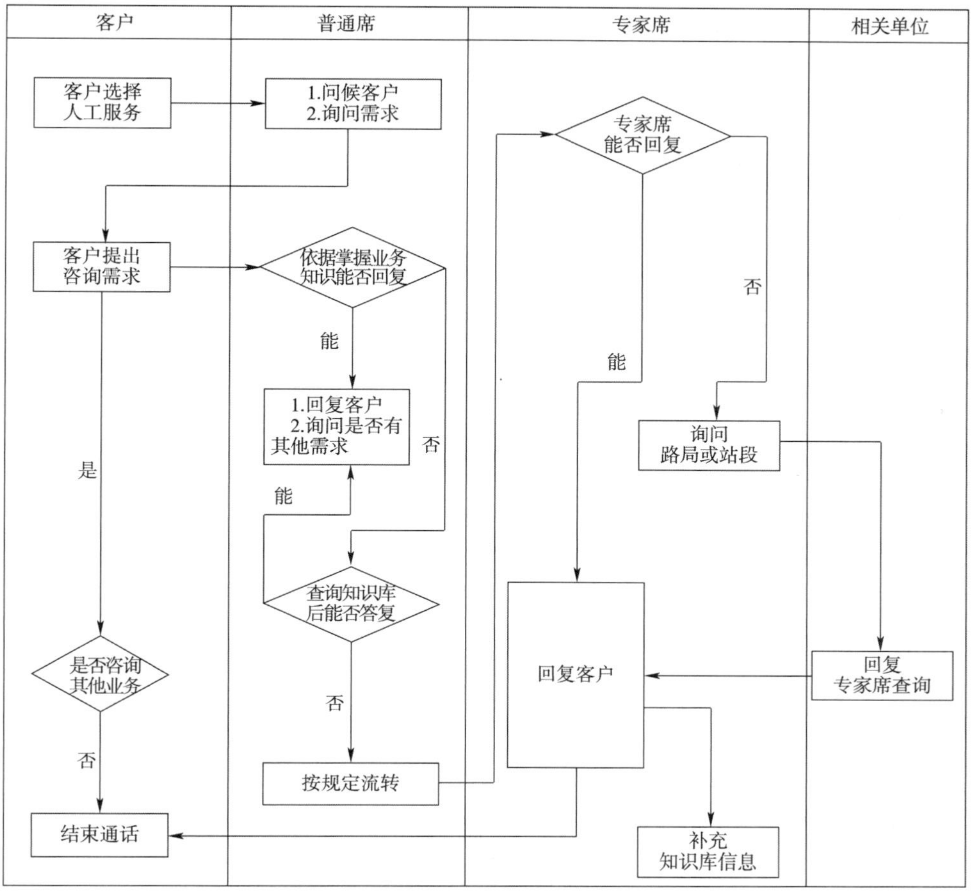

图 5-8　咨询业务受理流程

【模拟训练 5-3】　旅客咨询

×年×月×日，一位旅客来电咨询，旅客会员积分如何兑换车票，铁路客服人员应如何处理？

训练提示：

(1)遇到旅客来电咨询时，应首先问候旅客，询问旅客需求。

(2)旅客提出咨询需求后，依据掌握业务知识回复。

(3)若不能回复，及时查询知识库进行答复。

(4)若还不能答复，则按规定流转到专家席，由专家席答复。

(5)回复旅客，并询问旅客是否有其他需求。

(6)注意使用标准的问候语和结束语。

三、求助业务

1. 基本概念

发挥信息平台和网络资源优势，对遇到困难的客户提供相应帮助的业务。

2. 受理流程

利用网络平台及资源优势，对遇到突发疾病、重点旅客、遗失物品等存在现实困难的旅客提供应急求助，发扬人民铁路服务人民的传统，成为旅客出行的依赖和保障。还可以解决通过拨打12306电话客户账户的手机号解绑和手机核验验证。求助业务处理流程如图5-9所示。

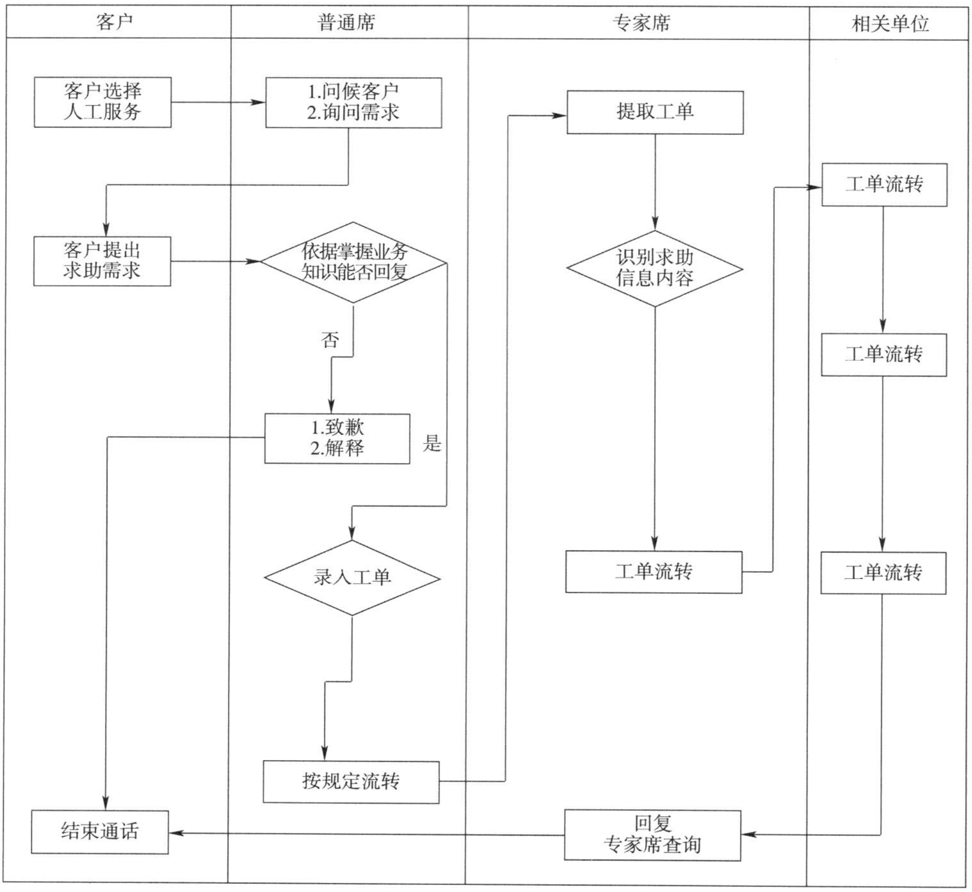

图5-9　求助业务受理流程

3. 求助类型

(1)客运服务方面：特殊重点旅客预约、遗失物品查找、寻人等。

(2)常旅客服务方面：电话客户账户的手机号解绑、手机核验验证。

(3)行包服务方面：追踪查询、保价运输、变更运输、押运规定、事故理赔等。

(4)货运服务方面：运输时限、保价运输、事故理赔、变更运输等。

【模拟训练5-4】　旅客求助

×年×月×日，一位旅客来电求助，自述乘坐G××次列车，将一个黑色背包遗落在列车上了，铁路客服人员如何处理？

训练提示：

(1)遇到旅客来电求助时，应主动热情地帮助旅客。

(2)询问旅客乘坐车次、日期、车厢号座位号以及丢失物品的具体情况。

(3)记录旅客姓名、身份证号、联系电话,并录入工单。

(4)告知旅客,稍后会有具体处理的工作人员与其联系,请旅客不要着急。

(5)流转工单,由班长席审核工单是否符合要求,并流转至相关单位。

(6)相关单位提取工单,根据工单内容与相关站车核实情况,并处理。

(7)由列车长与旅客取得联系,核实物品情况,并约定交接站。

(8)注意使用标准的问候语和结束语。

四、建议业务

1. 基本概念

受理客户提出有关改进铁路工作、促进铁路发展等意见和建议的业务。

2. 受理流程

对旅客提出的各类意见和建议,分类汇总,去伪存真,真正地将旅客的需求放在第一位,将旅客提出的合理意见纳入服务过程中。对旅客定期回访,通过与旅客的互动,以及采纳旅客意见与建议行为,表明铁路对社会公众的态度,同时热情地接受社会各界的监督。建议业务受理流程如图 5-10 所示。

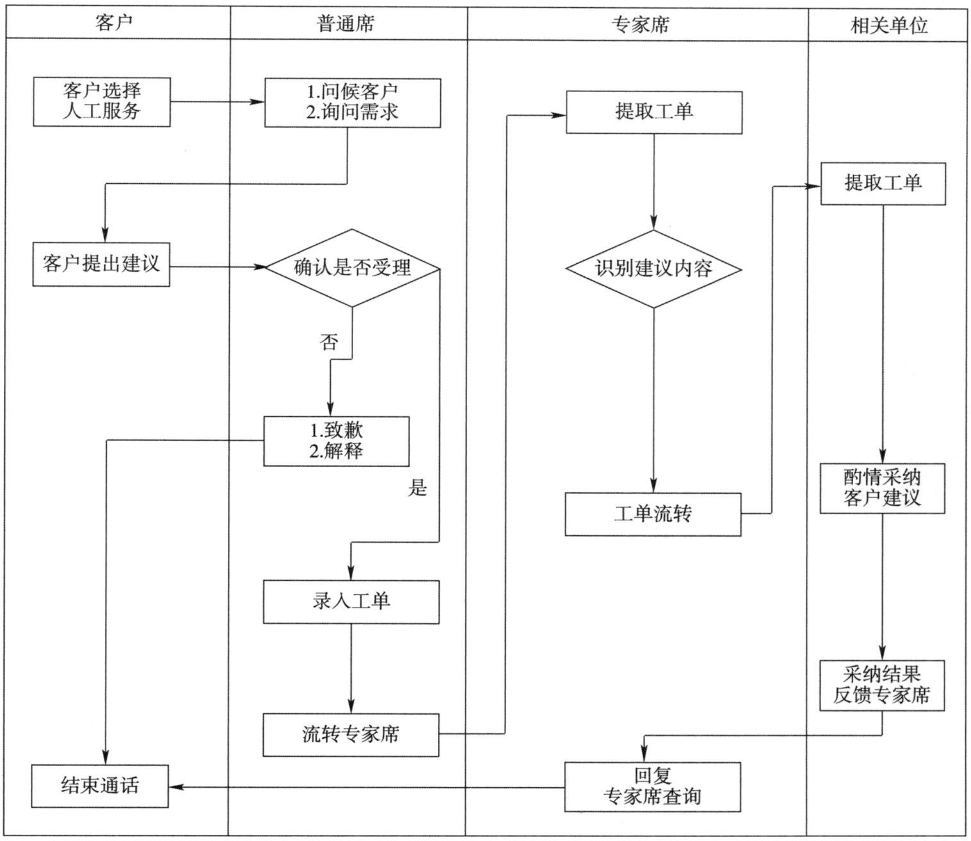

图 5-10 建议业务受理流程

3. 建议类型

(1)客运服务方面:规章制度、车站管理、服务标准、售票组织、网购电订、系统建设、设备设施、便民措施、站车售货、餐饮供应、列车运行图等。

(2)行包服务方面:包装要求、到达保管、事故理赔等。

(3)货运服务方面:货物受理、办理限制、包装要求、仓储保管、运载工具、预订装车计划等。

【模拟训练 5-5】 旅客建议

×年×月×日,一位旅客来电建议 12306 账号可以添加多一些联系人,或者把删除联系人时间限制(180d)缩短,方便随时增减联系人,对此,铁路客服人员应如何处理?

训练提示:

(1)遇到旅客来电建议时,应首先问候旅客,并询问需求。

(2)认真听取旅客建议,并判断是否符合受理要求。

(3)记录旅客详细建议,并录入工单。

(4)告知旅客会建议相关部门,酌情采纳旅客意见。

(5)流转工单,由班长席审核工单是否符合要求,并流转至相关单位。

(6)相关单位提取工单,根据工单内容与相关站车核实情况,并酌情采纳旅客建议。

(7)注意使用标准的问候语和结束语。

五、表扬业务

1. 基本概念

受理客户对铁路提供的优质服务给予赞许和感谢的业务。

2. 受理流程

对客户的表扬信息进行登记、转发,成为客户表达心意的桥梁,成为铁路职工在服务工作中的表率。表扬业务受理流程如图 5-11 所示。

3. 表扬类型

(1)客运服务方面:优质服务、照顾重点、寻找遗失物品等。

(2)行包服务方面:服务态度、营业信息等。

(3)货运服务方面:服务态度、物流服务等。

【模拟训练 5-6】 旅客表扬

×年×月×日,一位旅客来电对 12306 客服人员以及 C1009 次列车的列车长提出表扬和感谢,自述其于×月×日上午乘坐 C1009 次列车由长春去往敦化,在下车的时候不慎将自己的背包忘在车上。当时并没有发觉,下车半小时后才发现背包忘在车上了!火车已经开往珲春方向,这时我心里十分着急,因为包里有银行卡和钱包!我们身上没有现金,包丢了我们就要露宿街头了!当发现包落在车上时,我赶紧拨打了 12306,因为着急,当时说话很激动。铁路客服人员很耐心地接听了我的电话,并答应尽快给我回复。我内心平静了很多。本人在此携妻子感谢 12306 的铁路客服人员,感谢铁路工作人员为我们寻找背包付出的努力!更要感谢的是 C1009 次列车长曲某,她细心、负责、热情、大方的工作态度值得我们学习!请问铁路客服人员如何受理?

训练提示：

(1)遇到旅客来电表扬时，应先对旅客表示感谢。

(2)询问旅客询问旅客事情的完整经过，判断是否符合受理条件。

(3)记录旅客姓名、身份证号、联系电话。

(4)记录被表扬人员工作单位及姓名，并录入工单。

(5)流转工单，由班长席审核工单是否符合要求，并流转至相关单位。

(6)相关单位提取工单，根据工单内容与相关站车核实情况，记录存档，回复专家席。

(7)由专家席回复旅客表扬受理情况。

(8)注意使用标准的问候语和结束语。

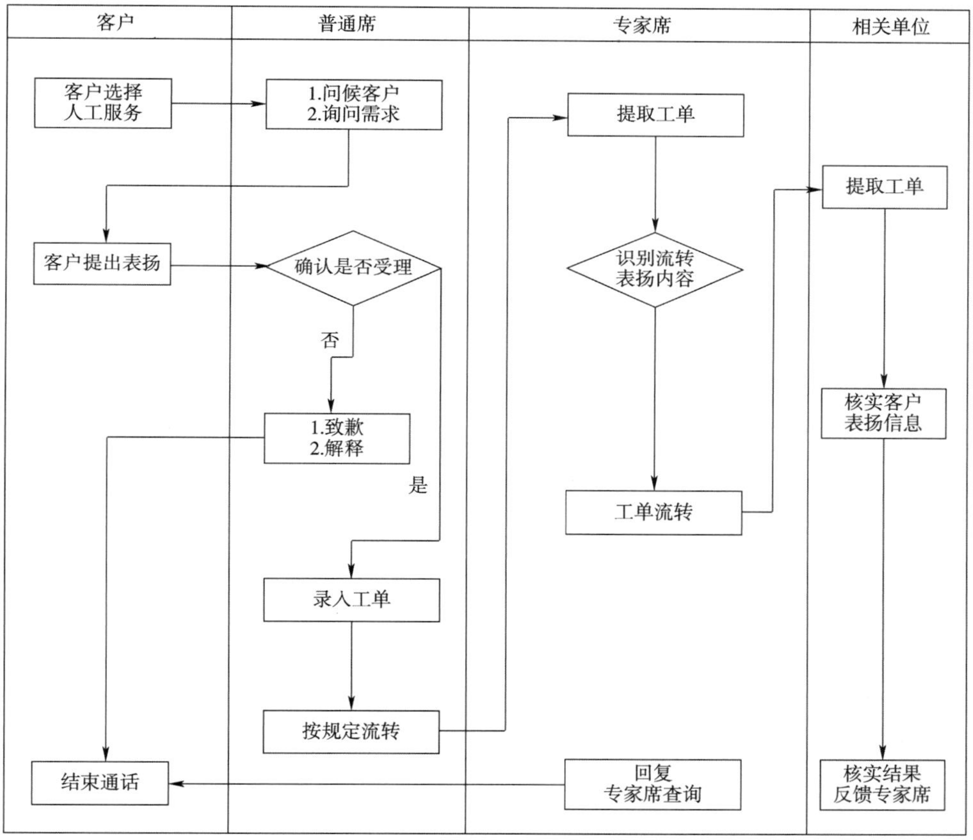

图 5-11　表扬业务受理流程

复习思考题

1. 高速铁路客户服务业务类型有哪些？
2. 简述投诉业务的定义及其受理流程。
3. 客运、行包和货运方面的主要投诉业务类型分别有哪些？
4. 简述咨询业务的定义及其受理流程。
5. 客运、行包和货运方面的主要咨询业务类型分别有哪些？

6. 简述求助业务的定义及其受理流程。
7. 客运、行包和货运方面的主要求助业务类型分别有哪些?
8. 简述建议业务的定义及其受理流程。
9. 客运、行包和货运方面的主要建议业务类型分别有哪些?
10. 简述表扬业务的定义及其受理流程。
11. 客运、行包和货运方面的主要表扬业务类型分别有哪些?

第六章　高速铁路旅客运输应急服务

本章描述

本章介绍了高速铁路红十字救护工作、心肺复苏技术、创伤救护的基本技术、应急抢救手语的相关知识。在高速铁路旅客运输的过程中，每年承载着大量的旅客运输任务，旅客中也会遇到突发急病、意外伤害、言语不通或行动不便的群体。通过学习本章，学生应意识到红十字救护工作的重要性，掌握心肺复苏和现场创伤救护的基本知识和技能，具备基本的手语表达能力。

教学目标

1. 能力目标

(1) 能够检查铁路红十字药箱内药品是否齐全，并正确使用红十字药箱。

(2) 能够判断需要进行心肺复苏的情形，按照规定进行心肺复苏技术操作。

(3) 能够进行现场创伤检查，判断创伤情况，掌握现场救护所需的止血、包扎、固定、搬运四项基本技术。

(4) 能够用手语表示身体部位以及进行基本的动作表达。

2. 知识目标

(1) 掌握红十字药箱的基本知识。

(2) 掌握心肺复苏技术的操作程序、动作要点和注意事项。

(3) 掌握现场创伤救护所需的止血、包扎、固定、搬运四项基本技术。

(4) 掌握主要身体部位的手语表示方法，以及动作的手语表示方式。

3. 素质目标

培养在工作中为重点旅客服务的意识。

相关案例

【案例 6-1】　应急处置要快，后续处理要稳

20××年 7 月 22 日，6 岁的田亮亮和家人乘坐 G398 次列车前往北京旅游。亮亮坐在 5 车 1A 座位上，看着窗外风景，高兴地吃着三明治，吃着吃着，突然抽搐起来，脸色越来越苍白，嘴唇发紫，眼睛暴突，亮亮的妈妈王华吓得手足无措，焦急地喊道："快来救救我的儿子……快来人啊……"正在巡视车厢的列车员小黄听到哭喊声，立即赶到现场了解情况，并用对讲机向列车长小李汇报了情况。随即，列车上响起了紧急寻医的广播声，不一会儿，列车长小李拎着药箱，带着一名医生赶到了 5 号车厢。经过锦州妇婴医院的儿科主治医生张静欣诊断，系食物噎住所致。在张医生的指导下，乘务员一起对亮亮进行催吐，随着

“哇”的一声，口中噎物吐出来了，小亮亮恢复了呼吸，脸色渐渐好转，车厢内响起了热烈的掌声。亮亮虽没有了险情，但乘务员不敢放松，一路上协助张医生量血压、听心跳，密切观察。列车长小李拨通了北京站值班室的电话，要求联系120救护车进站接车。列车到达北京站，救护车和急救人员已在站台上等候，看着小亮亮被送上120救护车，大家悬着的心终于放了下来。

【案例6-2】 标准不走样，技能是支撑

为聋哑旅客服务，手语是必须要学习和掌握的技能。20××年4月26日，D5432次列车停靠台州站时，三位满头大汗的男子一路小跑上了3号车厢，气喘吁吁，比画着寻找座位，原来是聋哑旅客。列车员小许瞧见后急忙迎上前，查看了他们的车票，然后把他们引领到了座位。列车从台州站开出，车厢慢慢恢复平静，5min后列车又停了下来。三位旅客突然紧张起来，纷纷站起身，四下张望。“女士们、先生们，列车没有到站，现在是临时停车……”，车厢里传来了广播声，但三位旅客仍一脸惘然，不知所措。正在这时，小许走了过来，对他们打起手语：“不要急，这是临时停车，列车马上会开动，请耐心等待。”三位旅客面面相觑，突然明白过来，露出惊喜的神态。其中一位旅客用手语问：“你能猜出我们的心事?”小许微笑点点头，比画着：“放心，终到站前我会及时提醒并帮助你们。”

第一节 铁路红十字药箱

本节说明

本节主要学习铁路红十字药箱的相关知识，是从事高铁旅客运输服务岗位职工及管理人员必须要掌握的知识部分。本节主要内容包括红十字药箱的配备标准、红十字药箱的使用原则、铁路红十字药箱管理和现代救护。

教学建议

本节内容基础理论性知识较多，建议教学以讲解为主，学生分组分析为辅。大量采用案例教学理论联系实际讲授，全面了解铁路红十字药箱的相关知识。

任务实施

通过学习本节知识，学生应能够了解铁路红十字药箱的相关知识。教师可对学生进行分组，分别讨论红十字药箱的配备标准、红十字药箱的使用原则、铁路红十字药箱管理、现代救护，教师做最后总结。

相关理论知识

铁路红十字药箱是指在旅客列车、客运车站及沿线小站、工区旅客或铁路职工突发疾病或意外伤害时，用于应急救助便于携带装有非处方药品与器械的药箱。铁路红十字药箱内的药品配置应该是国家基本药物范围内的常用、安全、方便、有效的药品和消毒剂以及临床常用的诊疗用具。

一、配备标准

非处方药品应包括治疗突发性心血管疾病、高热、咳喘、腹泻、眩晕、过敏、疼痛、外伤出血的药品。根据配置情况,将药箱分为甲、乙、丙三类。药品配备数量由使用单位根据使用情况配备。

1. 甲类药箱配备药品及器械种类

1)药品类

(1)口服药

①感冒、退热、止咳化痰类:氢咖黄敏胶囊5盒、小儿氨酚黄那敏颗粒1盒、美酚伪麻片1盒、羧甲司坦片1盒。

②心血管类:速效救心丸1瓶。

③平喘类:二羟西素碱片1盒。

④止泻类:盐酸小檗碱片1瓶、口服补液盐1袋。

⑤抗过敏类:盐酸异丙嗪片1盒。

⑥抗眩晕类:氢溴酸东莨菪碱片1盒。

⑦其他:云南白药1盒、藿香正气丸1盒。

(2)外用药

①退热:小儿退热贴1盒、小儿布洛芬栓1盒。

②外伤类:湿润烧伤膏1支、碘伏1瓶、苯扎氯铵贴1盒。

③其他:清凉油1盒、松节油搽剂1瓶。

2)器械类

表式袖带血压计1台、听诊器1个、体温计2支、袖珍手电筒1个、大剪刀1把、16cm弯头和直头止血钳各1把、12cm直镊子1把、消毒棉(签、球)、医用胶带1卷、三角巾4个、无菌手套3副、无菌纱布1包、无苗绷带1轴、弹力绷带1卷、橡胶止血带3根、保护带2条、无菌手套3副、呼吸面膜2片、一次性压舌板4片、一次性产包1个、一次性连体防护服3件、一次性口罩6个。

3)消毒剂

含氯消毒片剂或粉剂1瓶/包,用于环境及物品消毒,单独放置。

2. 乙类药箱配备药品及器械种类

乙类药箱配备参照甲类药箱,器械类不配置保护带、一次性产包,其他数量比甲类可酌情减少。

3. 丙类药箱配备药品及器械种类

1)药品类

(1)口服药

①感冒、退热、止咳化痰类:氨咖黄敏胶囊5盒、美酚伪麻片2盒、羧甲司坦片2盒、复方甘草片1瓶。

②心血管类:速效救心丸1瓶。

③平喘类：二羟丙茶碱片 1 盒。

④胃肠道类：多潘立酮片 1 盒、盐酸檗碱片 1 瓶、口服补液盐 2 袋、氢氧化铝复方制剂 1 袋。

⑤抗过敏类：盐酸异丙嗪片 1 盒。

⑥抗眩晕类：氢溴酸东莨菪碱片 1 盒。

⑦其他：云南白药 1 盒、蛇药片 1 盒、藿香正气丸 1 盒。

(2)外用药

①外伤类：湿润烧伤膏 1 支、碘伏 1 瓶、苯扎氯铵贴 1 盒。

②其他：氯霉素滴眼液 3 支、祛风油 1 瓶、复方丁香罗勒油(红花油) 1 瓶、松节油搽止痛膏 1 盒。

2)器械类

血压计 1 台、听诊器 1 个、体温计 2 支、袖珍手电筒 1 个、大剪刀 1 把、16cm 弯头止血钳 1 把、消毒棉(签、球)、医用胶带 1 卷、三角巾 2 个、无菌纱布 1 包、无菌绷带 1 轴、弹力绷带 1 卷、橡胶止血带 2 根、无菌手套 2 副。

3)消毒剂

含氯消毒片剂或粉剂 1 瓶/包，用于环境及物品消毒，单独放置。

二、使用原则

1. 药箱配置

(1)甲类药箱配置：单程全程运行时间超过 4h、运行区间超过 1h 或总运行距离超过 1000km 的旅客列车。

(2)乙类药箱配置：客运车站或达不到上述条件的旅客列车。

(3)丙类药箱配置：沿线小站、工区。

各铁路局根据本局旅客列车使用药械的情况可适当增加药品及器械的配置数量。

2. 使用规定

(1)旅客列车

在旅客列车上遇到旅客患病时，通过列车广播向旅客中的医务工作者求助，列车红十字救护员带药箱到达现场，并对伤病员及时实施初步救护。红十字救护员在实行紧急救护时应将有关情况告知患者及同行旅客。在旅客列车通行中，箱内药品与器械仅限于车上人员突发疾病或创伤时简易救治使用。红十字救护员用药械后应当客观、详实地填写药械使用登记表，登记表应包含日期、药品名称、数量、发放人签名和使用人签名。

(2)客运车站

在车站遇到旅客患急重症需要紧急抢救时，应旅客要求或本人已神志不清时立即联系 120 急救中心。在 120 救护车到来之前，车站红十字救护员立即携带药箱到达现场，并对伤病员及时实施初步救护，同时通过车站广播向旅客中的医务工作者求助。红十字救护员在实行紧急救护时应将有关情况告知患者及同行旅客。箱内药品与器械限于在旅客候车期间突发疾病或创伤时简易救治。红十字救护员用药械后应当客观、翔实地填写药械使用登记表。

(3)沿线小站、工区

箱内药品与器械限于职工工作期间突发疾病或创伤时简易救治。红十字救护员用药械后应当客观、翔实地填写使用登记表。

(4)药械补充

各管理单位每月补充药械时,应携带上月的药械使用登记表及药械补充申领表。列车红十字药箱内的药械每次使用后,应在返乘时及时向客运段申领补充,确保在出乘时药械齐全。其他单位红十字药箱内的药械每月补充一次,如有特殊情况,药械用完可随时申请补充。

三、铁路红十字药箱管理

1. 放置地点与标识

旅客列车红十字药箱放置于列车医疗点,客运车站红十字药箱放置于候车室,工区放置方便使用的地方。放置红十字药箱的位置应设置紧急救护标识,明示紧急救护设施。紧急救护标识和药箱外标识统一使用红十字标识,如图 6-1 所示。

图 6-1　红十字标识

2. 使用证和清单目录

每个药箱内应有使用证和清单目录,使用证应有发证机构盖章,清单目录包括药品品名、数量及有效期,红十字药箱使用证,如图 6-2 所示。

铁路红十字药箱使用证
单位名称:
使用地址:
适用范围:旅客或铁路职工突发急病或创伤时,简易救治免费使用。
发证机关:　　　　　　　　　　(盖章)

图 6-2　铁路红十字药箱使用证

3. 管理人员

药箱由经过初级及以上红十字救护培训并取得合格证的红十字救护员专人负责管理,并及时检查药箱的完整性和有效期。上级管理部门适时对药箱的使用情况进行检查与指导。

4. 药品回收

使用单位不得随意丢弃过期药品,而应做好登记,交回给配备部门,由配备部门交回医药部门集中销毁,以防流入非法渠道。

四、现代救护

现代救护是指在事发的现场,对伤病员实施及时、有效的初步救护。

1. 现代救护特点

现代救护是立足于现场的抢救。在医院外的环境下,“第一目击者”对伤病员实施有效的初步紧急救护措施,以挽救生命,减轻伤残和痛苦;然后在医疗救护下或运用现代救护服务系统,将伤病员迅速送到就近的医疗机构,继续进行救治。

在发病的现场如家庭、道路、工作场所及其他医院外的种种环境下,几分钟、十几分钟,是抢救危重病人伤病员最重要的时刻,医学上称为“救命的黄金时刻”。在此时间内,抢救及时、正确,生命有可能被挽救,反之,则病情加重或生命丧失。现场及时、正确地救护,为医院的救治创造条件,能最大限度地挽救伤病员的生命并减轻伤残。

2. “第一目击者”

“第一目击者”是指在现场为突发伤害、危重疾病的伤病员提供紧急救护的人。

“第一目击者”包括现场伤病员身边的人(家属、同事、EMS 救护人员、警察、消防员、保安人员、公共场合服务人员等),平时参加救护培训并取得培训相关证书,在事发现场利用所学的救护知识、技能救助伤病员。

我国红十字会总会提倡大力普及现场救护知识的概念,让普通人群通过救护培训掌握初步的现场救护技术,从而在他们的参与下能够在“救命的黄金时刻”内展开有效的初步救护,为医院的救治创造条件,减少伤残的发生。

动车组列车乘务员是铁路客运组织的一线工作人员,应具备基本的现场救护知识。当动车组列车上发生旅客意外伤害等紧急情况时,列车乘务员应能迅速准确地做出反应,第一时间对旅客实施紧急救护,从而减轻旅客伤残和痛苦,甚至挽救生命。

3. 现代救护的“生命链”

“生命链”是针对现代社区、生活模式而提出的以现场“第一目击者”为开始,至专业急救人员到达进行抢救而组成的“链”。“生命链”越普及,危急伤病员获救的成功率就越高。

“生命链”(Chain ofsurvival)有四个互相联系的环节序列。因为对猝死抢救应争分夺秒,越早实施,效果越好,所以这四个环节称为早期,又称四个“E”。“E”是英文 Early 早期的字头,即早期识别求救、早期心肺复苏、早期心脏电除颤和早期高级生命支持。生命链中的任何一个环节进行得越及时、充分,效果就越好。

4. 我国红十字会的救护工作

近年来,随着社会主义市场经济体制的逐步完善,国家、政府对红十字会工作十分重视。中国红十字会及省市红十字会领导对救护这一充分体现人道、博爱的传统业务更加关注,对救护培训工作作了远期和近期的规划,大力开展救死扶伤、发扬人道精神的救护知识普及教育。无论是社会、公众,还是外国驻华机构以及在华工作生活学习的宾客师生,都充分肯定了我国红十字会组织举办的救护培训班,对颁发的培训证书的权威性和认同性也予以承认。

新世纪红十字会的救护工作展示了良好的前景并提出了新要求,需要我们树立救护新概念,准确地传授新知识、新技能。培训工作要与国际接轨,培训目的为人民服务。

复习思考题

1. 铁路红十字药箱的配备标准有哪些?

2. 简述铁路红十字药箱的使用原则。

3. 现代救护的特点是什么？

4. 现代救护“生命链”的四环节是什么？

第二节　心肺复苏

本节说明

本节主要学习心肺复苏技术的相关知识，是从事高铁旅客运输服务岗位职工及管理人员必须要掌握的知识部分。本节主要内容包括对心肺复苏技术的认知、心肺功能、心肺复苏步骤、心肺复苏有效的表现以及心肺复苏的终止条件。

教学建议

本节教学建议教师将学生进行分组，小组数量根据本节各任务工作场景需要设置。尽量模拟需要心肺复苏的旅客按照操作程序进行角色预想教学，提高学生理论联系实际的能力，并用多媒体视频或图片增加学生的感性认识。

任务实施

通过学习本节知识，教师可将学生分小组，运用相关理论知识自编案例进行角色扮演，模拟现场进行心肺复苏操作，落实实施心肺复苏的主要环节，各小组进行总结汇报，小组互评，教师进行适当点评。切实做到教、学、做一体化，提高学生运用理论知识解决实际问题的能力。

相关理论知识

一、心肺复苏的认知

心肺复苏术简称为CPR，是呼吸心搏骤停时所采用的一种急救技术。心肺复苏既是专业的急救医学，也是现代救护的核心内容，是最重要的急救知识技能。它是在人的生命垂危时采取的行之有效的一种急救措施。心肺复苏的目的是重建呼吸和循环，挽救生命。

急救的最基本目的是挽救生命，而危及生命片刻瞬间的则是心跳、呼吸的骤停。很多原因可以引起心跳呼吸骤停，但在日常生活中，最为常见的是心脏急症猝死，其他还有如触电、溺水、中毒、创伤等急症。如果此时争分夺秒，抓住抢救时机，对处在濒死阶段，呼吸、心跳即将停止或刚刚停止，或处在临床死亡阶段（俗称“假死状态”），而并未进入生物学阶段（“真死状态”）的病人，挽救生命（“复苏”）既是可能，也是必须。挽救心跳、呼吸骤停病人的方法，即心肺复苏法。

1. 实施心肺复苏的紧迫性

众所周知，人体内是没有氧气储备的。正常的呼吸，可以将氧通过血液循环输送到全身。如果由于心跳呼吸的突然停止，使得全身重要脏器发生缺血缺氧，尤其是大脑。大脑一旦缺血缺氧 4 ~6min，脑组织即会发生损伤，超过 10min 则会发生不可恢复的损害。因此，在 4 ~6min 内，最好是在 4min 内立即进行心脏复苏，在畅通气道的前提下进行有效的人工呼吸、胸外心脏积压，这样使带有新鲜氧气的血液到达大脑和其他重要脏器。

2.心跳呼吸骤停的判断

(1)突然意识丧失或抽搐。

(2)大动脉搏消失(触摸不到)。

(3)无呼吸。

3.终止心脏复苏的时间

现在国际上已有一个明确的规定，包括高级生物在内的有效连续抢救超过 30min 以上，病人仍未出现自主循环，则可以停止复苏。但是，在某些情况下也可适当延长 CPR，如病人身体基本状况较好，猝死的原因属于意外事故，尤其是落入冰水后。

二、心肺功能

呼吸系统由呼吸道组成。空气经过呼吸道到肺部，在此进行气体交换，摄取生命不可缺少的氧气，排除体内代谢产物 CO_2。机体与外界环境之间的气体交换过程称为呼吸。一般来说，人的呼吸运动都习惯地指气体吸入和呼出肺脏的过程。

(1)呼吸道

呼吸道由鼻、咽、喉、气管、支气管及分支组成，是气体进出的通道。

(2)肺

肺为气体交换的器官，位于胸腔内，纵隔的两侧左右各一，富有弹性，内含空气，其表面覆盖光滑、润滑的内外两层胸膜，形成完全封闭的、潜在性的、呈负压的胸膜腔，保证肺具有良好的张缩性。若胸膜破损，空气进入胸膜腔，使肺受压萎缩，就会导致呼吸困难。纵隔中有心脏、大血管、食管等组织器官。

经过支气管反复分析到末端为肺泡，是气道的终点。肺泡是无数个像葡萄珠一样的空泡，隔是由一层非常薄的、气体极易透过的扁平上皮细胞构成，有的为 $70m^2$ 的上皮表面，气体通过肺泡壁和细血管壁进行血液和肺泡内的气体交换。

(3)膈肌

膈肌为向上膨隆呈穹隆状扁肌，将胸腔与腹腔分隔，是重要的呼吸肌。当膈肌收缩时，穹隆圆顶下降，扩大的腔，空气进入肺内；当膈肌松弛时，穹隆圆顶上升，缩小胸腔，肺内气体呼出。

(4)呼吸机理

机体的呼吸过程是通过外呼吸(肺呼吸)、气体在血液内的输送和内呼吸(细胞呼吸)来完成的。进入肺脏的氧气，由肺泡入毛细血管；组织细胞呼出的 CO_2，从毛细血管到达肺泡，肺脏经过“吐故纳新”生，血液携带着新鲜的氧气流遍全身，供应细胞的需要，进行极其重要的生命活动。

三、心肺复苏步骤

“第一目击者”对呼吸心搏骤停的伤病员实施心肺复苏的具体步骤概括如下。

1.判断意识

救护员先在伤病员耳边大声呼唤："喂！你怎么了？"再轻拍伤病员的肩部，婴儿拍击足跟。如果伤病员对呼唤、轻拍无反应，婴儿不能哭泣，可判断为无意识，如图6-3所示。

2.高声呼救

（1）列车呼救：边抢救边报告列车长，由列车长广播找医生，并通知有关部门和组织抢救。

（2）现场呼救：当判断伤病员意识丧失，应该寻求他人帮助，在原地高声呼救："快来人啊，救命啊！有人晕倒了，我是救护员，请这位先生（女士）快帮忙拨打急救电话，有会救护的人员请和我一起来救护！"如图6-4所示。

图6-3　判断意识图解

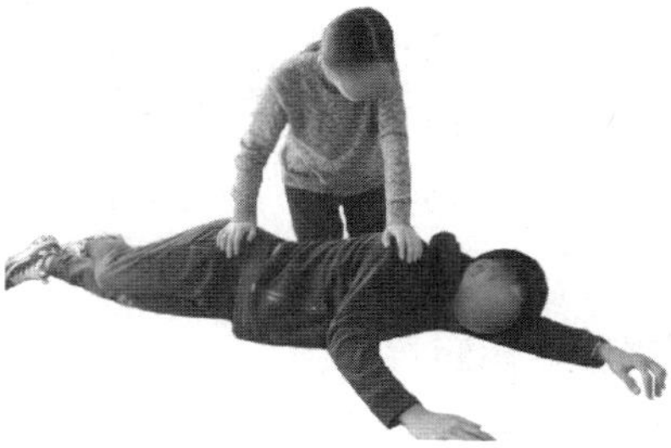

图6-4　高声呼救图解

3.救护体位

对于呼吸心搏骤停的伤病员应将其翻成仰卧姿（心肺复苏体位）势，放在坚硬的平面上，如图6-5所示。救护员需要在检查后，进行心肺复苏。若伤病员没有意识但有呼吸和循环，对伤病员应采用侧卧体位（复原卧位），有利于分泌物从口中流出，如图6-6所示。

注意：不要随意移动伤病员，有颈部外伤者需翻身时，为防止颈髓损伤，另一人应保持伤病员头颈部与身体在同一轴线整体翻转，做好头颈部的固定。

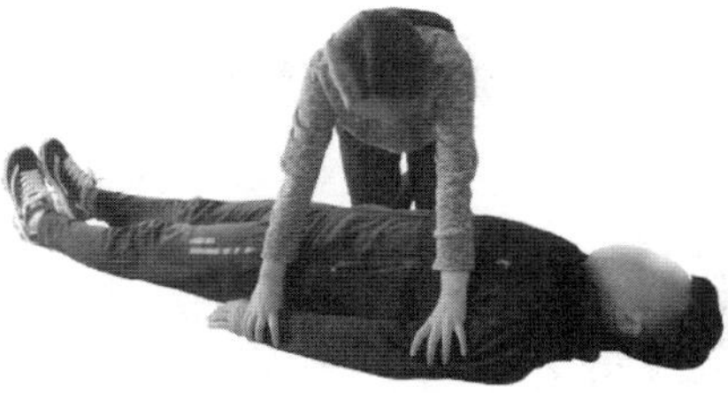

图6-5　摆放体位图解

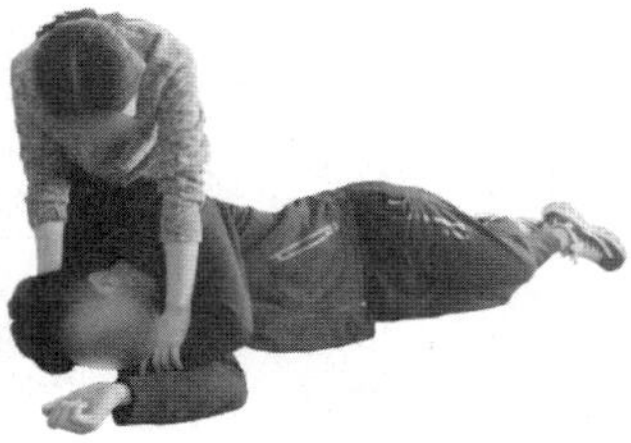

图6-6　侧卧体位图解

4.打开气道

伤病员呼吸骤停后，口腔内的舌肌松弛后坠而阻塞呼吸道。采取开放气道的方法，可使阻塞呼吸道的舌根上提，使呼吸道畅通。

用最短的时间，先将伤病员的衣领、领带、围巾等解开，戴上手套迅速清除伤病员口鼻内的污泥、土块、痰、呕吐物等异物，以利于呼吸道畅通；再将气道打开。

救护员用仰头举颌法打开气道。救护员用一手的小鱼际（手掌外侧缘）部位置于伤病员的前额，另一手食指、中指置于下颌将下颌骨上提，使下颌角与耳垂的连线和地面垂直，如图6-7所示。救护员手指不要深压颌下软组织，以免阻塞气道。

5. 判断呼吸

检查呼吸,救护员将伤病员气道打开,利用视、听、感觉,判断伤病员有无呼吸,如图 6-8 所示。

方法:侧头用耳听伤病员口鼻有无呼吸声(一听);用眼看胸部或上腹部随呼吸有无上下起伏(二看);用面颊感觉有无呼出气流拂面(三感觉)。如果伤病员的胸廓没有起伏,没有气体呼出,没有呼吸声音,伤病员即不存在呼吸。判断呼吸时间不能少于 5 ~ 10s。

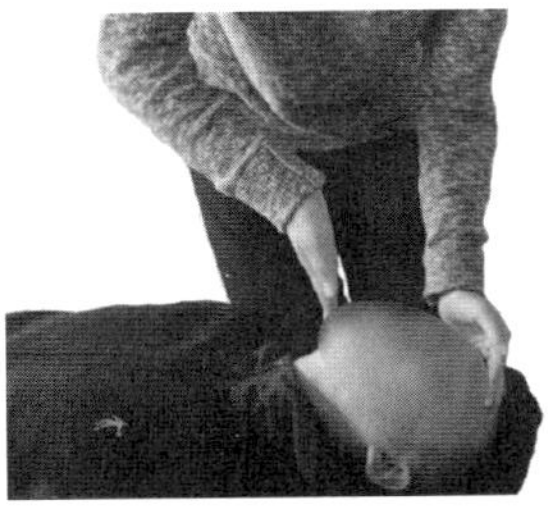

图 6-7　打开气道图解

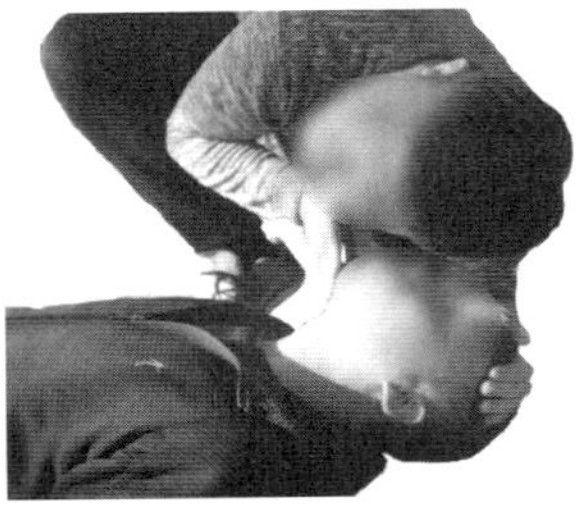

图 6-8　判断呼吸图解

6. 人工呼吸

救护员将放在伤病员前额,手的拇指、食指捏紧伤病员的鼻翼,吸一口气,用双唇包严伤病员口唇,缓慢持续将气体吹入,如图 6-9 所示。

吹气时间为 1s 以上。吹气量 700 ~ 1100mL,吹气频率为 12 次/min(每 5s 吹一次)。正常成人的呼吸频率为 12 ~ 16 次/min。

注意事项:

(1)人工呼吸要在气道开放的情况下进行。

(2)向病人肺内吹气不能过急,仅需胸部略有隆起即可,吹气量不能过大,避免过度通气引起胃扩张。

(3)吹气时间以占一次呼吸周期的 1/3 为宜。

7. 检查循环体征

判断心跳(脉搏)应选大动脉测定脉搏有无搏动。成人及儿童触摸颈动脉,婴儿触动肱动脉,在 5 ~ 10s 内判断伤病员有无心跳,如图 6-10 所示。

图 6-9　人工呼吸图解

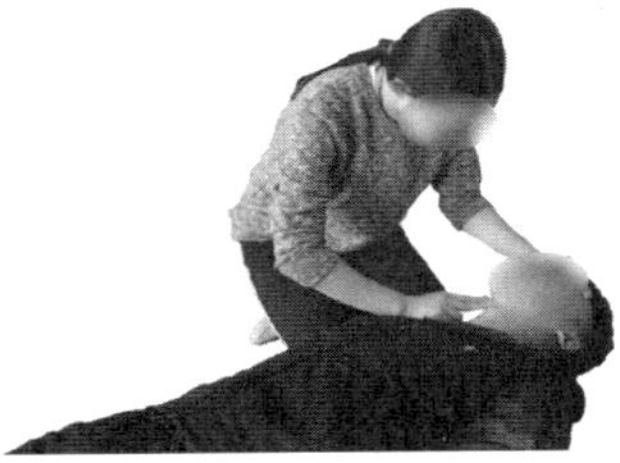

图 6-10　循环检查图解

8. 胸外心脏按压

判断病人无意识、无大动脉搏动,可立即对病人实施心脏按压。

按压部位:胸部正中两乳连接水平,胸骨下 1/2 处,如图 6-11 所示。

按压方法:

(1)救护员用一手中指沿伤病员一侧肋弓向上滑行至两侧肋弓交界处,食指、中指并拢排列，另一手掌根紧贴食指置于伤病员胸部。

(2)救护员定位之手放在另一只手的手背上，双手掌根同向重叠，十指相扣，掌心翘起，手指离开胸壁。

(3)救护员上半身前倾，双肩位于双手的正上方，双臂伸直，上半身前倾，以髋关节为支点，借助上半身的体重和肩臂力量，垂直向下、用力、有节奏地按压30次，下压深度4~5cm，按压频率100次/min。正常成人脉搏每分钟60~100次。

(4)按压与放松的时间相等，放松时保证胸壁完全复位，掌根不要高开胸壁，如图6-12所示。

注意事项：按压与通气之比为30:2，做5个循环后可以观察一下伤病员的呼吸和脉搏。

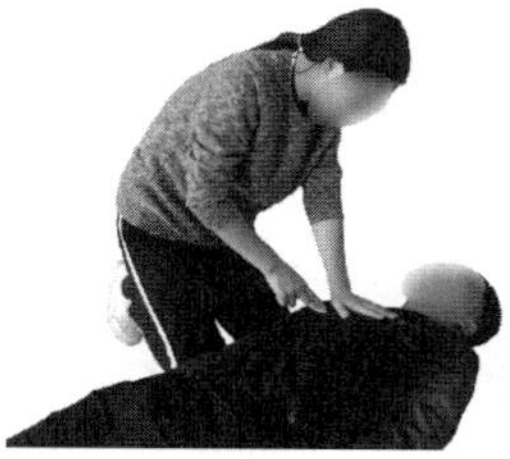

图6-11　胸外心脏按压图解

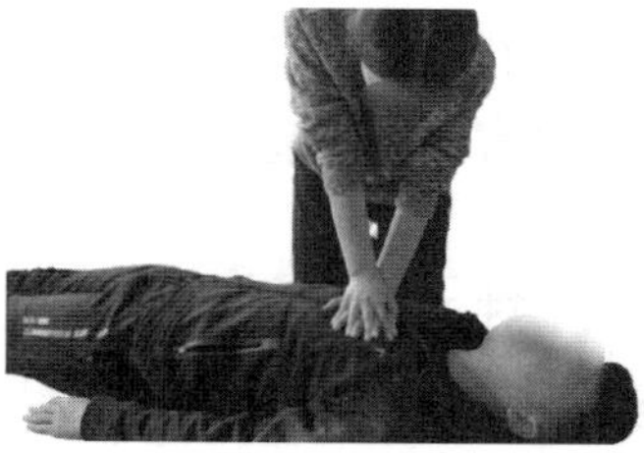

图6-12　胸外心脏按压图解

成人、儿童、婴儿心肺复苏比较，见表6-1。

心肺复苏成人、儿童、婴儿比较表　　表6-1

程　序		成　人	儿童(1~8岁)	婴儿(1岁以内)
判断意识		呼喊、轻拍	呼喊、轻拍	拍击足底、捏掐上臂
开放气道		头部后仰呈90°	头部后仰呈60°	头部后仰呈30°
吹气	方式	口对口、口对鼻		口对口鼻
	量	胸廓隆起	胸廓隆起	胸廓隆起
	频率	10~12次/min	12~20次/min	12~20次/min
检查脉搏		颈动脉		肱动脉
胸部按压	部位	胸部正中乳头连线水平(胸骨下1/2处)		胸部正中紧贴乳头连线下方水平
	方式	双手掌根重叠	单手掌根	中指和无名指
	深度	4~5cm	2.5~4cm	1.5~2.5cm
	频率	100次/min	100次/min	100次/min
按压与吹气比例		30:2	30:2	30:2

CPR各步骤操作时间，见表6-2。

CPR各步骤操作时间表　　表6-2

时间(s)	程　序	重　点
4~10	判断意识、高声求助、体位	检查时，回忆CPR程序
10	开放气道、检查呼吸	检查呼吸必须先畅通气道
5	吹气两次的人工呼吸	注意胸部起伏

续上表

时间(s)	程　序	重　点
5 ~ 10	检查脉搏	不要花费更长时间
30 ~ 40	实施胸外心脏按压、人工呼吸 30:2	挤压定位正确
10	检查呼吸、循环体征	如无呼吸、脉搏、继续 CPR
继续 CPR,每五个周期(约 2min)停 10s 检查呼吸、脉搏		

四、心肺复苏有效的表现

如果救护实施 CPR 救护方法正确,又有以下征兆时,表明 CPR 有效。

(1)面色、口唇由苍白、青紫变红润。

(2)恢复脉搏搏动、自主呼吸。

(3)瞳孔由大变小、对光反射恢复。

(4)眼球能活动,手脚抽动,呻吟。

五、心肺复苏的终止条件

现场的心肺复苏应坚持连续进行,检查呼吸、循环体征应在 5 个心肺复苏周期后进行,检查时间不能超过 10s。如有以下各项,可考虑停止:

(1)患者自主呼吸及脉搏恢复。

(2)有他人或专业急救人员到场接替。

(3)有医生到场确定伤病员死亡。

复习思考题

1. 如何判断心搏骤停?
2. 简述心肺复苏的操作步骤。
3. 心肺复苏有效的表现有哪些?
4. 心肺复苏的终止条件是什么?

第三节　创 伤 救 护

本节说明

本节主要学习创伤救护的基本技术,是从事高铁旅客运输服务岗位职工及管理人员必须要掌握的知识部分。本节主要内容包括止血、包扎、固定、搬运四项基本技术。

教学建议

本节教学建议教师将学生进行分组,小组数量根据本节各任务工作场景需要设置。

尽量模拟旅客发生意外创伤需要救护的旅客实施止血、包扎、固定、搬运四项基本技术进行角色预想教学，提高学生理论联系实际的能力。用多媒体视频或图片增加学生的感性认识。

任务实施

通过学习本节知识，教师可将学生分小组，运用相关理论知识自编案例进行角色扮演，模拟现场进行止血、包扎、固定、搬运技术操作，落实实施创伤救护的主要环节，各小组进行总结汇报，小组互评，教师进行适当点评。切实做到教、学、做一体化，提高学生运用理论知识解决实际问题的能力。

相关理论知识

创伤是指致伤因素作用下造成的人体组织损伤和功能障碍。创伤轻者造成体表损伤，引起疼痛或出血；创伤重者导致功能障碍、致残，甚至死亡。

创伤以严重创伤、多发伤和同时多人受伤为特点。严重创伤可造成心、脑、肺和脊髓等重要脏器功能障碍，出血过多会导致休克甚至死亡。创伤现场救护要求快速、正确、有效。对于创伤的急救，前10min最关键，被称为“黄金10min”。正确的现场救护能挽救伤病人生命、防止损伤加重和减轻病人痛苦，反之，可加重损伤，造成不可挽回的损失，乃至危及生命。因此，普及创伤现场救护知识和技术十分重要。

创伤救护主要包括止血、包扎、固定和搬运四项基本技术。

一、止血技术

在各种突发创伤中，常有外伤大出血的紧张场面。出血是创伤的突出表现，因此，止血是创伤现场救护的基本任务。有效的止血能减少出血，保存有效血容量，防止休克的发生。因此，现场及时、有效的止血，是挽救生命、降低死亡率，为病人赢得进一步治疗时间的重要技术。

血液是维持生命的重要物质。成人的血液约占自身体重的8%，大约每1kg体重拥有60～80mL血液。骨髓、淋巴是人体造血的“工厂”。止血的目的是控制出血，保存有效的血容量，防止休克，挽救生命。

1.出血类型

(1)根据出血部位的不同，可分为皮下出血、内出血和外出血。

①皮下出血：多因跌、撞、挤、挫伤，造成皮下软组织内出血，形成血肿、瘀斑，可短期自愈。

②内出血：人体深部组织和内脏损伤，血液流入组织内或体内，形成脏器血肿或积血，从外表看不见，只能根据伤病人的全身或局部症状来判断，如面色苍白、吐血、腹部疼痛、便血、脉搏快等来判断胃肠道等重要脏器有无出血。内出血对伤病人的健康和生命威胁很大，必须密切注意。

③外出血：人体受到外伤后血管破裂，血液从伤口流出体外。依据血管损伤的种类通常将出血分为三类，可以根据出血的情况和血液的颜色来判断。

(2)根据血管损伤的程度分类。

①小血管损伤出血:位于体表或肢端的表浅伤口仅损伤小血管和毛细血管,出血速度慢,出血量小。损伤的小血管会很快回缩,并通过自身凝血机制形成血栓而自行凝血。这类出血只需包扎即可达到止血目的。

②中等血管损伤出血:较深、较大的伤口,肌肉断裂、伤口碾锉,长骨干骨折,肢体离断等损伤中等动脉,呈活动性出血,出血较多,可出现休克,如果救护及时一般不危及生命。采用指压、包扎止血法可达到止血目的,必要时可上止血带。

③大血管断裂出血:颈动脉、股动脉、液动脉断裂出血呈喷射性,肝脾破裂、骨盆骨折出血量均大,短期内出现休克,甚至死亡。大血管损伤时,指压止血是挽救生命的关键措施,不要结合包扎止血法止血。现场急救的同时要紧急呼吸 EMS 并特别说明伤势。

2. 止血材料

(1)止血带:胶带、气囊止血带和布带等。

(2)纱布、绷带。

(3)其他材料:干净的毛巾、衣服、手帕。

(4)救护人员的手指。

3. 止血方法

(1)直接压迫伤口止血。这是现场急救中应用机会最多、最易掌握、最快捷、最有效的即刻止血方法,用于小动脉、静脉、毛细血管的出血。伤口覆盖敷料、手帕等后,以手指或手掌直接用力压迫,一般压迫数分钟后,出血往往可以停止,然后加压包扎。

(2)加压包扎止血。伤口覆盖较厚敷料后,再用绷带或三角巾等适当增加压力包扎。包扎完毕,过数分钟后,两侧肢体末端对照,如果伤侧远端出现青紫、肿胀,说明包扎过紧,应重新调整松紧度。

(3)填塞止血。用于腹股沟、腋窝、鼻腔、宫腔出血以及管伤、贯通伤组织缺损等。用无菌或洁净的布类填塞伤口,填满填紧后再选用加压包扎止血法。

(4)止血带止血。这种方法是用于四肢大动脉破裂大出血时的重要救命方法。

方法:使用布带或者胶管止血带进行止血时,先垫保护软垫;在伤口的近心一侧捆扎带子,布带法以短棍插入带子内绞动,使带子变紧增压,绞至伤口出血停止即可。

止血带的位置:上臂的上 1/3 段或大腿的上段。

操作过程:

①局部先加保护垫。

②捆扎带子加小棒。

③绞动小棒使带子紧缩。

④绞紧固定小棒。

⑤记录止血带安放时间。

注意事项:

①记录时间。

②一个小时放松 1 ~ 3min,放松后如果不出血即可改加压包扎;还有出血的可用手指压迫,然后再次上带,但要改在原来部位稍下方。

③不能用电线、铁丝等很细的带状物体来止血，防止损伤肌肤组织。

二、包扎技术

包扎是创伤现场急救的重要措施之一。受伤部位经过有效的止血后，均应进行及时、正确的包扎。

1. 包扎的目的

(1)包扎时施加压力，可起到止血作用。

(2)保护伤口，避免再损伤与再污染。

(3)固定敷料与夹板。

(4)扶托伤肢、减轻痛苦，心理安慰。

2. 包扎材料

创可贴、纱布绷带；三角巾；被单、衣服和布条。材料最好应该清洁或无菌。

3. 包扎的使用原则及注意事项

(1)绷带内侧面朝上。

(2)包扎四肢由内而外、由下而上。

(3)松紧适度。

(4)起始端及结尾重复两圈固定。

(5)露出肢体末端，以便观察血液循环。

(6)绷带收尾于外侧。

4. 常用的包扎方法

本节主要介绍绷带与三角巾的包扎方法，这两种方法最为实用、用途最广泛。

(1)绷带包扎法。

①环形包扎法。绷带稍斜放于伤口处，做第二周缠绕后，将第一周斜出的一角反折，再继续缠绕第三、第四周，将斜角压住，然后继续缠绕，每一周压住前一周，如图6-13所示。这种方法主要用于包扎胸部、踝部、颈部、额部及身体其他粗细相近的部位以及各种绷带包扎方法的起始端，是最基础的包扎方法。

②螺旋包扎法。包扎时先按环形包扎法包扎二、三周后，再斜形向上继续缠绕，每周压前一周的约2/3，如图6-14所示。这种方法主要用于包扎四肢。

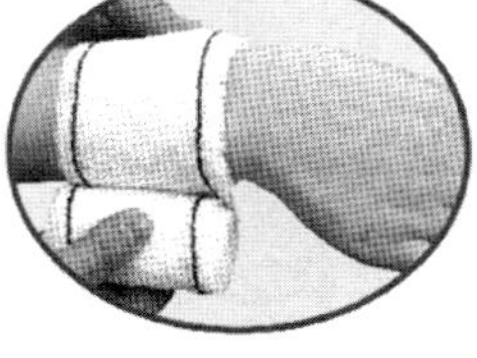

图6-13　环形包扎法图解

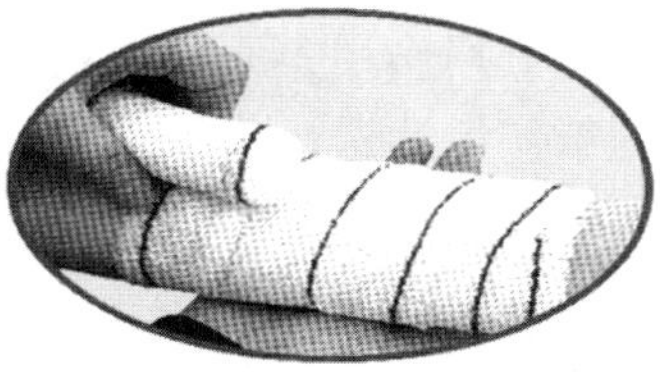

图6-14　螺旋包扎法图解

③螺旋反折包扎法。先按环形包扎法固定起始端，再按螺旋包扎法包扎，但每周将绷带反折一次；反折时，以一手拇指按压住绷带正好正中处，另一手将绷带向反折，再继续如此包扎；最后，固定末端，如图6-15所示。这种方法主要用于包扎前臂、小腿等粗细不等的部位。

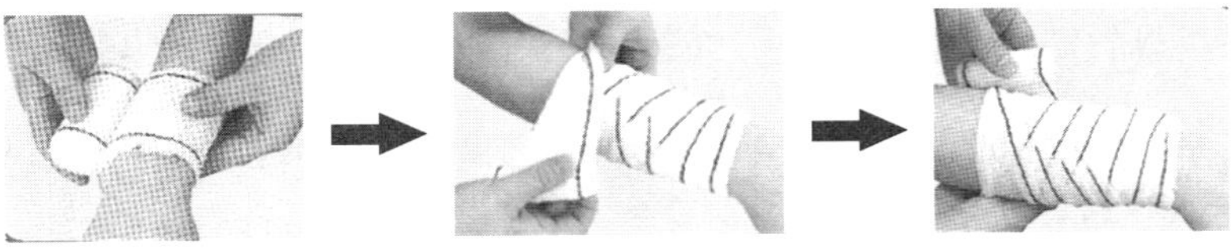

图 6-15　螺旋反折包扎法图解

(2)三角巾包扎。三角巾面积大,适用于各个部位的包扎,操作简便快捷,但不便加压,故压迫止血效果不好。

①头顶帽式包扎法。抢救者站在伤员身后,将三角巾的顶角对正后正中线;底边向内折叠约两横指宽,置于前额齐眉处,将两侧底角分别经两耳上方拉向枕部,在枕骨粗隆下方交叉,压紧顶角,再绕到前额,在眉毛上方打结;然后拉紧顶角,将其折叠并塞入两底角交叉处,如图 6-16 所示。

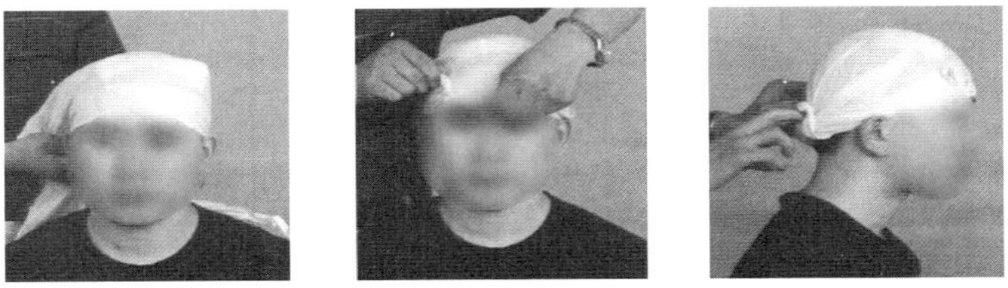

图 6-16　头顶帽式包扎法图解

②燕尾式包扎法。将三角巾顶角(偏左或偏右)和底边近中央点处(偏左或偏右)折叠成燕尾式巾,其间角根据需要而定,一般上肢为 65°～85°,下肢为 90°,包扎胸部时,间角对准胸骨上窝,然后将燕尾底边围胸于背后打结,将打结头向上与两燕尾角在肩上打结即可,如图 6-17所示。结扎带不够长时,可在折叠后的底边中点处或顶角处接带子,以便绑扎。

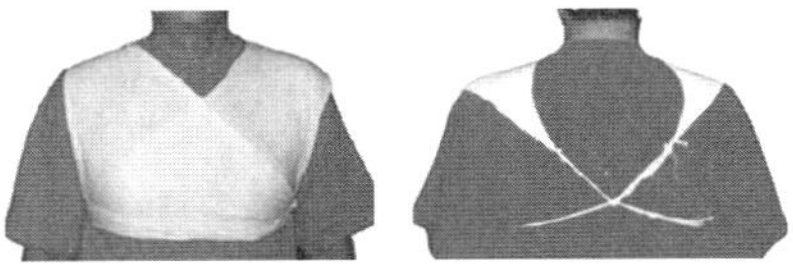

图 6-17　燕尾式包扎法图解

三、固定技术

固定对骨折、关节损伤和大面积软组织损伤等能起到很好的制动作用,可以减轻痛苦、减少并发症,有利于伤员运送。

1. 常用固定材料

(1)制式夹板。制式夹板是指按照一定规格由工厂批量生产的固定材料,常用的有木制夹板、聚酯夹板和较新的有充气夹板。制式木夹板最为妥善,有各种宽度和长度,以适合伤肢固定。

(2)就便器材。当制式夹板不够用时,可以就近寻找适用材料固定,也可利用伤员胸部、健肢或木棒、树枝、竹竿等代替夹板,上肢可利用厚纸板、画册、报纸、杂志等。

夹板固定适用于四肢长骨骨折的现场救护,具有固定可靠、防止再损伤、便于运送伤员等。

2. 固定目的

骨折的局部表现为明显疼痛、肿胀、压痛和功能障碍；出现畸形或反常活动；骨折断端摩擦音或摩擦感。

骨折固定的目的是减少伤病人的疼痛，避免损伤周围的组织、血管、神经，减少出血和肿胀，防止闭合性骨折变为开放性骨折，便于搬运病人。

3. 固定原则

（1）能够固定骨折就可以。

（2）避开伤口操作。

（3）夹板长度超过上下两个关节。

（4）突起的部位加软垫。

（5）固定时候肢体的远端应外露。

4. 几种骨折的固定方法

（1）前臂骨折固定方法。夹板放到臂下，超过前后两个关节，先固定骨折上端，轻轻地包好，再固定下端，拿宽一点的带子连关节固定，拿三角巾进行悬吊，大臂悬吊。站在伤员对侧，三角巾垫下，结打在受伤部对侧脖下，不可打在颈椎上，末端肢体露出，多余带子收起，如图 6-18 所示。

（2）上肢的上臂骨折固定方法。需要两个三角巾，第一个折成四指宽将胳膊吊起固定，结打在脖子侧边，第二个布条宽度以上臂长为标准，不要太窄，自身固定，结打在侧边。打结时人要与结水平，不可过高。

询问伤员是否过紧，如图 6-19 所示。

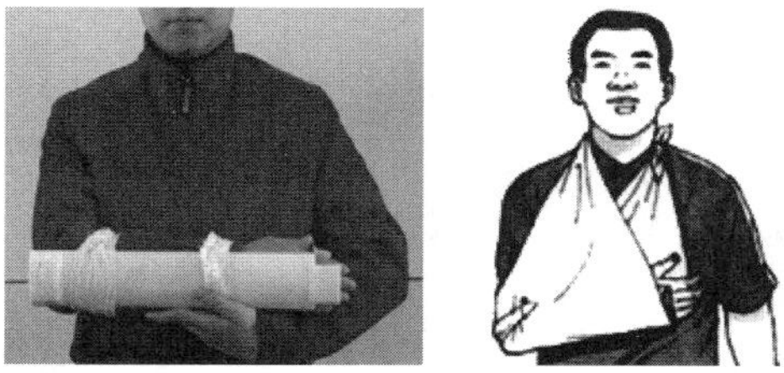

图 6-18　前臂骨折固定图解

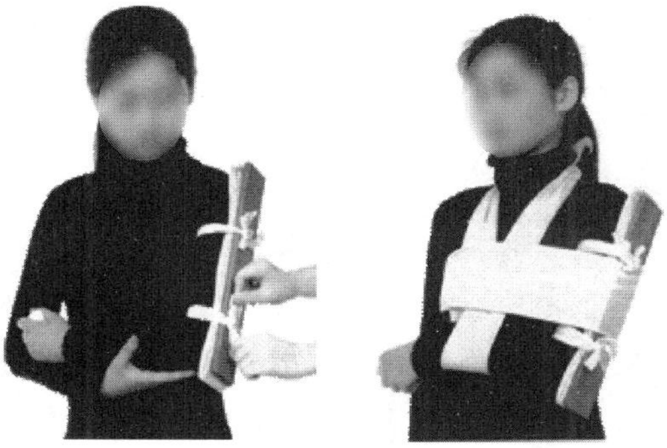

图 6-19　上肢的上臂骨折固定图解

（3）小腿骨折固定方法。用健肢脱鞋，扶住踝关节，鞋子往后往上拉掉，不能抬脚，健肢的鞋也是，伤肢的脚上袜子不能脱，从上剪开，露出脚趾便于观察血液循环。先固定骨折上端，再固定下端，三根带子一起从膝下穿过去，两腿间加垫，第一根带子固定骨折上端，第二根带子固定骨折下端，第三根带子固定骨折的上关节（膝关节很宽，所以把带子打开），结打在中间，最后再拿一根带子，把脚放到功能位，八字交叉法固定脚部。安排伤员躺好，鞋包好放在其头旁，如图 6-20 所示。

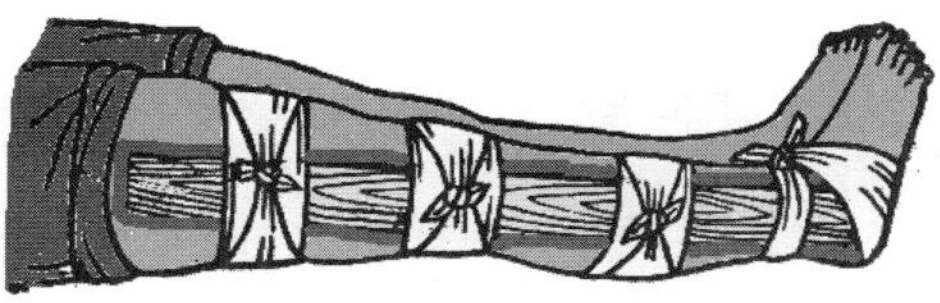

图 6-20　小腿骨折固定图解

(4)腰椎骨折固定方法。不能抱起,就躺在地上,如不会做处理可以不处理。颈椎和腰椎受伤要用硬担架。

5.注意事项

(1)尽量减少搬动,非医务人员不要做不必要的检查。

(2)如果有出血先止血再固定。

(3)刺穿伤口的折骨不要还纳。

(4)夹板长度要超过上下两个关节。

(5)先固定骨折上端(近心端)。

(6)关节突出部位与夹板之间要加垫。

(7)指尖或趾尖要暴露在外,以便观察末梢血液循环情况。

(8)运送中观察心跳、呼吸、神态。

四、搬运技术

1.搬运方法

扶持、抱、背、双人搬运、多人搬运、担架搬运、颈椎伤担架搬运、颈椎伤多人用手搬运。

2.搬运的注意事项

(1)搬运要平稳,避免加重损伤。

(2)脊柱有损伤的要保持脊柱轴位,防止拉伤加重。

(3)搬运时密切观察生命体征变化,及时调整止血带松紧度。

(4)病人应该固定在担架上,防止过度扭动和颠簸。

(5)搬运时动作要轻巧、迅速,避免不必要的震动,注意安全。

复习思考题

1.创伤救护的四项基本技术是什么?

2.根据出血部位的不同,出血类型分为哪几种?

3.根据血管损伤的程度不同,出血类型分为哪几种?

4.创伤救护常用的止血方法有哪几种?

5.常用的包扎方法有哪几种?

6.骨折固定的方法有哪几种?

第四节 应急抢救手语

本节说明

本节主要学习应急抢救手语,是从事高铁旅客运输服务岗位职工及管理人员必须要掌握的知识部分。本节主要内容有常用的身体部位手语以及手语的常用基本动作。

教学建议

本节教学建议教师将学生进行分组，小组数量根据本节各任务工作场景需要设置。尽量模拟需要手语的旅客进行角色预想教学，提高学生理论联系实际的能力。用多媒体视频或图片增加学员的感性认识。

任务实施

通过学习本节知识，教师可将学生分组，运用相关理论知识自编案例进行角色扮演，模拟现场需要手语的旅客进行手语动作和身体部位训练，落实实施应急抢救手语的主要环节，各小组进行总结汇报，小组互评，教师进行适当点评。切实做到教、学、做一体化，提高学生运用理论知识解决实际问题的能力。

相关理论知识

铁路每年承载着大量的旅客运输任务，旅客中会有一些因言语表达困难无法沟通的旅客。在应急抢救过程中，当旅客存在语言障碍或因现场情况造成语言沟通不便时，手语作为一种特殊的语言，是特殊情况下重要的交流方式。因此，铁路工作人员掌握基本手语技能，有利于在紧急情况下与旅客及时沟通，做出有效反应。

一、常用身体部位手语

在旅客运输服务过程中，如遇旅客身体不适，在了解情况时，需要与旅客对身体不适部位及症状进行沟通说明。因此，客运服务人员应懂得常用身体部位的手语表达方法，以便与言语障碍者及时进行有效交流，常用身体部位的手语，见表6-3。

常用身体部位的手语　　表6-3

序号	含　义	图　示	序号	含　义	图　示
1	身体：双手掌心向内，贴于胸部，向下微移，表示身体	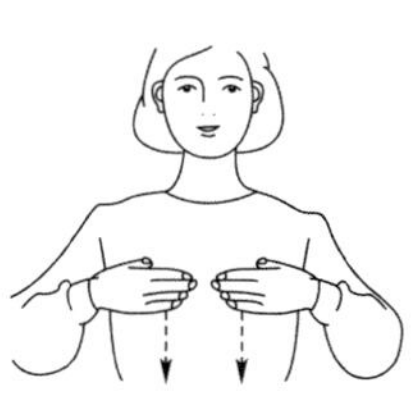	3	头（脑）：一手食指指向额部	
2	头发：一拇指、食指相捏揪一下头发		4	脸：一手五指并拢轻贴一下面额部	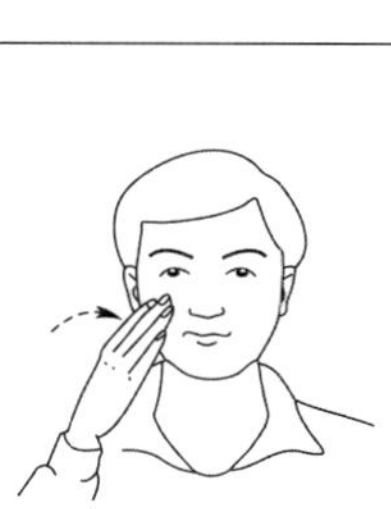

续上表

序号	含　义	图　示	序号	含　义	图　示
5	眼:一手食指指眼部	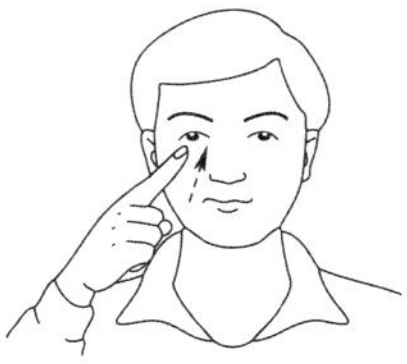	10	耳:一手食指指耳部	
6	鼻:一手食指指鼻子		11	口:一手食指沿口部转一圈	
7	舌:口张开,一手食指指一下伸出的舌头		12	牙齿:口张开,一手食指指一下牙齿	
8	喉:一手食指指咽部		13	食道: (1)一手食、中指横伸在嘴边划动,模仿用筷子吃饭状; (2)一手拇、食指捏成小圆圈,自喉部往下移	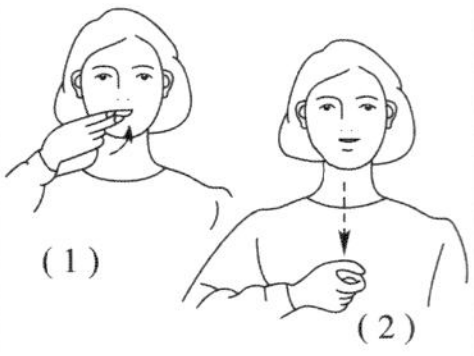
9	胸:一手食指指胸部		14	腰:一手食指指腰部	

续上表

序号	含　义	图　示	序号	含　义	图　示
15	腹:一手食指指腹部		20	手:左手横伸,掌心向下;右手掌拍一下左手手背	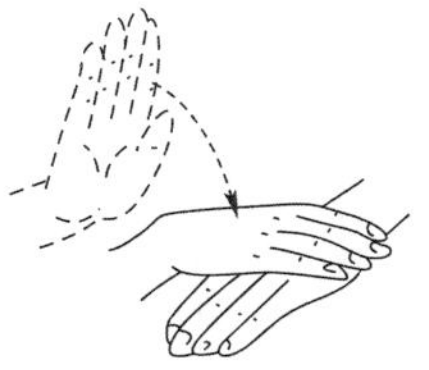
16	胳膊:左手横伸,屈肘握拳;右手掌自上而下摸一下左手臂	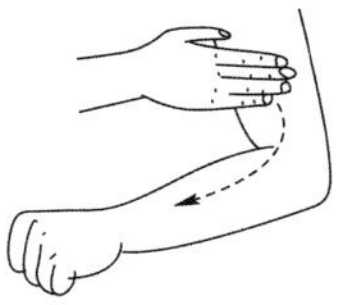	21	腿:自然站立,一手掌拍一下一侧大腿	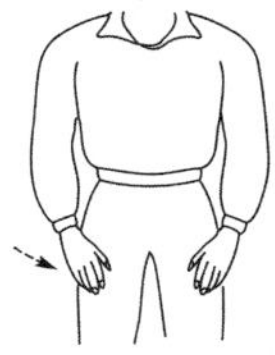
17	脚:左手平伸,手背向上,五指并拢;右手掌在左手背上从前向后摸一下	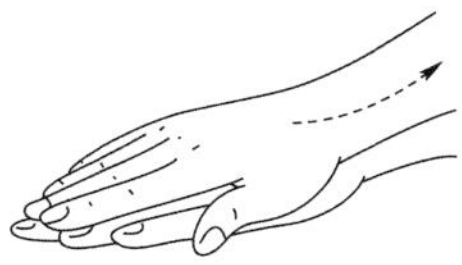	22	心:双手拇、食指搭成"口"形,贴于胸部	
18	肺:双手指尖朝下,掌心贴于胸两边,表示肺		23	肝:左手食、中指与右手食指搭成"干"字形,置于腹部肝脏部位	
19	胆:右手先打手指字母"D"的指式,然后拇、食指捏成小圆圈,虎口向外,置于右肋下部位		24	肠:一手拇、食两指捏成小圆圈,在腹部绕两圈	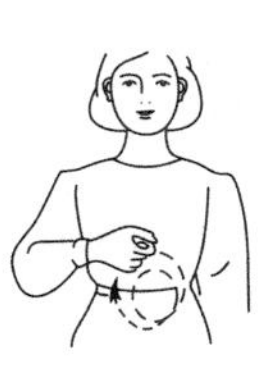

续上表

序号	含 义	图 示	序号	含 义	图 示
25	胃:一手掌心贴于上腹部		28	肾:一手打手指字母“SH”的指式,然后伸食指指一下肾部	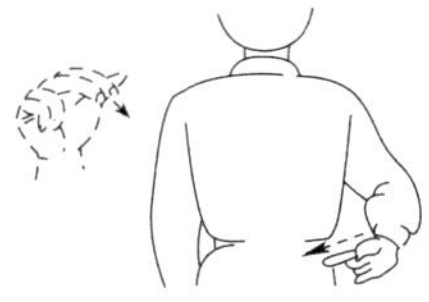
26	皮肤:左手横伸,手背向上;右手拇、食指捏一下左手背的表皮		29	骨:左手握拳,手背向上;右手食指弯曲,指尖点一下左手背腕关节处	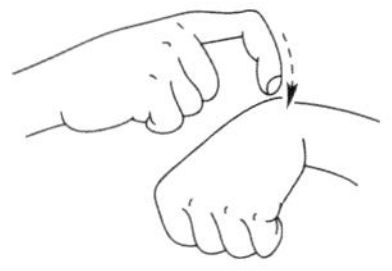
27	神经:右手食指指尖自头部向耳、面颊、肩部下划,表示身体的神经脉络		30	血管: (1)一手打手指字母“H”的指式,摸一下嘴唇; (2)左手平伸;右手掌贴于左手背,然后向左手指尖方向移动; (3)右手食指指尖沿左手臂自上而下做曲线移动,表示血管	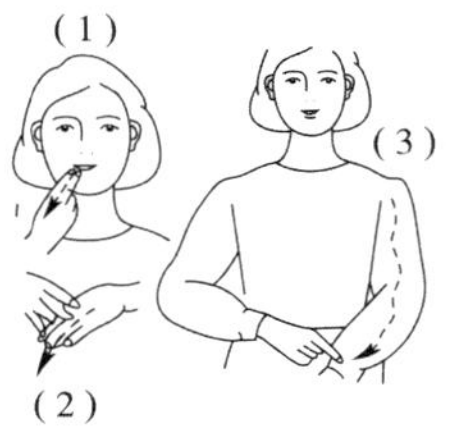

二、常用基本动作

在高铁旅客运输服务应急抢救过程中,需要客运服务人员与被救助旅客进行沟通,而有的时候,救助工作也需要其他旅客的配合。因此,客运服务人员应懂得常用基本动作的手语表达方法,以便于与言语障碍者及时进行有效交流,了解事件发生缘由、说明救助方法,或在紧急情况下获取言语障碍旅客的帮助,见表6-4。

常用基本动作 表6-4

序号	含 义	图 示	序号	含 义	图 示
1	拔:左手食指直立;右手食、中指弯曲夹住左手食指,然后边左右扭动边向上提,如拔钉子状(可根据实际模仿拔的动作)		2	摆: (1)一手五指并拢朝下,手背朝外,左右摆动几下,表示摆动之意; (2)双手平伸,掌心向上,然后左手不动,右手向右侧一顿一顿移动,表示摆放之意(使用时根据词义选择其中一种手势)	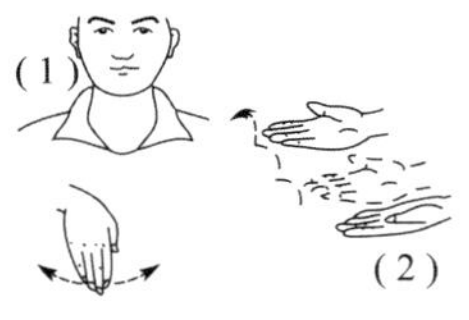

续上表

序号	含　　义	图　　示	序号	含　　义	图　　示
3	扳:右手握紧拳头,用力向一侧动两下(可根据实际模仿扳的动作)		8	搬:双手五指成“[ ]”形,间隔约 20cm,然后同时由下向上移动,如搬物状(可根据实际模仿搬的动作)	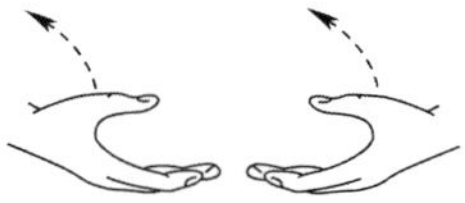
4	搬运: (1)同“搬”手势; (2)双手横伸,掌心向上,指尖相对,同时向一侧移动	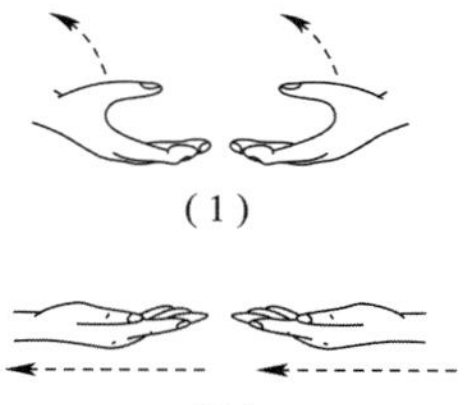	9	绊:左手食指横伸;右手食、中指朝下置于左手食指内侧,然后向外歪动一下(可根据实际模仿绊的动作)	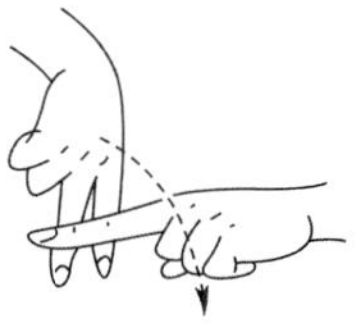
5	绑:左手打手指字母“B”的指式;右手拇、食、中指相捏,在左手上绕几圈(可根据实际模仿绑的动作)	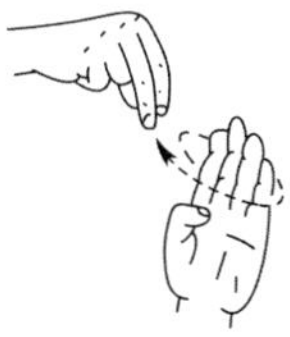	10	包(包装):双手平伸,掌心向上,然后交替翻动,手指相叠,如包物品状(可根据实际模仿包的动作)	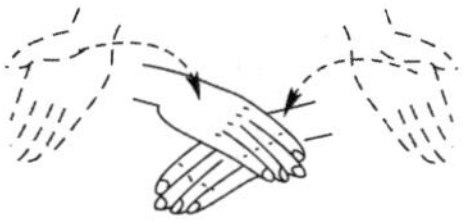
6	抱(搂):双手侧立五指微曲张开,从两侧向中间合拢,如拥抱状(可根据实际模仿抱、搂的动作)	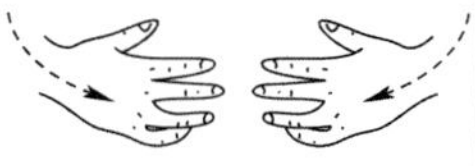	11	背:双手虚握,一上一下,置于胸前,上身向前微倾,如背东西状(可根据实际模仿背的动作)	
7	拔:左手掌心向上;右手拇指贴于掌心,其余四指并拢,指尖朝下立于左手指尖处,然后向外划动几下(可根据实际模仿拔的动作)	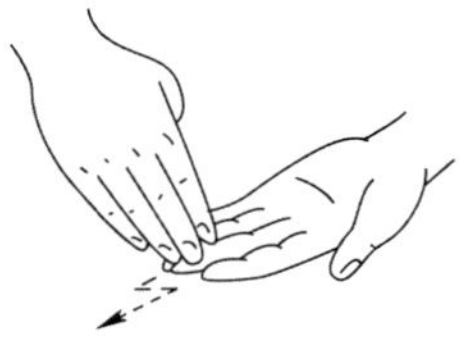	12	插:左手直立,掌心向右;右手食、中指并拢,插入左手中;无名指指缝(可根据实际模仿插的动作)	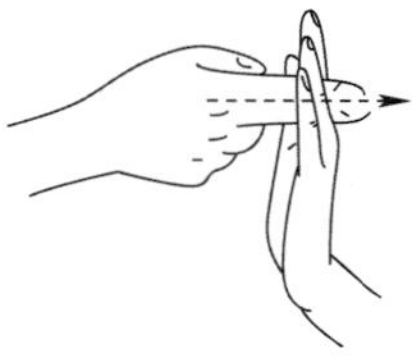

续上表

序号	含　　义	图　　示	序号	含　　义	图　　示
13	缠(绕):左手伸拇、小指;右手拇、食、中指相捏,指尖朝下在左手拇指上绕两圈(可根据实际模仿缠的动作)	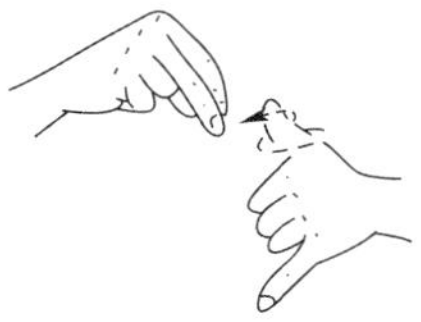	18	尝:一手拇、食、中指相捏,指尖朝上,由下而上移至嘴边,同时嘴微动几下(可根据实际模仿尝的动作)	
14	挠(搔、痒):一手五指弯曲,在另一手背上抓几下(可根据实际模仿挠、搔的动作)	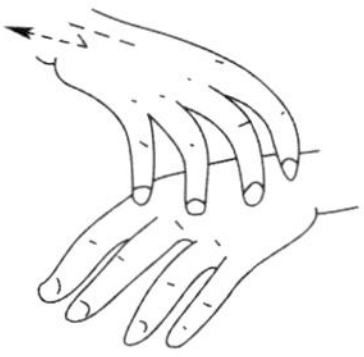	19	能(可以、可能):一手直立,掌心向外,然后食、中、无名、小指弯曲一(或两)下	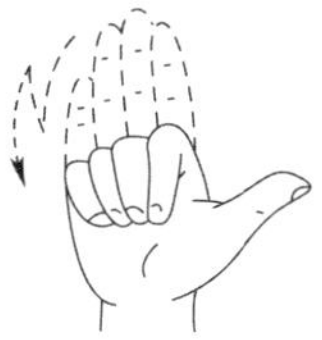
15	不能(不许、不行):右手食指横伸,用力向下一甩(可根据实际模仿不能的动作)		20	拧:一手虚捏,虎口朝前,做拧动动作(可根据实际模仿拧的动作)	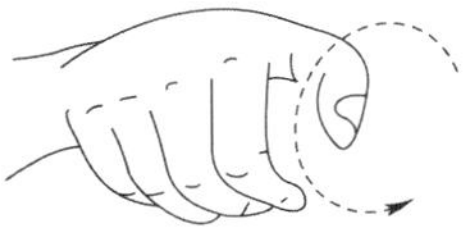
16	捏:一手拇、食、中指指尖朝下先张开,然后捏在一起(可根据实际模仿捏的动作)	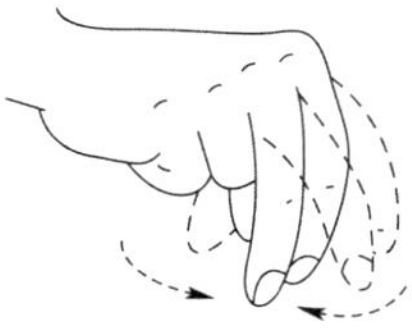	21	趴:双小臂横伸相搭,头歪向一侧,置于手臂上(可根据实际模仿趴的动作)	
17	爬(攀):双手手背向内,五指张开,一前一后(或一上一下)做爬动(或攀登)状(可根据实际模仿爬、攀的动作)	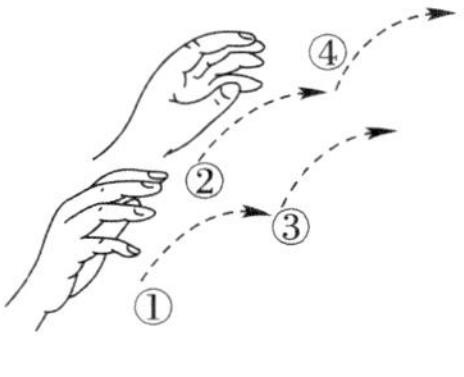	22	拍:一手平伸,掌心向下,上下拍动几下(可根据实际模仿拍的动作)	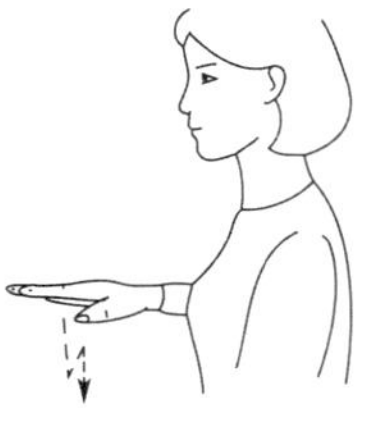

【案例 6-3】　细微服务，温暖人间

20××年6月1日，D5484次列车从南京南站开车后，列车员小唐开始查验车票，当查验到与6号车厢用相邻的5号车厢通过台处时，一名旅客一脸疑惑地望着小唐，并没有出示车票。小唐微笑地说道："您好，打扰一下，列车正在组织查验车票，麻烦出示一下车票。"他指指耳朵，摇了摇手。小唐顿时明白原来他是一位聋哑旅客，于是指了指旁边旅客手里的车票。他会意后，急忙从口袋里掏出车票，小唐核对了他的车票见是到杭州南下车，便掏出纸和笔，写下了到站时间，另外还写了"到站前我会提醒你"一行大字。他弯了弯大拇指，表示感谢。"不客气，这是我应该做的。"小唐用手语回答，心里感到甜甜的，特别有成就感。

【案例 6-4】　爱在人间，爱在高铁

20××年12月17日，G7382次列车餐车领班小张推小推车下车厢销售快餐盒饭，当走到5号车厢时，看到一小伙正趴在厕所间呕吐。"先生，需要给您倒杯水吗?"小伙子仰起头比画着，一句话也没说。原来他是一位聋哑旅客。小张连忙找来一个纸杯给小伙子倒了一杯热水，然后把小伙子带到餐车。为他找了个座位，又拿了几个橘子给他。"先生，晕车吃点酸的，会舒服些。"小张用手语对他说。小伙子连连点头，眼睛湿润了。与人为善无须语言，只需付出热情，那么，只要一个眼神，一个手势，就足以让人感受到有一颗赤诚的心在他面前跳动。但有的时候，碰到复杂的叙述交流，列车员的手语会卡壳，但不要紧，有纸和笔！

【案例 6-5】　为聋哑旅客服务有绝招

20××年12月20号，G3次列车北京南站放客时，16号车厢上来一对年轻夫妇，妈妈抱着一个婴儿，爸爸提着大大小小6件行李，正费力地往车上搬。列车员苗苗看见后，忙上前帮他们提拿行李，摆放妥当，又按车票信息引导他们就座。"您好，列车到达上海虹桥站的时间是18:48。"苗苗微笑着对他们说。可夫妻俩没有回应。苗苗又重复了一遍。只见夫妻俩开始比画起来，原来他们是聋哑旅客。可是手语苗苗只学了一点皮毛，很多意思还不会表达，但苗苗在服务聋哑旅客时也有绝招。只见她掏出随身携带的笔和纸，在上面认认真真地写道："您好，本次列车到达上海虹桥站的时间是晚上18:48。"年轻爸爸接过笔，写道："谢谢。"并微笑示意。列车启动后，苗苗送上了矿泉水和小点心。由于他们的座位在观光区第二排，座椅不能调节，婴儿感到不适哭闹起来，苗苗指导妈妈把婴儿平躺放在观光区座椅上(两个座椅挨着的)，让妈妈在边上轻轻地拍婴儿小肚子的方式安抚着婴儿。又请婴儿的爸爸坐到前排的商务座上体验一下。苗苗在笔记本上写道："您好，这是VIP商务座的座位，您的左手边是影视系统，您的右手边是小桌板，可以方便您阅读书、喝茶、用餐。座位调节按钮可以根据您自己的需要调节座椅角度。座椅旁边是阅读灯和灯的开关按钮。您可以先在这边小坐一会儿，等安抚好宝宝后，您再回到自己的座位上。"年轻爸爸连连点头表示谢意。苗苗又将玻璃移门调为手动，以免婴儿哭声打扰到车厢的其他旅客。一路上，苗苗多次拿着奶瓶帮着倒开水，泡奶粉。年轻爸爸更是在体验了商务座后，要求办理了升舱。快到上海虹桥站时，苗苗又帮助他们把行李提前搬到车门口。年轻妈妈将一张纸交到了苗苗手里："非常感谢你们的服务，我们带着小孩坐高铁真值了，以后我们出门都会选择高铁，方便快捷，服务好。你的服务真棒！"看到这些，苗苗笑了。

【案例6-6】 旅客突发急病，列车寻医救治

20××年7月22日，D18次列车从沈阳北站开车不久。列车长小孙巡视车厢时，发现5号车厢有一名旅客脸色苍白，额头直冒汗，表情看起来很难受的样子。经过询问得知，这名旅客名叫张晓丽，辽宁沈阳人，此前患有重病，医生嘱咐不可间断输液，因有公务必须赶往北京站，张女士只好带着点滴上车，但是之前没有考虑到列车条件有限，现在突感不适却苦于不能输液。小孙见此情景立即呼叫广播员小马，信息传达，效率神速，广播声即刻在每节车厢响起："女生们、先生们，现在广播寻医，10号车厢一名旅客突发急病，有哪位旅客是医护人员，请速到10号车厢，感谢您的配合。"广播完毕后，小马也带着"红十字"药箱迅速赶往10号车厢。这时，从事护士工作的旅客林女士也赶到10号车厢前来帮忙。输液可以，可是输液瓶挂在哪里呢？高度不够啊！正在大家犯难之际，小孙急中生智，找来保洁员的长拖把，去掉拖把头，拿绳子固定在前排座椅背后，再把小翻版打上，确保固定牢固，又将张女士的座椅靠背调节到舒适的位置。张女士顺利输上了液，平安到达目的地。

复习思考题

1. 常用身体部位手语有哪些？
2. 应急抢救手语的基本动作有哪些？

参考文献

[1] 中华人民共和国铁道行业标准. 铁路旅客运输服务质量规范(列车部分)[S]. 北京:中国铁道出版社,2017.

[2] 中华人民共和国铁道行业标准. 铁路旅客运输服务质量规范(车站部分)[S]. 北京:中国铁道出版社,2017.

[3] 周平. 铁路旅客运输服务[M]. 北京:中国铁道出版社,2014.

[4] 朱晓宁. 旅客运输心理学[M]. 北京:中国铁道出版社,2014.

[5] 贾俊芳. 高铁客运服务[M]. 北京:中国铁道出版社,2014.

[6] 马丽华. 客运心理与礼仪[M]. 北京:中国铁道出版社,2001.

[7] 申碧涛. 城市轨道交通客运服务[M]. 北京:中国铁道出版社,2011.

[8] 高蓉. 城市轨道交通客运服务[M]. 北京:人民交通出版社,2012.

[9] 杨俊. 服务补救运作机理[M]. 北京:中国经济出版社,2006.

[10] 韩经纶,董军. 顾客感知服务质量评价与管理[M]. 天津:南开大学出版社,2006.

[11] 崔之川. 铁路客运组织[M]. 北京:中国铁道出版社,1998.

[12] 彭进. 铁路客运组织[M]. 北京:中国铁道出版社,2008.

[13] 王甦男,贾俊芳. 旅客运输[M]. 北京:中国铁道出版社,2008.

[14] 杜文. 旅客运输组织[M]. 成都:西南交通大学出版社,2008.

[15] 王慧晶. 轨道交通客运服务训练教程[M]. 北京:中国铁道出版社,2011.

[16] 杨涛. 动车组客运岗位培训适用教材[M]. 成都:西南交大出版社,2015.

[17] 王慧,祖晓东. 高铁乘务安全管理与应急处置[M]. 北京:中国铁道出版社,2014.

[18] 韩树荣. 铁路红十字救护员培训教材[M]. 北京:中国铁道出版社,2010.

[19] 贾大成. 120 医生教您学急救[M]. 北京:人民卫生出版社,2015.

[20] 中国铁路总公司. 高铁客运服务管理[M]. 北京:中国铁道出版社,2016.

[21] 裴瑞江,李强. 铁路客户服务业务[M]. 北京:中国铁道出版社,2016.

[22] 邓岚,李培锁. 高铁客运组织与服务[M]. 北京:中国铁道出版社,2011.

[23] 上海铁路局客运处. 动车组列车客运服务案例[M]. 北京:中国铁道出版社,2015.